AF276319

COLEX

Disfrute gratuitamente **DURANTE UN AÑO**
del eBook de esta obra
Desahucios. Paso a Paso

⊛ Acceda a la página web de la editorial **www.colex.es**

⊛ Identifíquese con su usuario y contraseña. En caso de no disponer de una cuenta regístrese.

⊛ Acceda en el menú de usuario a la pestaña «Mis códigos» e introduzca el que aparece a continuación:

RASCAR PARA VISUALIZAR EL CÓDIGO

⊛ Una vez se valide el código, aparecerá una ventana de confirmación y su eBook estará disponible **durante 1 año desde su activación** en la pestaña «Mis libros» en el menú de usuario.

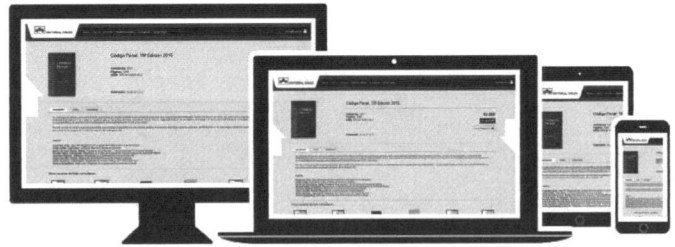

¡Gracias por confiar en Colex!

La obra que acaba de adquirir incluye de forma gratuita la versión electrónica. Acceda a nuestra página web para aprovechar todas las funcionalidades de las que dispone en nuestro lector.

Funcionalidades eBook

Acceso desde cualquier dispositivo

Idéntica visualización a la edición de papel

Navegación intuitiva

Tamaño del texto adaptable

Puede descargar la APP «Editorial Colex» para acceder a sus libros y a todos los códigos básicos actualizados.

Síguenos en:

DESAHUCIOS

Guía práctica sobre el proceso de desahucio
en los diferentes supuestos

DESAHUCIOS

Guía práctica sobre el proceso de desahucio
en los diferentes supuestos

4.ª EDICIÓN 2024

**Obra realizada por el Departamento de
Documentación de Iberley**

Coordinador
Alejandro Fuentes-Lojo Rius

COLEX 2024

© Editorial Colex, S.L.
Calle Costa Rica, número 5, 3.º B (local comercial)
A Coruña, 15004, A Coruña (Galicia)
info@colex.es
www.colex.es

I.S.B.N.: 978-84-1194-452-6
Depósito legal: C 622-2024

SUMARIO

ANEXO II. FORMULARIOS

0.
INTRODUCCIÓN AL PROCESO
DE DESAHUCIO

Es innegable la importancia económica y social del juicio verbal de desahucio. Así, el legislador, ha ido estableciendo procesos especiales sumarios para poder conseguir de una forma mucho más ágil la restitución del inmueble a los legítimos poseedores. Nos encontramos ante una serie de procesos de desahucio, tanto por precario como los configurados dentro de la materia arrendaticia.

Hay que compatibilizar el derecho del propietario con el derecho constitucionalmente reconocido por el art. 47 de la CE de disfrute de una vivienda digna y adecuada, y con esa finalidad se ha aprobado la **Ley 12/2023, de 24 de mayo**, por el **derecho a la vivienda**, que entró en vigor el 26 de mayo del 2023.

Esta ley, en su disposición final quinta, introduce **novedades en el procedimiento de desahucio en situaciones de vulnerabilidad**, modificando la Ley de Enjuiciamiento Civil. Entre estas novedades destacan la eliminación de la necesidad de consentimiento del interesado en el traslado a las Administraciones públicas competentes para comprobar su situación de vulnerabilidad, la ampliación del ámbito de protección cuando se identifiquen situaciones de vulnerabilidad, el establecimiento de un sistema de suspensión en el que la decisión la tome el tribunal previa valoración ponderada y proporcional del caso concreto, y el incremento de los plazos de suspensión en estos casos.

En la actualidad podemos distinguir seis procesos de juicio verbal para el recobro de la posesión:

1. El juicio verbal de **desahucio por precario**.
2. El juicio verbal de **desahucio por falta de pago**.
3. El juicio verbal de **desahucio por expiración de plazo**.
4. El juicio verbal para la **efectividad de los derechos reales inscritos**.
5. El juicio verbal de **tutela sumaria de la posesión**.
6. Y ahora, y más bien como una especialidad del proceso de juicio verbal de tutela sumaria de la posesión, un proceso mucho más sumario, que es el incorporado a nuestro ordenamiento en el año 2018 para el **desahucio derivado de la ocupación ilegal de viviendas**.

Hay que tener en cuenta que la disposición final quinta de la Ley por el derecho a la vivienda también introduce un **procedimiento de conciliación o intermediación** en los supuestos en los que la parte actora tenga la condición de gran tenedor de vivienda, el inmueble objeto de desahucio constituya vivienda habitual de la persona ocupante, y la misma se encuentre en situación de vulnerabilidad económica.

CUESTIÓN

¿Quién tiene la condición de gran tenedor?

El art. 3.k) de la a Ley 12/2023, de 24 de mayo, nos da la definición de gran tenedor, disponiendo que: «(...) a los efectos de lo establecido en esta ley, la persona física o jurídica que sea titular de más de diez inmuebles urbanos de uso residencial o una superficie construida de más de 1.500 m² de uso residencial, excluyendo en todo caso garajes y trasteros. Esta definición podrá ser particularizada en la declaración de entornos de mercado residencial tensionado hasta aquellos titulares de cinco o más inmuebles urbanos de uso residencial ubicados en dicho ámbito, cuando así sea motivado por la comunidad autónoma en la correspondiente memoria justificativa».

Los distintos tipos de procesos de desahucio

Existen tres procesos diferentes de desahucio y que serán detallados y explicados a lo largo de la presente guía, abordando las cuestiones más problemáticas y complejas.

Estos tres procesos regulados en el **artículo 250.1.1.º y 2.º LEC** son:

- El desahucio por falta de pago.
- El desahucio por expiración del plazo.
- El desahucio por precario.

Por otra parte, en la LEC también se regulan dos procedimientos especiales para recobrar la posesión:

Juicios verbales de tutela sumaria

Se trata de los antiguos interdictos de recuperar la posesión reflejados en el **artículo 250.1.4.º de la LEC**, que establece el proceso de tutela sumaria, señalando que se tramitarán mediante juicio verbal, las demandas que:

«Las que pretendan la tutela sumaria de la tenencia o de la posesión de una cosa o derecho por quien haya sido despojado de ellas o perturbado en su disfrute.

Podrán pedir la inmediata recuperación de la plena posesión de una vivienda o parte de ella, siempre que se hayan visto privados de ella sin su consentimiento, la persona física que sea propietaria o poseedora legítima por otro título, las entidades sin ánimo de lucro con derecho a poseerla y las entidades públicas propietarias o poseedoras legítimas de vivienda social».

Proceso de protección de los derechos reales inscritos

Establece, de igual modo, el **artículo 250.1.7.° de la LEC** que se sustanciarán por el proceso del juicio verbal (las demandas):

> «Las que, instadas por los titulares de derechos reales inscritos en el Registro de la Propiedad, demanden la efectividad de esos derechos frente a quienes se opongan a ellos o perturben su ejercicio, sin disponer de título inscrito que legitime la oposición o la perturbación».

Estos procesos son los más empleados por las entidades bancarias e inmobiliarias para lograr el desalojo de los ocupantes de los inmuebles.

Ámbito normativo del proceso de desahucio

La regulación de los procesos de desahucio previstos en la LEC ha sufrido numerosas modificaciones a lo largo de los años:

- En primer lugar, la **Ley 13/2009, de 23 de noviembre, de reforma de la legislación procesal para la implantación de la nueva Oficina Judicial –LORLPOJ–**.

- En segundo lugar, la **Ley 19/2009, de 23 de noviembre, de medidas de fomento y agilización procesal del alquiler y la eficiencia energética en los edificios –LMFAPA–**.

- En tercer lugar, la **Ley 37/2011, de 10 de octubre de Medidas de Agilización Procesal –LMAP–**.

- En cuarto lugar, la **Ley 4/2013, de 4 de junio, de medidas de flexibilización y fomento del mercado de alquiler de viviendas**.

- En quinto lugar, la reforma operada por la Ley 42/2015 de la LEC.

- En sexto lugar, el **RD-ley 7/2019, de 1 de marzo, de medidas urgentes en materia de vivienda y alquiler**.

- La Ley 12/2023, de 24 de mayo, por el derecho a la vivienda.

Estas modificaciones introducidas en la LEC han ido encaminadas a establecer un proceso de desahucio arrendaticio mucho más ágil y sumario, acortando los plazos de los trámites procesales. Sin embargo, esta clara voluntad del legislador de un juicio verbal de desahucio mucho más rápido va en detrimento de las garantías de defensa del inquilino en materia arrendaticia, siendo la última reforma la que introduce modificaciones para proteger a las personas ocupantes que se encuentren en situación de vulnerabilidad.

Los procesos arrendaticios

La acción de juicio verbal de desahucio se encuentra regulada en la LEC de forma dispersa y carente de sistemática, y es una acción eminentemente posesoria y recuperadora de la finca que ha sido cedida por quien ostenta derecho a poseerla en virtud de un contrato de arrendamiento, el cual ha sido incumplido por el arrendatario cuya posesión jurídica ya no le corresponde.

Es un proceso sumario, especial y privilegiado, que procede en supuestos tasados y que la parte actora promueve por diversas finalidades:

– La **resolución del contrato de arrendamiento**.

– **Recuperación de la posesión de la finca cedida en arrendamiento**.

En materia de arrendamientos, la LEC establece tres tipos de procesos para los distintos procesos arrendaticios:

– Juicio ordinario (artículo 249.1.6.º de la LEC).

– Juicio verbal (art. 250.1.1.º de la LEC).

– Procedimiento monitorio exclusivamente para los casos de reclamación de rentas vencidas y exigibles (artículos 812 a 818 de la LEC).

De este modo, se establecen en la LEC tres tipos de procesos dentro del ámbito arrendaticio:

‖ Juicio ordinario

Está regulado en el **artículo 249.1.6º de la LEC**, que establece que por este juicio se decidirán las demandas que versen sobre asuntos relativos a arrendamientos urbanos o rústicos de bienes inmuebles, salvo que se trate de rentas o cantidades debidas por el arrendatario, desahucio por falta de pago o por extinción del plazo de la relación arrendaticia, o **salvo que sea posible hacer una valoración de la cuantía del objeto del procedimiento, en cuyo caso el proceso será el que corresponda a tenor de las reglas generales de esta ley.**

El RD-ley 7/2019, de 1 de marzo, de medidas urgentes en materia de vivienda y alquiler, modificó el anterior precepto para que los procesos arrendaticios se tramiten por cuantía y no por el criterio de la materia, salvo para el caso de desahucios arrendaticios y, las reclamaciones de rentas u otras cantidades debidas por el arrendatario, que seguirán tramitándose, con independencia de la cuantía, por juicio verbal conforme a los dispuesto en el **artículo 250.1.1.º de la LEC**.

Por lo que, el **artículo 249.1.6º de la LEC** quedó redactado con el tenor literal siguiente:

> «Las que versen sobre cualesquiera asuntos relativos a arrendamientos urbanos o rústicos de bienes inmuebles, salvo que se trate de reclamaciones de rentas o cantidades debidas por el arrendatario o del desahucio por falta de pago o por extinción del plazo de la relación arrendaticia, o salvo que sea posible hacer una valoración de la cuantía del objeto del procedimiento, en cuyo caso el proceso será el que corresponda a tenor de las reglas generales de esta ley».

Con la anterior modificación de carácter procesal **se termina con la desigualdad de armas procesales que existía en materia de arrendamientos**, y que obligaba al arrendatario a acudir a un juicio ordinario para reclamar todo tipo de cantidades por ínfimas que fueran, por ejemplo, para la reclamación de una fianza de 500 €, mientras que el arrendador podía acudir al juicio verbal en todo aun cuando la cantidad reclamada fuera superior a 6.000 €. (En la actualidad 15.000 € desde la reforma operada por el Real Decreto-ley 6/2023, de 19 de diciembre, con entrada en vigor el 20/03/2024).

Asimismo, cuando el arrendatario reclame cantidades no superiores a 2.000 € podrá beneficiarse de la posibilidad de litigar sin abogado y procurador, en virtud de lo dispuesto en los **artículos 23.2.1.° y 31.2.1.° de la LEC**.

Esta modificación legal permitirá aflorar litigios en materia de cláusulas abusivas en contratos de arrendamiento de vivienda, al no deber tramitarse en muchos de los casos en adelante por juicio ordinario, garantizando así un ejercicio de la tutela judicial efectiva más asequible para el arrendatario.

Al efecto, debemos recordar que **en materia arrendaticia no existen los procesos de cuantía indeterminada**, ya que conforme a lo dispuesto en el **artículo 251.9.ª de la LEC**, «9.ª En los juicios sobre arrendamientos de bienes, salvo cuando tengan por objeto reclamaciones de las rentas o cantidades debidas, la cuantía de la demanda será el importe de una anualidad de renta, cualquiera que sea la periodicidad con que ésta aparezca fijada en el contrato».

‖ El juicio verbal

El juicio verbal aparece regulado en el **art. 250.1.1.° de la LEC**, estableciéndose que se decidirán por el juicio verbal, cualquiera que sea su cuantía, las demandas que versen sobre reclamación de cantidades por impago de rentas y cantidades debidas, o sobre recuperación de la finca con fundamento en impago de rentas o cantidades debidas, o expiración del plazo fijado contractual o legalmente. Por lo tanto, este proceso será el adecuado para tramitar el desahucio del arrendatario, ya sea por falta de pago o por extinción del plazo arrendaticio, en este sentido la **sentencia de la Audiencia Provincial de Madrid, rec. 791/2012, de 23 de enero de 2014, ECLI:ES:APM:2014:719**.

‖ Procedimiento monitorio

En cuanto a las rentas impagadas por el arrendatario que reúnan las condiciones de acreditación de deuda líquida, determinadas, vencida y exigible habilitantes del proceso monitorio podrán reclamarse por medio de este procedimiento a los solos efectos de conseguir el cobro de dichas rentas impagadas, pero no el desalojo de la finca o inmueble.

Competencia territorial de los procesos arrendaticios

El **art. 52.1.7.° de la LEC** establece que:

> «En los juicios sobre arrendamientos de inmuebles y en los de desahucio, será competente el tribunal del lugar en que esté sita la finca».

Así, aclara este artículo como especialidad, que en los juicios sobre arrendamientos de inmuebles y **en los de desahucio será competente el tribunal del lugar en que esté sita la finca**.

Acumulación de acciones

La regla general dentro del juicio verbal es no permitir la acumulación objetiva de acciones. A pesar de ello, el **artículo 437.4.3.ª de la LEC** prevé determinadas excepciones:

> «4. No se admitirá en los juicios verbales la acumulación objetiva de acciones, salvo las excepciones siguientes:
>
> (...)
>
> 3.ª La acumulación de las acciones en reclamación de rentas o cantidades análogas vencidas y no pagadas, cuando se trate de juicios de desahucios de finca por falta de pago o por expiración legal o contractual del plazo, con independencia de la cantidad que se reclame. Asimismo, también podrán acumularse las acciones ejercitadas contra el fiador o avalista solidario previo requerimiento de pago no satisfecho».

Se permite la acumulación de las acciones en reclamaciones de rentas o cantidades análogas vencidas y no pagadas, **cuando se trate de juicios de desahucio por falta de pago o por expiración legal o contractual del plazo**, con independencia de la cantidad que se reclame.

> **CUESTIÓN**
>
> **¿Cabe la acumulación subjetiva de acciones, es decir, que en un único procedimiento judicial de desahucio por falta de pago se ejercite la reclamación contra el arrendatario y el avalista conjuntamente?**
>
> Sí, de acuerdo con el ya mencionado artículo 437.4.3.ª de la LEC, podremos interponer la reclamación conjuntamente en un mismo procedimiento contra el arrendatario y el avalista, pero es imprescindible que el avalista conste en el contrato de arrendamiento como fiador solidario y que se le haya requerido al pago de las rentas anteriormente a la interposición de la demanda. En este sentido se pronuncia la sentencia de la Audiencia Provincial de Oviedo n.º 51/2017, de 13 de febrero, ECLI:ES:APO:2017:380: «Ciertamente, el precitado art. 437 en su n.º 4 regula la acumulación objetiva de acciones estableciendo restricciones, pero posibilitando, entre otros supuestos, la de las acciones de reclamación de rentas con la de desahucio, añadiendo que también podrá acumularse la acción (se entiende de reclamación de rentas) frente al fiador o avalista solidario "previo requerimiento de pago no satisfecho", introduciendo así un supuesto de acumulación subjetiva dentro de la regulación de la objetiva pero, en cualquier caso, vinculado al ejercicio acumulado de una acción de desahucio, lo que no es el caso».

1.
EL JUICIO VERBAL DE DESAHUCIO POR PRECARIO

Características generales

El juicio verbal de desahucio por precario es uno de los procesos más utilizados por **personas que se han visto despojadas de la posesión de un bien contra su voluntad, o que han tolerado o cedido voluntariamente y a título gratuito su posesión, pero ante la negativa del ocupante a devolver la posesión**, se ven obligados a recurrir a este proceso judicial para conseguir la recuperación del mismo.

En estos casos estamos ante una situación de hecho que implica la utilización de un bien ajeno sin pagar renta o merced alguna, cuya posesión jurídica no le corresponde, aunque estemos en la tenencia del mismo y por tanto **sin título que justifique el goce de la posesión**, ya sea porque no se haya tenido nunca, ya sea porque habiéndolo tenido se pierda, o también porque otorgue una situación de preferencia, respecto a un poseedor de peor derecho (STS n.º 27/2023, de 17 de enero, ECLI:ES:APIB:2023:164).

A la persona que permanece en la vivienda ocupada se le conoce como «precarista» y para poder recuperar la posesión será necesario interponer un proceso de desahucio por precario, que se **tramitará por los cauces del juicio verbal, tal y como establece el apartado 1.2.º del artículo 250 de la LEC**:

> «Art. 250.1 de la LEC:
> 1. Se decidirán en juicio verbal, cualquiera que sea su cuantía, las demandas siguientes:
> (...)
> 2.º Las que pretendan la **recuperación de la plena posesión de una finca rústica o urbana, cedida en precario, por el dueño, usufructuario o cualquier otra persona con derecho a poseer dicha finca**».

Este proceso tiene **naturaleza plenaria y no sumaria, por lo que la sentencia que se dicte pone fin al proceso y genera plenos efectos de cosa juzgada**. Es la propia exposición de motivos de la Ley de Enjuiciamiento Civil la que configura este proceso como no sumario, al disponer que la experiencia de ineficacia, inseguridad jurídica y vicisitudes procesales excesivas aconseja no configurar como sumarios los procesos en que se aduzca, como fundamento de la pretensión de desahucio, una situación de precariedad. En este sentido encontramos el pronunciamiento de la Audiencia Provincial de Barcelona que, en su **sentencia n.° 13/2023, de 17 de enero, ECLI:ES:APB:2023:255**, manifiesta lo que sigue:

> «El proceso de desahucio por precario, previsto como modalidad del juicio verbal por razón de la materia en el artículo 250.1.2 de la Ley de Enjuiciamiento Civil 1/2000, tiene naturaleza plenaria y no sumaria, ya que el artículo 447 de esa Ley no lo incluye entre los juicios verbales carentes de fuerza de cosa juzgada, y la propia exposición de motivos de la nueva Ley de Enjuiciamiento Civil, aunque carece de valor normativo, configura como proceso no sumario el desahucio en que se invoque como fundamento de la pretensión una situación de precariedad (...)».

El proceso de desahucio por precario aparece configurado como un proceso dirigido a recobrar la tenencia de un bien. Atendiendo a esta naturaleza de proceso plenario, en el que no se limitan las causas de oposición, ni de medios de prueba de las partes, es posible discutir cualquier **cuestión relativa al título ocupacional** esgrimido por el demandante, sin posibilidad de alegar complejidad de la acción. Ahora, si bien es cierto que podrán analizarse las distintas relaciones jurídicas que quieran alegarse como justificación de la posesión que se ostenta, estas están **limitadas al ámbito posesorio de cuya recuperación se trata** sin que una cuestión subyacente y diferente tenga cabida en el procedimiento del juicio verbal de desahucio por precario, que solo deberá ser utilizado por los que pretendan la plena recuperación del bien en precario. Pone de manifiesto la naturaleza estrictamente posesoria de la acción, entre otras, la **sala de la Audiencia Provincial de Sevilla en su sentencia n.° 271/2015, de 3 de diciembre, ECLI:ES:APSE:2015:3225**, en la que se declara la improcedencia del procedimiento seguido (trámites del juicio verbal de desahucio por precario) por existir controversia sobre la propiedad de la finca.

Concepto de precario

El contrato de precario no se encuentra regulado en el Código Civil, si bien se menciona en el **artículo 1750** del CC en el marco de la regulación legal del contrato de comodato, lo cierto es que ha sido una figura que se ha construido por la jurisprudencia.

Es importante señalar en este punto, pese a lo que expondremos a continuación en referencia a la limitación de acudir al proceso de desahucio por precario para recuperar la posesión de una vivienda ocupada de manera ilícita a tenor de la reforma introducida por la Ley 5/2018, de 11 de junio de modificación de la Ley de Enjuiciamiento Civil, que la tendencia jurisprudencial a lo largo de todos estos años ha sido ir ampliando este concepto jurídico de «precario», con el fin de que muchos más perjudicados pudieran acceder a este proceso para la recuperación de la posesión, aun cuando no se trate estrictamente de contratos de precario, sino de ocupaciones contra la voluntad de su legítimo poseedor.

Tal y como establecen los magistrados del alto tribunal en la **STS n.º 300/2015, de 28 de mayo, ECLI:ES:TS:2015:2208**:

> «En cuanto al precario, como institución procedente del Derecho romano (precarium, de preces) no se regula específicamente en el Código Civil, aunque se menciona la Ley de Enjuiciamiento Civil y se desarrolla por la jurisprudencia. Se puede considerar como una variedad del comodato (artículo 1750 del CC) o como una simple situación posesoria.
>
> La jurisprudencia **ha considerado el precario en un sentido muy amplio**, sin entrar en conceptuaciones dogmáticas. Lo considera en todo caso de disfrute o simple tenencia de una cosa sin título y sin pagar merced o de detentar una cosa con la tolerancia o por cuenta de su dueño o sin ella, carente de título o abusiva; lo resume como situación de hecho que implica la utilización gratuita de una cosa ajena; en todo caso, falta de título que justifique la posesión; y también en todo caso, sin pagar merced».

Conforme a esta concepción amplia e inclusiva del concepto de «precario», se engloba dentro del mismo aquella situación de hecho que implica la utilización de un bien ajeno sin pagar renta o merced alguna, y cuya posesión jurídica no le corresponde, aunque se encuentre en la tenencia del bien, ya que no existe título que justifique esta posesión, bien porque nunca se ha tenido (ocupación ilegal), bien porque habiéndolo tenido se ha perdido (contrato de precario *stricto sensu*).

La situación de precario, en sentido amplio, es una mera situación posesoria de la que derivan unos determinados efectos. De este modo, y de acuerdo con jurisprudencia reiterada, entre ellas la **STS n.º 1022/2005, de 26 de diciembre, ECLI:ES:TS:2005:7530**, cuando nos encontramos ante una posesión concedida a título gratuito y revocable puede darse alguna de estas posibilidades:

- Que se trate de **posesión concedida, y que tenga su origen en un contrato**. Esto es, que exista una auténtica relación contractual que legitima la posesión. Se produce cuando el dueño ha realizado una **cesión graciosa del inmueble sin fijación de su uso o duración**. Deberá aplicarse el artículo 1750 del Código Civil, de tal forma que «puede el comodante reclamarla a su voluntad». Hay que tener en cuenta que la relación contractual debe constar de forma clara, aunque puede deducirse también de los actos tácitos de las partes. También puede tratarse de un contrato de comodato que se convierte en precario, porque cuando cesa el uso para el que se pactó o finaliza el plazo pactado, el concedente no reclama la devolución del inmueble.

- **Posesión tolerada sin título**. También se consideraría una situación de precario, cuando se trate de una **posesión tolerada por la condescendencia o el beneplácito del propietario**. En este caso nos hallamos ante un simple precario, la oposición del propietario pone fin a la tolerancia y obliga al que posee a devolver la cosa al dueño.

- **Posesión sin consentimiento y sin título**. Se trata de situaciones en las que la persona posee la cosa sin haber tenido nunca título que le legitime para ello, ni tampoco beneplácito o autorización del dueño para su posesión, implicando pues un despojo de la posesión por parte del ocupante.

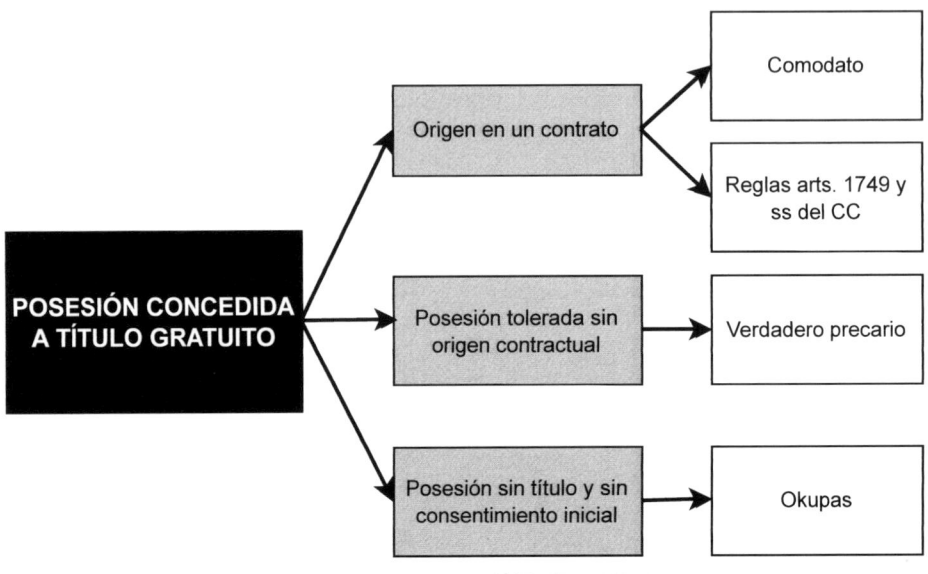

CUESTIÓN

¿Cuáles son los supuestos más habituales en los que se acude al desahucio por precario?

Los supuestos más habituales de contrato de precario son las cesiones de la posesión a parientes y los casos de utilización exclusiva de la finca por parte de un coheredero.

La doctrina jurisprudencial establece que **es necesario que la posesión jurídica no pertenezca al ocupante** pese a que se halle en la tenencia del mismo, faltando, por lo tanto, justo título para justificar el goce de la posesión, bien porque nunca se ha tenido o porque se ha perdido.

Tal y como indica el Tribunal Supremo a través de su **auto, rec. 4368/2020, de 14 de abril, ECLI:ES:TS:2021:4359A,** existe una amplia jurisprudencia desarrollada por la Sala sobre el precario: «(...) así **esta sala ha definido el precario como** una situación de hecho que implica la utilización gratuita de un bien ajeno, cuya posesión jurídica no nos corresponde, aunque nos hallemos en la tenencia del mismo y por tanto la falta de título que justifique el goce de la posesión, ya porque no se haya tenido nunca, ya porque habiéndola tenido se pierda o también porque nos otorgue una situación de preferencia, respecto a un poseedor de peor derecho (...)».

Véase también, a título de ejemplo, las siguientes sentencias que se refieren al concepto de precario:

- En la **STS n.º 326/1997, de 21 de abril, ECLI:ES:TS:1997:2781** se hace alusión al caso de una persona que «(...) ha disfrutado de la vivienda y local del actor durante aproximadamente doce años sin pagar merced de ningún tipo, ni justificar el abono, pago o contraprestación por él satisfecho a cambio del disfrute posesorio que, reiteradamente, niega sea gratuito, lo cual configura ineludiblemente una situación de precario a la que legítimamente el propietario pretende poner fin (...)».

- Para diferenciar la existencia o no de un contrato entre las partes, y particularmente un contrato de comodato, la **STS n.º 1022/2005, de 26 de diciembre, ECLI:ES:TS:2005:7530** estipula que «(...) existió un comodato entre los cónyuges y el propietario de la vivienda, que al cesar el matrimonio, se convirtió en precario por cesar la razón de ser del contrato (...)».

- «(...) "La situación de quien ocupa una vivienda cedida sin contraprestación y sin fijación de plazo por su titular para ser utilizada por el cesionario y su familia como domicilio conyugal o familiar es la propia de un precarista, una vez rota la convivencia, con independencia de que le hubiera sido atribuido el derecho de uso y disfrute de la vivienda, como vivienda familiar, por resolución judicial"». (**STS n.º 178/2011, de 18 de marzo, ECLI:ES:TS:2011:1801 y, profundizando en el tema, la STS n.º 279/2016, de 28 de abril, ECLI:ES:TS:2016:1890**).

- «En este sentido no es acertado el planteamiento que hace el recurrente al limitar el ámbito del precario a las situaciones de mera tolerancia, pues, conforme a la jurisprudencia reseñada, incluye también el disfrute de la posesión de un inmueble por quien no paga contraprestación alguna por ello y carece de título, o el que alega es "ineficaz (...) para enervar el cualificado que ostente el actor"». (**STS n.º 502/2021, de 7 de julio, ECLI:ES:TS:2021:2711**).

Conforme a lo antedicho, ¿debemos entender que es correcto acudir al proceso de desahucio por precario para recuperar la posesión de una vivienda ocupada de manera ilícita?

A pesar de que como hemos dicho la jurisprudencia se ha venido decantando por un concepto amplio de precario, lo cierto es que pueden surgir dudas sobre esta materia después de que la entrada en vigor de la Ley 5/2018, de 11 de junio, de modificación de la Ley de Enjuiciamiento Civil, que crea a favor de las personas físicas una nueva modalidad de proceso interdictal de recuperación inmediata del inmueble, manifieste en su exposición de motivos lo que sigue:

> «(...) El cauce conocido como 'desahucio por precario' plantea un problema de inexactitud conceptual, con la consiguiente inseguridad en la consecución de la tutela pretendida, dado que en los supuestos de ocupación ilegal no existe tal precario, puesto que no hay ni un uso tolerado por el propietario o titular del legítimo derecho de poseer, ni ningún tipo de relación previa con el ocupante».

Ello ha supuesto que, a fecha de la presente, exista discrepancia entre las distintas audiencias provinciales de nuestro país con relación a la idoneidad del uso del proceso de desahucio por precario previsto en el artículo 250.1.2.º de la LEC en el ejercicio de la recuperación de la posesión de una vivienda ocupada de manera ilícita.

Sin embargo, tal y como pone de manifiesto la **sección 4.ª de la Audiencia Provincial de Barcelona en su sentencia n.° 349/2020, de 19 de mayo, ECLI:ES:APB:2020:2915**, el Tribunal Supremo ha rechazado reiteradamente entrar a resolver la discrepancia existente entre audiencias en relación con la idoneidad del artículo 250.1.2.° de la LEC para acoger las reclamaciones derivadas de la privación de la posesión sin que previamente haya mediado una cesión del propietario. Señala el alto tribunal que no constituye objeto de casación la revisión de normas de contenido procesal, y que dilucidar el sentido de la expresión «cedida en precario» es cuestión estrictamente procesal. Así pues, **es importante que, si ante la ocupación ilegal de una vivienda no hacemos uso del juicio sumario de tutela de la posesión especial de vivienda ocupada introducido a raíz de la Ley 5/2018 de 11 de junio, llevemos a cabo un exhaustivo estudio de la posición mantenida por la Audiencia Provincial competente en cada caso concreto.** Encontramos, por ejemplo, que la sección 4.ª de la Audiencia Provincial de Barcelona no ha acogido la interpretación limitativa de este proceso de desahucio en caso de ocupaciones de inmuebles no toleradas por el titular, efectuada por el legislador en la exposición de motivos:

> «Es cierto que, al respecto, pueden surgir nuevas dudas sobre esta materia después de que la Ley 5/2018 de 11 de junio de modificación de la LEC, que crea a favor de las personas físicas un procedimiento interdictal de recuperación inmediata del inmueble, manifieste en su exposición de motivos que 'El cauce conocido como 'desahucio por precario' plantea un problema de inexactitud conceptual, con la consiguiente inseguridad en la consecución de la tutela pretendida, dado que en los supuestos de ocupación ilegal no existe tal precario, puesto que no hay ni un uso tolerado por el propietario o titular del legítimo derecho de poseer, ni ningún tipo de relación previa con el ocupante'.
>
> Pero el Tribunal Supremo, deslindando el ámbito de la casación civil, ha rechazado reiteradamente entrar a resolver la discrepancia existente entre Audiencias en relación con la idoneidad del artículo 250.1.2 de la LEC para acoger las reclamaciones derivadas de la privación de la posesión sin que previamente haya mediado una cesión del propietario. Señala el Alto Tribunal que no constituye objeto de casación la revisión de normas de contenido procesal, y que dilucidar el sentido de la expresión 'cedida en precario' es cuestión estrictamente procesal. Autos TS 30.1.2019 (recurso 3348/16) y 15.7.2015 (recurso 1193/14).
>
> Es decir, **esta doctrina nos está indicando claramente que el artículo 250.1.2 de la LEC no es relevante a la hora de definir y determinar el concepto civil de precario, autónomo de la regulación procesal. El concepto sustantivo de precario se define fuera del artículo 250.1.2 de la LEC.** Y tanto es así que el precepto lo único que dice es que la finca haya sido cedida 'en precario' sin determinar en qué consiste éste, que viene definido por la jurisprudencia. La Audiencia de Barcelona no ha acogido la interpretación limitativa, al entender que no está restringiendo el concepto de precario, que queda indeterminado (o en blanco) en dicho precepto, debiendo integrarse con el concepto civil sustantivo.
>
> Lo expuesto nos conduce, pues, a entender que la expresión cedida en precario que utiliza la LEC no va más allá de ser una fórmula gramatical, más

o menos precisa y acertada, con la que el legislador procesal designa un tipo de proceso por la materia para el ejercicio de la acción de desahucio por precario (acción cuyo contenido material viene fijado por el Código Civil y la jurisprudencia).

Cualquier titular de derecho podrá acudir a cualquiera de las vías procesales que detallábamos al principio de este fundamento de derecho segundo.

Por lo tanto, **entendemos que cabe el ejercicio de la acción del artículo 250.1.2 de la LEC en cualquier caso de ocupación ilegítima, tenga origen tolerado o no».**

Finalmente cabe traer a colación la **sentencia del Tribunal Supremo n.º 719/2021, de 25 de octubre, ECLI:ES:TS:2021:3873**, que reza, «(...) pues en el juicio de desahucio por precario **el éxito de la acción depende, entre otros extremos, de "la falta de título que justifique el goce de la posesión, ya porque no se haya tenido nunca, ya porque habiéndola tenido se pierda o también porque nos otorgue una situación de preferencia, respecto a un poseedor de peor derecho"** (sentencias 110/2013, 28 de febrero; 557/2013, 19 de septiembre; 545/2014, de 1 de octubre, y 134/2017, de 28 de febrero), siendo así que la falta de ese título justificativo de la posesión estaba en el centro del debate en las instancias».

¿Cuáles son los requisitos para poder acceder al proceso de desahucio?

A través de la configuración jurisprudencial del concepto de precario se han establecido una serie de requisitos para poder acceder a este proceso:

1. Que el actor ostente el derecho a poseer la finca a título de dueño, de usufructuario o de cualquier otro derecho real o personal, que le dé derecho a disfrutarla. Será competencia del demandante probar este extremo. En este sentido se pronuncia la Audiencia Provincial de Barcelona al indicar en su **sentencia n.º 517/2022, de 15 de noviembre, ECLI:ES:APB:2022:12388**:

2. Posesión material del demandado.

3. Que el demandado disfrute de la finca sin título que justifique el uso o disfrute del inmueble y sin pagar renta ni merced alguna. En este sentido, corresponderá al demandado justificar cumplidamente que ocupa la finca litigiosa en virtud de algún título que le vincula, bien con aquella, bien con su propietario, y que en definitiva le invista de legitimación para poseer.

4. La perfecta identidad del bien, de manera que la posesión real y material que recaiga sobre el mismo objeto.

A este respecto, resulta de interés traer a colación el pronunciamiento recogido en la **SAP de Madrid n.º 530/2008, de 21 de noviembre, ECLI:ES:APM:2008:16142** al señalar:

> «(...) Así, es también doctrina jurisprudencial reiterada, seguida, entre las más recientes, por la STS de 10 de junio de 2008 y las que en ellas se citan, que constituye la esencia del precario el disfrute o simple tenencia de una

cosa sin título y sin pagar merced, por voluntad de su poseedor, o sin ella, por lo que la oposición del propietario pone fin a la tolerancia y obliga al que posee a devolver la cosa a su dueño, quien, consecuentemente, ostenta a tal fin una acción de desahucio por precario, propiamente dirigida a reintegrarle en el disfrute de la posesión, al margen de si es o no propietario, apareciendo como requisitos necesarios para el éxito de la misma, de parte del actor, no la propiedad, sino la posesión real de la finca, ya a título de dueño, usufructuario, o cualquier otro que le dé derecho a disfrutarla; y por parte del demandado, la condición de precarista, es decir, la ocupación del inmueble sin ningún otro título que la mera tolerancia del dueño o poseedor(...)».

Es decir, para que prospere la acción, han de concurrir:

– **Legitimación activa** (título del que derive la posesión por el demandante a título de dueño o cualquier otro derecho real o personal que le permita su disfrute).

– **Legitimación pasiva**: el demandado disfruta o tiene en precario –posesión material– una finca (disfrute de una cosa ajena sin pago de renta o merced, sino en base a la mera tolerancia o liberalidad del propietario o poseedor real).

– **Identificación de la finca objeto de desahucio** para que la recuperación posesoria que se solicite y, en su caso, pueda obtenerse, llegue a hacerse efectiva, sin dificultad alguna.

De conformidad con lo antedicho se pronuncian las diferentes Audiencias Provinciales de nuestro país. Así, entre otras, la **sentencia de la Audiencia Provincial de Badajoz n.º 381/2020, de 11 de junio, ECLI:ES:APBA:2020:622**, así como también la **SAP de Barcelona, n.º 833/2018, de 26 de noviembre, ECLI:ES:APB:2018:11563**, que exponen que:

«Son presupuestos para que prospere la acción de desahucio por precario Que el actor tenga un título en concepto de dueño, usufructuario o cualquier otro que le dé derecho al disfrute de la finca La condición de precarista del demandado, es decir, la ocupación del inmueble sin título alguno; ausencia que ha de entenderse en un sentido amplio, comprendiendo tanto la ocupación sin título como en virtud de un título nulo o que haya perdido su validez, lo que supone, en definitiva, una ocupación por mera tolerancia o condescendencia y, la identificación de la finca (para que la recuperación posesoria que se solicite y, en su caso, pueda obtenerse, llegue a hacerse efectiva, sin dificultad alguna)».

CUESTIÓN

¿El pago de ciertos consumos o reparaciones efectuados que haga el ocupante de la finca, pueden llegar a desvirtuar el precario?

Responde a un supuesto de estas características la **Sala de lo Civil del Tribunal Supremo** en su sentencia n.º 110/2013, de 28 de febrero, ECLI:ES:TS:2013:792, indicando sobre este extremo que: «(...) no constituyen merced que desvirtúe el precario ciertos pagos o gastos que haga el ocupante de la finca si no fueron aceptados por el dueño en concepto de contraprestación y mucho menos si no son periódicos y equiparables al pago comúnmente usual del alquiler».

Encontramos un **magnífico resumen del concepto y de los requisitos del precario** en la sentencia n.° 379/2018, de 1 de junio, ECLI:ES:APB:2018:5629, dictada por la **Audiencia Provincial de Barcelona** que, haciendo explícita mención a lo dispuesto por la **sentencia del Tribunal Supremo n.° 134/2017, de 28 de febrero, ECLI:ES:TS:2017:706**, recoge lo que sigue:

> «La STS, Sala 1.ª, de 28 de febrero de 2017 recuerda lo siguiente en relación con el concepto de precario: "Esta sala ha definido el precario como una situación de hecho que implica la utilización gratuita de un bien ajeno, cuya posesión jurídica no nos corresponde, aunque nos hallemos en la tenencia del mismo y por tanto la falta de título que justifique el goce de la posesión, ya porque no se haya tenido nunca, ya porque habiéndola tenido se pierda o también porque nos otorgue una situación de preferencia, respecto a un poseedor de peor derecho (sentencias 110/2013, 28 de febrero; 557/2013, 19 de septiembre; 545/2014, de 1 de octubre)". Así, constituye el precario la tenencia o disfrute de cosa ajena, sin pago de renta o merced, ni razón de derecho distinta de la mera liberalidad o tolerancia de su propietario o poseedor real, de cuya voluntad depende poner término a su tolerancia. No se reduce, el concepto de precario, a la noción estricta del precario en el Derecho romano, sino que amplía los límites del mismo a otros supuestos de posesión sin título, además de la posesión concedida u otorgada por liberalidad del titular del derecho, como la posesión tolerada, que no tiene su origen en ningún acto de posesión graciosa, y la posesión ilegítima o sin título para poseer, bien porque no ha existido nunca o por haber perdido su vigencia».

En resumen y conclusión, son presupuestos para que prospere la acción de desahucio por precario:

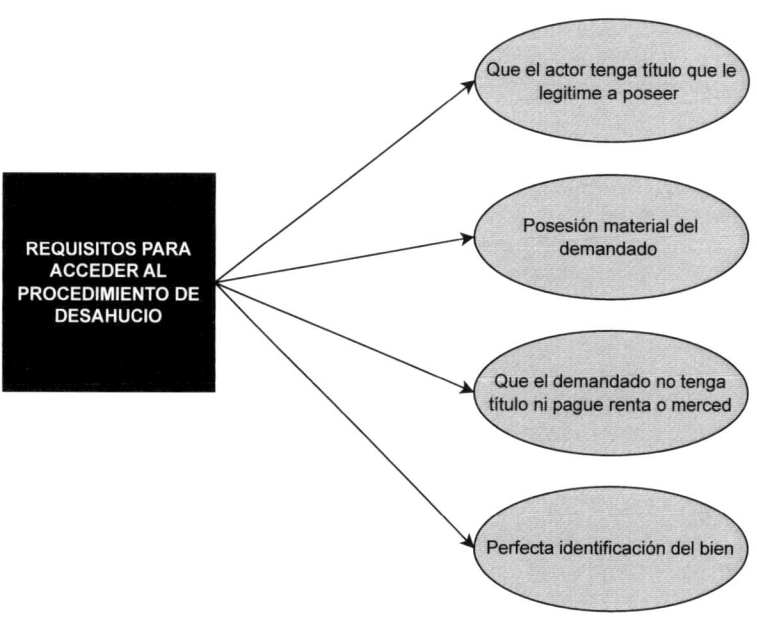

– Que el actor tenga un título en concepto de dueño, usufructuario, arrendatario, o cualquier otro que le dé derecho al disfrute de la finca.

– La condición de precarista del demandado, es decir, la ocupación del inmueble sin título alguno; ausencia que ha de entenderse en un sentido amplio, comprendiendo tanto la ocupación sin título, como en virtud de un título nulo o que haya perdido su validez, lo que supone, en definitiva, una ocupación por mera tolerancia o condescendencia.

– Ausencia de renta o merced.

– La identificación de la finca (para que la recuperación posesoria que se solicite y, en su caso, pueda obtenerse, llegue a hacerse efectiva, sin dificultad alguna).

CUESTIÓN

¿Será necesario ejercitar un requerimiento previo de desalojo al precarista antes de interponer la demanda?

La ley no exige para la presentación de la demanda de desahucio por precario el requerimiento previo de desalojo al precarista, sin perjuicio de que pueda ser recomendable en el caso concreto este requerimiento extrajudicial previo. Dicho requerimiento previo es útil para preconstituir prueba de la mala fe en la forma de actuar del demandado y que, en su virtud, sea condenado en costas incluso cuando se allanare a la demanda, conforme a lo dispuesto en el párrafo segundo del artículo 395.1 de la LEC.

Figura afín al contrato de precario: el contrato de comodato

Es importante delimitar la figura del contrato de precario de la de comodato debido a su especial similitud. La principal diferencia que nos encontramos entre una y otra figura es que en el caso del comodato la entrega de la vivienda se realiza para un uso o plazo determinado.

El contrato de comodato aparece regulado en los **artículos 1740** y siguientes del Código Civil, y consiste en la cesión gratuita de la posesión de un bien realizada por el legitimado a su posesión, estableciendo una duración determinada o un uso concreto. Es **una de las modalidades del contrato de préstamo**, entre cuyas características básicas pueden establecerse:

– Las partes han de gozar de capacidad para contratar, pero, además, en cuanto al comodante, ha de tener el derecho posesorio de la cosa, por tanto, ha de ser el propietario, arrendatario, usufructuario, o poseedor legítimo por otro título jurídico, y el derecho que tenga sobre la cosa prestada no puede ser un derecho personalísimo.

– El objeto del contrato de comodato ha de ser un bien no fungible, como una finca.

– En cuanto a la forma del contrato, el único requisito para que se constituya es el de la entrega de la cosa, no exigiéndose ninguna otra formalidad. (Artículo 1278 del CC).

El contrato de comodato **se extingue por la terminación del tiempo estipulado para el uso de la cosa**, salvo caso de urgente necesidad, tal y como establecen los artículos 1749 y 1750 del Código Civil:

Art. 1749 del CC

«El comodante no puede reclamar la cosa prestada sino después de concluido el uso para que la prestó. Sin embargo, si antes de estos plazos tuviere el comodante urgente necesidad de ella, podrá reclamar la restitución».

Art. 1750 del CC

«Si no se pactó la duración del comodato ni el uso a que había de destinarse la cosa prestada, y éste no resulta determinado por la costumbre de la tierra, puede el comodante reclamarla a su voluntad.

En caso de duda, incumbe la prueba al comodatario».

La diferencia entre comodato y precario es abordada por la jurisprudencia en sentencias como la del **Tribunal Supremo n.º 1022/2005, de 26 de diciembre, ECLI:ES:TS:2005:7530**, en el caso de un comodato entre los cónyuges y el propietario de la vivienda y, en la cual establece el alto tribunal dos posibilidades cuando se cede a título gratuito y revocable un inmueble:

«La tesis de la sentencia de 1.ª Instancia es que existió un comodato entre los cónyuges y el propietario de la vivienda, que al cesar el matrimonio, se convirtió en precario por cesar la razón de ser del contrato. Ciertamente, cuando nos encontramos ante una posesión concedida a título gratuito y revocable puede suceder una de estas dos posibilidades:

1.ª Que exista una auténtica **relación contractual** que justifica la posesión; deben aplicarse los efectos que el Código civil atribuye al comodato, de manera que deberá aplicarse el artículo 1750 del Código civil, sin olvidar las limitaciones que establece el artículo 1749 del Código civil cuando se pactó un uso concreto y determinado, en este caso, la utilización por la familia del hijo del concedente. Pero hay que tener en cuenta que la relación contractual debe constar de forma clara, aunque puede deducirse también de los actos tácitos de las partes. Pero si cuando cesa este uso, el concedente no reclama la devolución del inmueble dado en comodato, la situación del usuario es la de un precarista.

2.ª Que se trate de una **posesión simplemente tolerada por la condescendencia o el beneplácito del propietario**. En este caso nos hallamos ante un simple precario, que la sentencia de 30 de octubre de 1986 define como el «[...] disfrute o simple tenencia de una cosa sin título y sin pagar merced, por voluntad de su poseedor, o sin ella», por lo que la oposición del propietario pone fin a la tolerancia y obliga al que posee a devolver la cosa a su dueño.

Por lo tanto, cuando exista un contrato, que debe probarse por cualquiera de los medios aceptados en derecho, se aplicarán los efectos de este contrato; a falta de prueba del mismo, nos hallaremos ante un precario».

De acuerdo con lo anterior, podemos establecer una serie de **diferencias entre el contrato de comodato y el de precario**.

– En primer lugar, en el caso del precario, la vivienda no se entrega con un fin y un uso concreto, cosa que sí sucede en el contrato de comodato.

– En el contrato de comodato la cosa se entrega por un tiempo determinado, siendo necesario que al fin del mismo se reintegre el bien al comodante.

– En el caso del comodato no se podrá solicitar la restitución de la posesión hasta el transcurso del plazo pactado en el contrato, salvo caso de acreditada urgente necesidad.

– Además, la resolución de un contrato de comodato se tramitará por los cauces del proceso declarativo que corresponda, al limitarse el art. 250.1.2.ª de la LEC al contrato de precario, quedando fuera el de comodato.

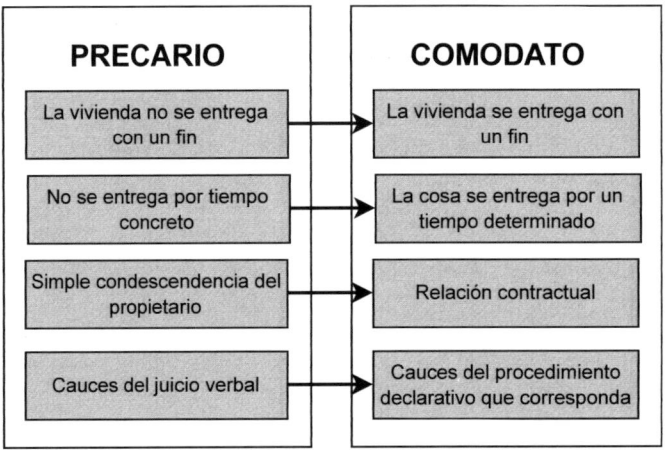

Por lo tanto, tal y como refiere el **Tribunal Supremo en la sentencia n.º 443/2010, de 14 de julio, ECLI:ES:TS:2010:3886**, o la **sentencia de la Audiencia Provincial de Sevilla n.º 390/2022, de 14 de septiembre, ECLI:ES:APSE:2022:1997**, con cita de la anterior, a la hora de determinar si nos encontramos ante un caso de comodato o de precario, es preciso analizar cada caso concreto:

> «(…) para resolver conflictos como el ahora planteado, la necesidad de **analizar cada caso concreto para definir si ha existido o no un contrato entre las partes**, y particularmente un contrato de comodato, caracterizado por la cesión gratuita de la cosa por un tiempo determinado o para un uso concreto. En tal caso, se deberán aplicar las normas reguladoras de este negocio jurídico. Sin embargo, **en el supuesto de que no resulte acreditada la existencia de esta relación jurídica, se debe concluir que estamos ante la figura del precario, lo que conlleva que el propietario o titular del inmueble podrá, en cualquier momento, reclamar su posesión** (…)».

Aspectos esenciales del proceso de desahucio por precario

‖ Competencia

Será competente el tribunal del **lugar donde se encuentre el inmueble**, de acuerdo con lo establecido en el apartado séptimo del artículo 52.1 de la Ley de Enjuiciamiento Civil:

> «7.º En los juicios sobre arrendamientos de inmuebles y en los de desahucio, será competente el **tribunal del lugar en que esté sita la finca**».

‖ Legitimación

| Legitimación activa

Tal y como establece el apartado segundo del artículo 250.1 de la LEC, ostenta la legitimación activa «(...) el dueño, usufructuario o cualquier otra persona con derecho a poseer la finca».

Así, es la posesión justa la que ampara para interponer la demanda de desahucio por precario. Es necesaria una **posesión real y efectiva**, que no se circunscribe sin embargo únicamente a la categoría de dueño o de usufructuario, sino que alcanza a aquellos que tienen derecho a poseer la finca en virtud tanto de un derecho real como personal, como puede ser el caso de un arrendatario. Se requiere por lo tanto del actor, la **posesión del bien con un título válido**.

CUESTIÓN

¿Es requisito imprescindible que el inmueble esté inscrito a nombre del actor en el Registro de la Propiedad?

No, la propiedad se adquiere por el título y el modo, no teniendo la inscripción registral carácter constitutivo, de modo que no será preciso que el bien conste inscrito a favor del demandante, sino que **bastará con que éste acredite, por cualquiera de los medios admitidos en derecho, su condición de propietario**. SAP de Barcelona n.º 335/2020, de 15 de mayo. ECLI:ES:APB:2020:2903.

Se podrá, por lo tanto, acreditar la propiedad del inmueble mediante cualquier medio de prueba admitido en derecho, no siendo requisito imprescindible la inscripción del inmueble en el Registro de la Propiedad, a diferencia de lo que sucede con el juicio verbal de protección de los derechos reales inscritos, que analizaremos más adelante.

En lo que se refiere a los **casos en los que existe un derecho real de usufructo**, es importante señalar que es el usufructuario el legitimado para ejercitar la acción de desahucio por precario, y **no el nudo propietario**. A este respecto se refiere la **SAP de Barcelona n.º 496/2017, de 30 de junio,** ECLI:ES:APB:2017:9285.

> «El apelante considera que la sentencia dictada no es ajustada a Derecho, partiendo de que no se hace referencia alguna al Derecho Catalán aplicable citado en la contestación, sino, únicamente, a la regulación

contenida en el art. 524 CC, como tampoco a la abundante jurisprudencia citada por su parte.

Reitera que el alcance del derecho de uso y habitación resulta de la regulación contenida en el art. 562 CCC y que se trata de derechos reales limitativos del dominio, de modo que existe falta de legitimación pasiva por parte del nudo propietario para entablar el proceso de desahucio por precario. Alega que, según señala la jurisprudencia, el principal de los requisitos para las prosperabilidad de la acción de desahucio por precario es ostentar la propiedad real de la finca, a título de dueño, usufructuario o cualquier otra persona con derecho a poseer dicha finca (art. 250.1. 2.º LEC), siendo la acreditación de dicha posesión real, mediata, presupuesto indeclinable. Añade que **la finca en cuestión está gravada por un derecho real que atribuye el uso de la misma a una tercera persona, a la que correspondería la posesión real de la finca, y, por tanto, el ejercicio de cuantas acciones vayan encaminadas a su protección, que no pueden ser ejercitadas por quienes ostentan meramente la nuda propiedad».**

Señalando la referida sentencia, la falta de legitimación del nudo propietario para entablar la acción de desahucio por precario:

«Legitimación del nudo propietario

12. Como hemos señalado más arriba, para el éxito de la acción se requiere la acreditación de que el actor tiene derecho a poseer la finca en cuestión a título de dueño, usufructuario o cualquier otro de contenido análogo y que el demandado la posee sin título alguno. Lo que se pretende con el desahucio es la recuperación de la plena posesión de la finca frente a quien posee sin título o por mera tolerancia del dueño. El art. 250.1.2 de la Ley de Enjuiciamiento Civil así lo establece cuando determina el objeto de la acción con la referencia a "las que pretendan la recuperación de la plena posesión de una finca rústica o urbana, cedida en precario, por el dueño, usufructuario o cualquier persona con derecho a poseer dicha finca".

13. Es cierto que **la jurisprudencia de forma mayoritaria niega por tal motivo legitimación para promover la acción al nudo propietario**, al tiempo que se la reconoce al usufructuario (incluso se ha reconocido a éste el derecho de accionar frente a aquél, vid. SAP Barcelona, 30.9.2014, entre las más recientes). El argumento fundamental es el de la finalidad de la acción y el del ámbito de la titularidad que conserva el nudo propietario, **que carece de la posesión inmediata del bien y del derecho a disfrutarlo, y que sólo conserva una titularidad latente y el derecho a disponer**, siempre que no lo hubiera transmitido también. Así, declaran que la nuda propiedad no es título eficaz para amparar la pretensión las SSAP Albacete 10 de octubre 1974, AP Lérida 8 marzo 1976 SAP Burgos 6 octubre 1976, SAP Palma de Mallorca, Sec. 3, 4- 10-2011, SAP Palma de Mallorca, Sec. 3, 14-7- 2006; Barcelona (4.ª) 6-11- 2013, Las Palmas (3.ª) 3-7-2013, entre otras. Todas estas resoluciones confirman el criterio que expusimos por esta sala de apelación en nuestra sentencia de 19.10.2012. En contra puede citarse la sentencia de la AP de Albacete de 22.1.2016 que encuentra su argumentación en la condición de interesado legítimo en relación con

el derecho fundamental a la efectividad de la tutela judicial, con cita de la STC 26.11.2012.

14. En el presente caso la actora ostenta la condición de nuda propietaria en virtud del pacto de mejora con entrega de bienes, formalizado en la escritura pública de 19.10.2010, habiéndose reservado la otorgante la condición de usufructuaria del bien. **La posesión mediata del nudo propietario no se ve afectada de manera directa por la del precarista, que pudiera ocupar la finca incluso con el consentimiento o por tolerancia de quien tiene la posesión de derecho, el usufructuario.** Podrá decirse que al nudo propietario no le es irrelevante la existencia de un precarista, que incluso podría ostentar una *posessio ad usucapionem* y adquirir así el dominio por el mero transcurso del tiempo, pero la condición de nudo propietario le deja fuera del círculo de los legitimados para el ejercicio de este cauce procesal especial, previsto en el art. 250.1.2 de la Ley de Enjuiciamiento Civil. El nudo propietario ha de respetar el derecho del usufructuario, que es quien tiene la posesión inmediata de la cosa; podrá realizar actos de conservación, obras de mejora, o incluso enajenar los bienes o imponer servidumbres, siempre que no perjudiquen el derecho de usufructo, pero entre estas facultades no está la de ejercer la acción de exclusión de la posesión del precarista que, insistimos, puede colisionar con el derecho del usufructuario. Por tal motivo consideramos que no se está ante un problema de efectividad de tutela judicial, sino ante una cuestión de legitimación activa, cuya ausencia determina la desestimación de fondo de la demanda».

Por último, cabe hacer mención especial al **caso del título posesorio que trae causa de un contrato de arrendamiento**. El arrendatario tendrá legitimación activa para interponer la demanda de desahucio por precario, toda vez que se trata del poseedor real de la finca arrendada, por lo que el título por el que posee es suficiente. **SAP de Barcelona n.º 336/2015, de 4 de noviembre, ECLI:ES:APB:2015:11439.**

En el caso de extinguirse el contrato de arrendamiento en que se basa esta posesión, el arrendatario queda despojado de este título que le legitima, y pasa a ser un mero precarista.

CUESTIÓN

Si un coheredero reside en una vivienda que pertenece a todos los coherederos, ¿será posible ejercitar la acción de desahucio por precario entre coherederos?

Sí. Tal y como se reconoce en, entre otras, la STS n.º 178 /2021, de 29 de marzo. ECLI:ES:TS:2021:1239, a partir de la sentencia del Tribunal Supremo n.º 547/2010, de 16 de septiembre, ECLI:ES:TS:2010:5050 es jurisprudencia consolidada el reconocimiento de la acción por precario entre coherederos y en beneficio de la comunidad (doctrina que se fundamenta en la idea de que, durante el período de indivisión que precede a la partición, todos los coherederos tienen título para poseer como consecuencia de su participación en la comunidad hereditaria, pero ese título no ampara una posesión en exclusiva y excluyente de un bien común por un coheredero). Ahora bien, para el correcto ejercicio de la acción deben concurrir dos requisitos:

1.º- Subsistencia de la situación de indivisión previa a la partición.

2.º- Que la acción se ejercite en beneficio de la comunidad hereditaria.

| Legitimación pasiva

La legitimación pasiva la ostentará todo aquel que ocupe un inmueble sin justo título, y sin pagar renta o merced alguna en el momento de presentación de demanda que inicia el procedimiento.

> **CUESTIÓN**
>
> **¿Podrá interponerse la demanda de desahucio por precario si desconocemos los datos de los ocupantes de la vivienda?**
>
> Sí, dicha posibilidad se encuentra explícitamente recogida en la LEC en virtud de la modificación realizada por la Ley 5/2018, de 11 de junio, de modificación de la Ley de Enjuiciamiento Civil, en relación a la ocupación ilegal de viviendas (artículo 441.1 bis de la LEC).

Resulta una práctica habitual, y un gran problema práctico, la necesidad de identificar a los ocupantes para poder presentar la demanda de desahucio de la vivienda ocupada ilegítimamente, especialmente en aquellos casos en que la sucesión de personas que conviven en el piso, de forma continuada y sucesiva, lo impiden. Debido a esta problemática, y pese a que como hemos hecho referencia en la resolución de la cuestión arriba expuesta, ahora ya se reconoce en la ley esta posibilidad, la jurisprudencia venía admitiendo la interposición de la demanda frente a desconocidos ocupantes de la vivienda, máxime porque, tal y como señalaba la **Audiencia Provincial de Barcelona, en su sentencia n.º 441/2009, de 8 de octubre, ECLI:ES:APB:2009:9896,** no se puede cargar a la parte actora con la obligación de identificar a las personas que ocupan su vivienda:

> «No cabe duda de que la actora ha cumplido con los requisitos objetivos de la acción, acompañando a la demanda la certificación registral de su titularidad sobre la finca, por lo que la identificación efectuada y la justificación dominical resultan impecables. Otra cosa es la acreditación de la efectiva posesión por parte de los apelantes. Que la finca está siendo poseída es innegable, dado que los ocupantes han hecho de su exhibición un argumento de defensa, al formar parte del denominado movimiento "okupa", por lo que alegan, por ejemplo, que realizan talleres en la finca o que la limpian y restauran. No obstante, tal circunstancia no comporta que deba cargarse al actor con la prueba de definir e identificar a las personas que efectivamente la están poseyendo, puesto que la demanda se dirige, como no puede ser de otro modo, contra los ignorados ocupantes del inmueble, sin nominar personalmente a los comparecientes, hoy apelantes. Este argumento se relaciona con el anterior, sobre la pretendida falta de legitimación pasiva, y debe llevar a la misma respuesta, que no es otra que la estimación íntegra de la demanda, al efecto del desalojo de las personas que estén ocupando el inmueble indebidamente».

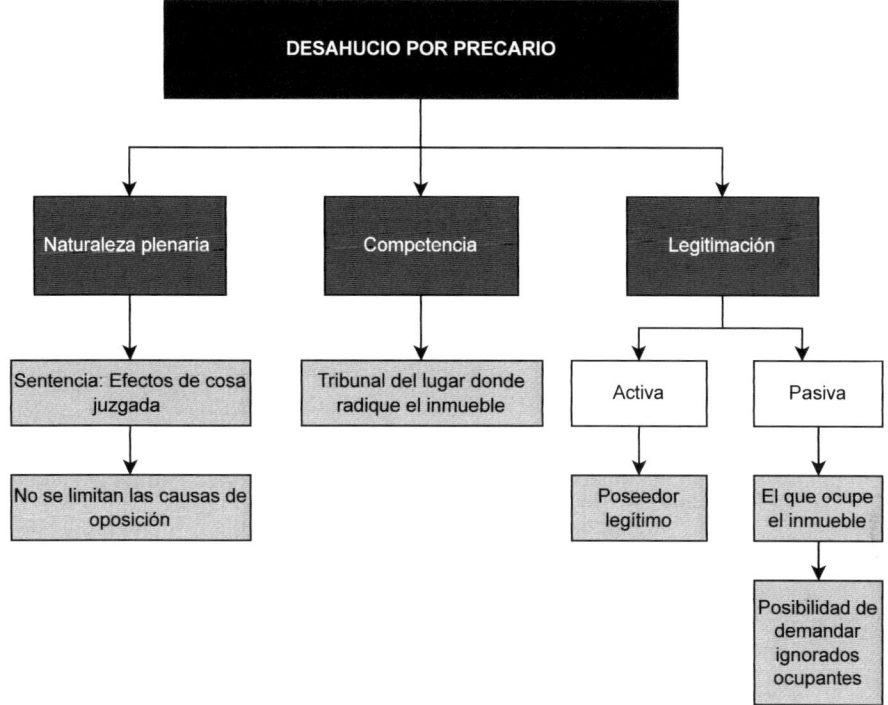

‖ De la tramitación del proceso

| Interposición de la demanda

De acuerdo con lo dispuesto en el párrafo primero del artículo 437 de la Ley de Enjuiciamiento Civil, el juicio verbal **comenzará por demanda**, con el contenido y forma propios del juicio ordinario. Esta demanda **deberá interponerse ante el juzgado de primera instancia del lugar donde se encuentre el inmueble**.

Junto con la demanda de juicio verbal de desahucio por precario, **se deberá aportar el título que legitima al demandante como poseedor legítimo del inmueble**.

Asimismo, y en relación con la **determinación de la cuantía del proceso**, habremos de estar a lo dispuesto en el artículo 251.2.ª de la LEC:

> «Cuando el objeto del proceso sea la condena de **dar bienes muebles o inmuebles**, con independencia de que la reclamación se base en derechos reales o personales, se estará al **valor de los mismos al tiempo de interponerse la demanda**, conforme a los precios corrientes en el mercado o en la contratación de bienes de la misma clase.
>
> Para este cálculo podrá servirse el actor de cualesquiera valoraciones oficiales de los bienes litigiosos, si no es posible determinar el valor por otros medios, sin que se pueda atribuir a los inmuebles un valor inferior al que conste en el catastro».

De este modo, deberemos estar al precio de compra que tenga el inmueble a la hora de interponer la demanda, conforme a los precios corrientes de mercado. La parte actora podrá valerse de cualquiera de las valoraciones oficiales de los bienes, puede estarse al valor catastral, al precio de compra si la enajenación se ha realizado hace relativamente poco tiempo, o bien podrá hacerse esta cuantificación del bien mediante un dictamen pericial. Debemos señalar que el precio **nunca podrá ser inferior al catastral**.

A pesar de lo antedicho, no debemos olvidar que, tal y como ponen de manifiesto, entre otras, la **SAP de A Coruña n.º 304/2019, de 6 de septiembre, ECLI:ES:APC:2019:1826 y la SAP de Barcelona n.º 804/2019, de 27 de junio, ECLI:ES:APB:2019:9594**, cuando nos encontramos ante un proceso de desahucio por precario, este se seguirá siempre por los trámites del juicio verbal toda vez que el procedimiento está determinado, a tenor de lo previsto en el apartado 1.2.ª del artículo 250 de la LEC, en función de la materia, no de la cuantía, y así dispone la segunda de las citadas sentencias:

> «En orden a la cuantía del procedimiento, **ha de recordarse que el juicio de desahucio por precario se sigue por razón de la materia, lo cual supone que con independencia de la cuantía que se señale en la demanda (cuyo requisito es obligatorio, ex art. 253 LEC), este procedimiento se ventilará siempre por los trámites del juicio verbal.**
>
> En principio la cuantía, por ello, no afecta al tipo de juicio que se seguirá (siempre se sigue por los trámites del juicio verbal).
>
> No obstante, como hay que señalar la cuantía del procedimiento de desahucio por precario, ésta vendrá determinada por el valor del bien inmueble cuya posesión se pretende recuperar (...)».

La admisión a trámite de la demanda se realiza mediante decreto del letrado de la Administración de Justicia, conforme a lo dispuesto en el artículo 438 de la LEC. Una vez admitida, dará **traslado de ella al demandando para que la conteste en el plazo de 10 días hábiles**.

Contra este decreto de admisión a trámite de la demanda **cabrá recurso de reposición** ante el letrado de la Administración de Justicia, ya que no se prevé por la ley ningún recurso directo de revisión ni pone fin al proceso.

Al contrario de lo que sucede en los procesos de desahucio por falta de pago, en el caso del precario, el legislador **no ha previsto que pueda fijarse la fecha del lanzamiento del ocupante** en el decreto de admisión de la demanda, para el caso de que se estime la pretensión y haciendo así innecesaria la posterior demanda ejecutiva.

A TENER EN CUENTA. Tras la reforma de la LEC llevada a cabo por la Ley 12/2023, de 24 de mayo, por el derecho a la vivienda, se regula en el art. 440.5 de la LEC que: «En todos los casos de desahucio y en todos los decretos o resoluciones judiciales que tengan como objeto el señalamiento del lanzamiento, independientemente de que éste se haya intentado llevar a cabo con anterioridad, se deberá incluir el día y la hora exacta en los que tendrá lugar el mismo». Si bien, tras la reforma operada por el **Real Decreto-ley 6/2023, de 19 de marzo**, el contenido del referido artículo 440.5 de la LEC pasará a contemplarse en el artículo 438.6 de la LEC **a partir del 20 de marzo de 2024**.

| Contestación a la demanda

Del decreto de admisión, y conforme a lo dispuesto en el artículo 438 de la LEC, se dará traslado al demandado para que conteste a la demanda en el plazo de diez días hábiles, debiendo ajustarse a lo previsto en la LEC para la contestación de los juicios ordinarios. En este sentido, señalar que, en dicho plazo el demandado podrá, de acuerdo con los artículos 63 a 65 de la LEC, hacer valer su oposición a la jurisdicción o competencia del tribunal mediante **declinatoria**, que deberá presentarla **dentro de dicho plazo para contestar a la demanda y suspenderá el plazo hasta que resuelva el letrado de la Administración de Justicia**.

Por imperativo del apartado 8 del artículo 438 de la LEC, en el escrito de contestación a la demanda, el demandado deberá pronunciarse acerca de la pertinencia o no de la celebración de la vista (el demandante, una vez recibida la contestación a la demanda, dispone de un plazo de 3 días hábiles para realizar las alegaciones que considere acerca de la pertinencia o no de esta celebración).

A TENER EN CUENTA. A partir del **20 de marzo de 2024** a raíz de la reforma operada en el artículo 438 de la LEC por el **Real Decreto-ley 6/2023, de 19 de diciembre**, el contenido del apartado 4 del referido artículo pasará a estar contemplado en apartado 8 de mismo.

En el caso de que no comparezca el demandado dentro del plazo de 10 días previsto, se le considerará en rebeldía —artículo 438.1 de la LEC— con los efectos jurídicos previstos en el apartado 2.º del artículo 496 de la LEC.

CUESTIONES

1. ¿Qué sucede en el caso de que ninguna de las partes solicite la celebración de vista?

Se dictará sentencia sin más tramites, salvo que el tribunal estime necesaria su celebración de acuerdo con el artículo 438.8 de la LEC (antes del 20 de marzo del 2024 tendremos que acudir al 438.4 de la LEC). Si, por el contrario, se solicita la celebración de la vista, el letrado de la Administración de Justicia acordará citar a las partes para la misma. Conforme a lo estipulado en el art. 440.1 de la LEC, la vista habrá de tener lugar dentro del plazo máximo de un mes desde la citación.

2. ¿Será posible la reconvención?

En los juicios verbales no siempre será posible plantear una demanda reconvencional. Así lo establece el artículo 438.2 de la LEC.

De acuerdo con el art. 447 de la LEC, no producirán efectos de cosa juzgada las sentencias que pongan fin a los juicios verbales de tutela sumaria de la posesión, el desahucio por falta de pago de rentas, pretensiones sobre la efectividad de derechos inscritos etc. Sin embargo, en **el caso del desahucio por precario, toda vez que no se trata de un proceso sumario, cabría la posibilidad de presentar demanda reconvencional**.

Esta demanda se interpondrá **junto con la contestación a la demanda**, por lo tanto, al tiempo de presentación de esta. De esta demanda reconvencional se dará traslado a la parte actora para que conteste en el plazo de 10 días hábiles.

Respecto de los **requisitos de la demanda reconvencional** cabe advertir que, toda vez que nos encontramos ante una nueva demanda, deberán respetarse los requisitos previstos para las demandas de juicio verbal en el artículo 437 de la LEC, debiendo ser admitida expresamente por el letrado o letrada de la Administración de Justicia.

Debe existir una conexión manifiesta entre la demanda principal y la reconvencional, existiendo un nexo claro entre ambas, en relación con el título y el derecho a poseer.

El objeto de la demanda reconvencional debe de ser un asunto a tramitar por los cauces del juicio verbal, toda vez que de acuerdo con el art. 438.2 de la LEC no procederá la reconvención cuando la demanda deba tramitarse por el cauce del juicio ordinario.

Será necesario, además, que el tribunal sea competente, tanto en relación con la materia como con la cuantía, de acuerdo con lo dispuesto en el artículo 406.2 de la LEC.

Le corresponde al letrado de la Administración de Justicia analizar si concurren o no los requisitos necesarios para la procedencia la demanda reconvencional. En caso de considerar que no se cumplen, dará traslado al tribunal que podrá inadmitirla mediante auto.

| Desarrollo de la vista, carga de la prueba y resolución

Contestada la demanda y, en su caso, la reconvención, si se fuera a celebrar la vista, el letrado o letrada de la Administración de Justicia citará a las partes en el plazo de los 5 días siguientes. La vista deberá tener lugar dentro del plazo máximo de 1 mes.

En la citación se fijará el día y hora en el que haya de celebrarse la vista, y se informará a las partes de la posibilidad de recurrir a una negociación para intentar solucionar el conflicto, incluido el recurso a una mediación, en cuyo caso éstas indicarán **en la vista o antes de ella su decisión al respecto y las razones de la misma**. (Artículo 440 de la LEC).

> **A TENER EN CUENTA.** Tras la reforma operada por el **Real Decreto-ley 6/2023, de 19 de diciembre**, a partir del **20 de marzo de 2024**, las partes podrán indicar antes de la vista su decisión y razones al respecto de la posibilidad de acudir a una negociación para intentar solucionar el conflicto. Antes de dicha fecha, las partes solo podrán hacerlo en la vista.

En todos los casos de desahucio, también se apercibirá al demandado en el requerimiento que se le realice que, de no comparecer a la vista, se declarará el desahucio sin más trámites y que queda citado para recibir la notificación de la sentencia que se dicte el sexto día siguiente al señalado para la vista. Igualmente, en la resolución que se dicte teniendo por opuesto al demandado se fijará día y hora para que tenga lugar, en su caso, el lanzamiento, que deberá verificarse antes de 30 días desde la fecha señalada para la vista, advirtiendo al demandado que, si la sentencia fuese condenatoria y no se recurriera, se procederá al lanzamiento en la fecha fijada, sin necesidad de notificación posterior.

La vista del juicio verbal por precario se sustanciará por los trámites previstos en los artículos 442 a 446 de la LEC, sin ningún tipo de especialidad en el proceso.

> **A TENER EN CUENTA.** Los artículos 444, 445 y 446 de la LEC han sido objeto de reforma por el Real Decreto-ley 6/2023, de 19 de diciembre, en vigor a partir del 20 de marzo de 2024.

Tal y como ya adelantamos en el apartado relativo a las características generales de este proceso, debido al carácter plenario del juicio verbal de desahucio por precario, es posible discutir cualquier cuestión relativa al título ocupacional, sin que existan limitaciones en las causas de oposición ni en los medios de prueba que se pueden aportar al mismo.

La carga de la prueba aparece regulada en el art. 217 de la LEC, y establece que:

«2. Corresponde al actor y al demandado reconviniente la carga de probar la certeza de los hechos de los que ordinariamente se desprenda, según las normas jurídicas a ellos aplicables, el efecto jurídico correspondiente a las pretensiones de la demanda y de la reconvención.

3. Incumbe al demandado y al actor reconvenido la carga de probar los hechos que, conforme a las normas que les sean aplicables, impidan, extingan o enerven la eficacia jurídica de los hechos a que se refiere el apartado anterior».

Así pues, en los casos de desahucio por precario, la carga de la prueba relativa al título posesorio del ocupante corresponderá a la parte demandada, al precarista, es decir, a aquel que alega la existencia de contrato o pago de renta. Será necesario que aporte la justificación del título posesorio que legitima su derecho a poseer el inmueble.

A este respecto se ha pronunciado el **Tribunal Supremo en su sentencia n.º 581/2017, de 26 de octubre, ECLI:ES:TS:2017:3757,** donde en su fundamento de derecho segundo establece que:

«El escrito de interposición del recurso de casación se fundamenta en un solo motivo, que se formula por infracción de los artículos 348, 349, 444, 1749 y 1750 CC , con infracción de la doctrina jurisprudencial del TS contenida en sentencia de 29 de junio de 2012: «Declaramos como doctrina jurisprudencial que la posesión de un bien inmueble a título de arrendamiento exige la prueba por el poseedor de que exista una renta como precio del arriendo, sin que el mismo pueda quedar justificado por la mera acreditación de que se han producido algunos pagos, cuando se ignora la finalidad y periodicidad de los mismos». Se citan además por la parte recurrente en similar sentido las sentencias de 19/09/2013, 18/01/2010, 3/06/2002, 25/02/1995, 19/06/1992, 21/05/1990, 25/05/1989, 30/10/1986, 22/03/1968. Se alega que la sentencia recurrida en casación considera que ha habido inactividad de la parte actora para recuperar la vivienda, por lo que infringe la doctrina según la cual en cualquier momento el propietario podrá hacer valer su derecho de recuperar la finca de su propiedad, a lo que añade que la propia sentencia recurrida descarta que la demandada tenga derecho de subrogación y reconoce que no paga renta alguna.».

Establece el artículo 447 de la LEC, que la sentencia se dictará dentro de los 5 días siguientes a la terminación de la vista en el caso de los juicios verbales en que se pida el desahucio de finca urbana.

Como ya indicamos anteriormente, la sentencia de juicio verbal de desahucio por precario, debido al carácter plenario del proceso, **goza de plenos efectos de cosa juzgada**.

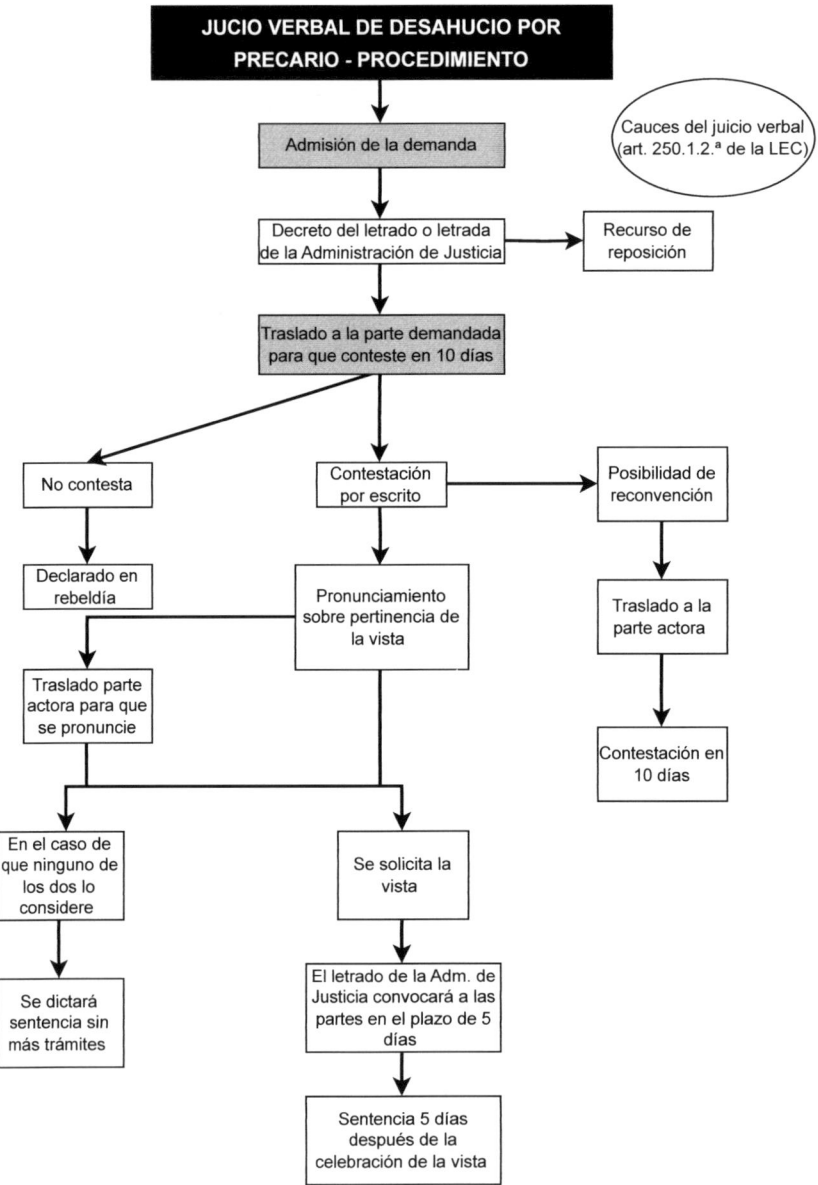

2.
EL DESAHUCIO POR FALTA DE PAGO

El juicio verbal de desahucio por falta de pago de rentas u otras cantidades debidas por el arrendamiento es otro de los procesos de recobro de la posesión contemplados en nuestro ordenamiento jurídico, por el cual en caso de que el arrendatario incumpla su obligación de pago de la renta pactada, el arrendador está facultado para interponer demanda solicitando el desahucio y la recuperación de la vivienda, así como el abono de las rentas impugnadas u otras cantidades debidas por el arrendatario, cuando se acumulare esta acción de reclamación dineraria.

Ámbito de aplicación

Reiterando lo expuesto, el **art. 250.1.1.º de la LEC** establece que se decidirán en juicio verbal, cualquiera que sea su cuantía, las demandas «Las que versen sobre reclamación de cantidades por impago de rentas y cantidades debidas y las que, igualmente, con fundamento en el impago de la renta o cantidades debidas por el arrendatario, o en la expiración del plazo fijado contractual o legalmente, pretendan que el dueño, usufructuario o cualquier otra persona con derecho a poseer una finca rústica o urbana, dada en arrendamiento, ordinario o financiero o en aparcería, recuperen la posesión de dicha finca».

La finalidad de este proceso es doble, por un lado, nos encontramos ante **el ejercicio de la facultad del arrendador a resolver el contrato de arrendamiento por el incumplimiento de la obligación principal de todo arrendatario, que es el pago de la renta, y por otro recuperar la plena posesión de la vivienda cedida en arrendamiento.**

Normativa aplicable

Además del citado **art. 250.1.1.º de la LEC**, que determina el cauce por el que se sustancia el proceso de desahucio por falta de pago, es importante señalar qué precepto legal fundamenta esta acción judicial.

En el caso de contratos de arrendamiento de vivienda, se encuentra en el **artículo 27 de la Ley 29/1994 de 24 de noviembre, de Arrendamientos Urbanos** —en adelante LAU—, que establece que:

> «1. El incumplimiento por cualquiera de las partes de las obligaciones resultantes del contrato dará derecho a la parte que hubiere cumplido las suyas a exigir el cumplimiento de la obligación o a promover la resolución del contrato de acuerdo con lo dispuesto en el artículo 1.124 del Código Civil.
>
> 2. Además, el arrendador podrá resolver de pleno derecho el contrato por las siguientes causas:
>
> a) La falta de pago de la renta o, en su caso, de cualquiera de las cantidades cuyo pago haya asumido o corresponda al arrendatario (...)».

El **artículo 35 de la LAU**, que se refiere a contratos de arrendamiento para uso distinto de vivienda, nos remite nuevamente a este **artículo 27 de la LAU**.

Encontramos de igual modo fundamento para el ejercicio de esta acción judicial de desahucio en el CC para aquellos contratos de arrendamiento sobre bienes inmuebles no sujetos a la LAU (ej. solar sin edificar), salvo que se rijan por otra ley especial, cuando establece en su artículo 1569.2 del CC:

> «El arrendador podrá desahuciar judicialmente al arrendatario por alguna de las causas siguientes:
>
> 2.ª Falta de pago en el precio convenido».

Naturaleza jurídica del juicio verbal de desahucio

El **juicio verbal de desahucio** por falta de pago es un proceso sumario, tal y como se desprende de lo dispuesto en la LEC.

En primer lugar, el **artículo 444.1 de la LEC** establece:

> «1. Cuando en el juicio verbal se pretenda la recuperación de finca, rústica o urbana, dada en arrendamiento, por impago de la renta o cantidad asimilada sólo se permitirá al demandado alegar y probar el pago o las circunstancias relativas a la procedencia de la enervación».

Así como el **artículo 447.2 de la LEC**:

> «2. **No producirán efectos de cosa juzgada las sentencias que pongan fin a los juicios verbales sobre tutela sumaria de la posesión ni las que decidan sobre la pretensión de desahucio o recuperación de finca**, rústica o urbana, dada en arrendamiento, por impago de la renta o alquiler o por expiración legal o contractual del plazo, y sobre otras pretensiones de tutela que esta Ley califique como sumarias».

Se restringe por el primero de estos artículos los medios de prueba y las alegaciones de la parte demandada, en tanto que no podrá oponer cualesquiera excepciones o defensas que tenga por conveniente, ni en lo que atañe a los medios de prueba de que intente valerse para acreditar la veracidad de sus alegaciones, y se establece en el siguiente precepto legal la ausencia de cosa juzgada de la sentencia que pone fin al proceso.

El carácter plenario o sumario de un determinado proceso influye sobre los efectos que surten de la sentencia de fondo por la que se pone término al mismo.

En su virtud, de ser sumario el proceso, la sentencia de fondo zanjará o resolverá únicamente la parte del conflicto que haya podido ser sometida a la cognición judicial, dejando el resto de los eventuales extremos litigiosos imprejuzgados. Por ello, únicamente podrán sustanciarse y discutirse mediante este proceso el impago de rentas u otras cantidades debidas por el arrendatario, quedando al margen otras cuestiones que tengan la categoría de complejas, y que deban sustanciarse mediante el correspondiente juicio ordinario.

Pese a que nos encontramos ante un proceso de desahucio sustanciado por los cauces del juicio verbal, lo cierto es que el desahucio por falta de pago ha adoptado la técnica del juicio monitorio (arts. 812-818 de la LEC). Este rasgo lo aporta el art. 438.5 de la LEC, en el que aparece configurado el proceso en los siguientes términos, y cuya redacción legal vigente es:

> «5. En los casos de demandas en las que se ejercite la pretensión de desahucio por falta de pago de rentas o cantidades debidas, acumulando o no la pretensión de condena al pago de las mismas, el letrado o letrada de la Administración de Justicia, tras la admisión, y previamente a la vista que se señale, requerirá a la persona demandada para que, en el plazo de diez días, desaloje el inmueble, pague al actor o, en caso de pretender la enervación, pague la totalidad de lo que deba o ponga a disposición de aquel en el tribunal o notarialmente el importe de las cantidades reclamadas en la demanda y el de las que adeude en el momento de dicho pago enervador del desahucio; o en otro caso comparezca ante éste y alegue sucintamente, formulando oposición, las razones por las que, a su entender, no debe, en todo o en parte, la cantidad reclamada o las circunstancias relativas a la procedencia de la enervación.
>
> Si el demandante ha expresado en su demanda que asume el compromiso a que se refiere el apartado 3 del artículo 437, se le pondrá de manifiesto en el requerimiento, y la aceptación de este compromiso equivaldrá a un allanamiento con los efectos del artículo 21.
>
> Además, el requerimiento expresará el día y la hora que se hubieran señalado para que tengan lugar la eventual vista en caso de oposición del demandando, para la que servirá de citación, y el día y la hora exactos para la práctica del lanzamiento en caso de que no hubiera oposición. Asimismo, se expresará que en caso de solicitar asistencia jurídica gratuita el demandado, deberá hacerlo en los tres días siguientes a la práctica del requerimiento, así como que la falta de oposición al requerimiento supondrá la prestación de su consentimiento a la resolución del contrato de arrendamiento que le vincula con el arrendador.
>
> El requerimiento se practicará en la forma prevista en el artículo 161, teniendo en cuenta las previsiones contenidas en apartado 3 del artículo 155 y en el último párrafo del artículo 164, apercibiendo al demandado de que, de no realizar ninguna de las actuaciones citadas, se procederá a su inmediato lanzamiento, sin necesidad de notificación posterior, así como de los demás extremos comprendidos en el apartado siguiente de este mismo artículo.

Si el demandado no atendiere el requerimiento de pago o no comparaciere para oponerse o allanarse, el letrado o letrada de la Administración de Justicia dictará decreto dando por terminado el juicio de desahucio y se procederá al lanzamiento en el día y la hora fijadas.

Si el demandado atendiere el requerimiento en cuanto al desalojo del inmueble sin formular oposición ni pagar la cantidad que se reclamase, el letrado o letrada de la Administración de Justicia lo hará constar, y dictará decreto dando por terminado el procedimiento, y dejando sin efecto la diligencia de lanzamiento, a no ser que la parte demandante interese su mantenimiento para que se levante acta sobre el estado en que se encuentre la finca, dando traslado a la parte demandante para que inste el despacho de ejecución en cuanto a la cantidad reclamada, bastando para ello con la mera solicitud.

En los dos supuestos anteriores, el decreto dando por terminado el juicio de desahucio impondrá las costas al demandado e incluirá las rentas debidas que se devenguen con posterioridad a la presentación de la demanda hasta la entrega de la posesión efectiva de la finca, tomándose como base de la liquidación de las rentas futuras el importe de la última mensualidad reclamada al presentar la demanda. Si el demandado formulara oposición, se celebrará la vista en la fecha señalada».

Continúa este artículo señalando:

«6. En todos los casos de desahucio, también se apercibirá al demandado en el requerimiento que se le realice que, de no comparecer a la vista, se declarará el desahucio sin más trámites y que queda citado para recibir la notificación de la sentencia que se dicte el sexto día siguiente al señalado para la vista, presencialmente o a través de sede electrónica. Igualmente, en la resolución que se dicte teniendo por opuesto al demandado se fijará día y hora exacta para que tenga lugar, en su caso, el lanzamiento, que deberá verificarse antes de treinta días desde la fecha señalada para la vista, advirtiendo al demandado que, si la sentencia fuese condenatoria y no se recurriera, se procederá al lanzamiento en el día y la hora fijadas, sin necesidad de notificación posterior.

En todos los casos de desahucio y en todos los decretos o resoluciones judiciales que tengan como objeto el señalamiento del lanzamiento, independientemente de que este se haya intentado llevar a cabo con anterioridad, se deberá incluir el día y hora exacta en que tendrá lugar el mismo».

> **A TENER EN CUENTA.** Antes de la entrada en vigor de la reforma operada por el Real Decreto-ley 6/2023, de 19 de diciembre —el 20 de marzo de 2024— el contenido de los apartados 5 y 6 del mencionado 438 de la LEC se encontraba recogido en los apartados 3,4 y 5 del artículo 440 de la LEC.

Con motivo del contenido de este precepto legal se sustanció mediante la técnica monitoria el especial juicio de desahucio por falta de pago de rentas u otras cantidades debidas, pudiendo ser acumulada, en su caso, la reclamación de pago de estas cantidades. Por lo tanto, **a diferencia del proceso monitorio, en el que únicamente se pueden reclamar el pago de deudas dinerarias, en este proceso es posible solicitar además el desalojo del inmueble.**

Mantiene este proceso la forma del juicio verbal, cuyo aspecto monitorio se basa en la necesidad de requerimiento de pago y, en su caso, la oposición. **En el caso que no se oponga la parte requerida, se pondrá fin al proceso mediante decreto sin más trámites, y en el caso de que sí exista oposición, se celebrará vista oral**. Se trata de un proceso que lo que busca es la agilidad y rapidez en la obtención de una respuesta judicial que dirima la controversia.

Impago de rentas

Impago de rentas o de otras cantidades debidas por el arrendatario

El art. 27.2.a) de la LAU señala que el arrendador podrá resolver el contrato por «La falta de pago de la renta o, en su caso, de cualquiera de las cantidades cuyo pago haya asumido o corresponda al arrendatario». Para determinar estas cantidades debemos atender a los dispuesto en el art. 20 de la LAU que se refiere a los gastos generales y de servicios individuales, señalando que los gastos generales para el adecuado sostenimiento del inmueble, sus servicios, tributos, cargas y responsabilidades que no sean susceptible de individualización y que correspondan a la vivienda arrendada o a sus accesorios, sean a cargo del arrendatario.

> **JURISPRUDENCIA**
>
> **Integración del importe del IBI en el concepto de cantidades asimiladas a la renta en los contratos celebrados con anterioridad al 9 de mayo de 1985.**
>
> **Sentencia del Tribunal Supremo n.º 578/2022, de 26 de julio, ECLI:ES:TS:2022:3222**
>
> *«La posibilidad de que el impago del IBI constituya legítimo motivo de resolución del contrato de arrendamiento fue abordada por la sentencia del Pleno de esta Sala 1.ª de 12 de enero de 2007 (recurso n.º 2458/2002), en los términos siguientes:*
>
> *"Cuando la causa 1.ª del artículo 114 se refiere a cantidades asimiladas a la renta está aludiendo a aquéllas cuyo pago ha de asumir el arrendatario por mandato legal, empleando una fórmula abierta que ha de ser completada con las que en cada momento establezca la legislación aplicable. Si bajo la vigencia del texto refundido de 1964 eran, en determinados supuestos, las correspondientes a diferencias en el coste de servicios y suministros y las derivadas de la repercusión del importe de las obras realizadas por el arrendador, ahora la consideración del texto de la nueva Ley lleva a estimar que esta nueva obligación del arrendatario de satisfacer el importe del IBI ha de merecer igual consideración, de forma que su impago —en cuanto supone el incumplimiento de una obligación dineraria añadida a la esencial de abono de la renta— faculta al arrendador para instar la resolución del contrato. Lo contrario supondría forzar a dicho arrendador a emprender anualmente el ejercicio de una acción de reclamación contra el arrendatario incumplidor de una obligación de periodicidad anual de la que ha de responder mientras el contrato esté vigente, cuyo carácter periódico comporta su necesaria asimilación a estos efectos a la obligación, también periódica, de pago de la renta".*
>
> *Y, en coherencia con lo expuesto, se fijó como doctrina jurisprudencial que:*
>
> *"[...] el impago por el arrendatario del Impuesto de Bienes Inmuebles y de la repercusión por el coste de los servicios y suministros, en arrendamientos de vivienda existentes en el momento de la entrada en vigor de la nueva Ley de Arrendamientos*

Urbanos de 24 de noviembre de 1994, ha de considerarse como causa de resolución comprendida en el artículo 114-1.ª del Texto Refundido de la Ley de Arrendamientos Urbanos de 1964".

Por otra parte, en sentencias de 15 de junio de 2009, recurso n.º 2320/2004, y 11 de julio de 2011, recurso n.º 642/2008, se ha declarado igualmente como doctrina jurisprudencial:

"[...] que el impago por el arrendatario del Impuesto de Bienes Inmuebles y de la repercusión por el coste de los servicios y suministros, en arrendamientos de vivienda existentes en el momento de la entrada en vigor de la nueva Ley de Arrendamientos Urbanos de 24 de noviembre de 1994, ha de considerarse como causa de resolución comprendida en el artículo 114-1.ª del Texto Refundido de la Ley de Arrendamientos Urbanos de 1964". Y en sentencia de 20 de julio de 2011, recurso 352/2009, se reitera la doctrina jurisprudencial de que "el coste de los servicios y suministros, en arrendamientos de vivienda existentes en el momento de la entrada en vigor de la nueva Ley de Arrendamientos Urbanos de 24 de noviembre de 1994, ha de considerarse como cantidades asimiladas a la renta, y su impago es causa de resolución comprendida en el artículo 114-1.ª del Texto Refundido de la Ley de Arrendamientos Urbanos de 1964".

El criterio expuesto es reiterado posteriormente en las sentencias 749/2015, de 30 de diciembre y 194/2021, de 12 de abril».

CUESTIÓN

¿El impago de una sola mensualidad de renta es causa de resolución del contrato?

Sí, el impago de una sola mensualidad de renta es causa suficiente para la resolución del contrato y no podrá apreciarse abuso de derecho. En este sentido se pronuncia la **Audiencia Provincial de Ceuta en la sentencia n.º 8/2023, de 18 de enero, ECLI:ES:APCE:2023:22**, al establecer:

«Conforme con el artículo 27.2.a) de la Ley de Arrendamientos Urbanos, "...el arrendador podrá resolver de pleno derecho el contrato por las siguientes causas: a) La falta de pago de la renta o, en su caso, de cualquiera de las cantidades cuyo pago haya asumido o corresponda al arrendatario...". Como ha mantenido el Tribunal Supremo en sentencias como las de 10/11/2010 o 27/03/2014, entre otras, el impago de una sola renta puede desencadenar tal consecuencia. Ello no puede ser más lógico. Privándose al arrendador del derecho a poseer el bien objeto del contrato durante todo el tiempo convenido o el que se establezca legalmente, no podría existir mayor quiebra de la reciprocidad de las contraprestaciones surgidas del mismo que soportar que la retribución correspondiente se satisfaga a capricho del arrendatario o morosamente, sobre todo cuando, como es frecuente, el arrendador tiene que soportar unos gastos inherentes al título que ostente, fundamentalmente financieros y fiscales, con independencia de que aquél cumpla lo pactado».

En aquellos supuestos en los que exista una discrepancia entre el arrendador y el arrendatario en la cuantía adeudada en casos como actualización de las rentas, no se podrá instar el desahucio en tanto no se solucionen las diferencias, para lo que debe acudirse a un procedimiento ordinario ya que en el juicio sumario no se puede discutir la cuantía de la renta. En este sentido se ha pronunciado la **sentencia de la Audiencia Provincial de Barcelona n.º 567/2010, de 14 de octubre, ECLI:ES:APB:2010:7226** que señala:

«El problema se plantea cuando las cantidades "reclamadas" difieran de las realmente "adeudadas" (singularmente cuando no están conformes arrendador y arrendatario sobre la cuantía de la renta vigente, p.e. ante una actualización o incremento); en el "sumario" no se puede discutir la cuantía de la renta, cuestión cuyo adecuado marco es el ordinario (SSTS 14.6.1944 , 14.5.1955 , 30.11.56 , 1.6.1962 , 25.6.1964 , 15.12.1971 ...) y por ello, la acción se enerva válidamente mediante la consignación de la última cantidad conforme (último renta incontrovertida), remitiéndose a las partes, en su caso al juicio ordinario del art. 249.1.6 LEC para la determinación de la renta o validez del incremento (claro es, siempre que el arrendatario hubiere formulado oposición, en tiempo y forma al incremento, pues en otro caso estaría tácitamente aceptada y, por tanto, conforme)».

2.1. Proceso judicial de desahucio por impago de rentas o cantidades debidas

Competencia para conocer del proceso judicial de desahucio por impago de rentas o cantidades debidas

De acuerdo con lo previsto en los artículos 45 y 52.7.º de la LEC, así como el artículo 85 LOPJ, serán competentes para el conocimiento los juzgados de primera instancia **del lugar donde radique la finca**.

El artículo 54.1 de la LEC determina que **estará prohibida la sumisión expresa o tácita de las partes a la competencia de otro tribunal,** al señalar «Las reglas legales atributivas de la competencia territorial sólo se aplicarán en defecto de sumisión expresa o tácita de las partes a los tribunales de una determinada circunscripción. Se exceptúan las reglas establecidas en los números 1.º y 4.º a 15.º del apartado 1 y en el apartado 2 del artículo 52 y las demás a las que esta u otra Ley atribuya expresamente carácter imperativo. Tampoco será válida la sumisión expresa o tácita en los asuntos que deban decidirse por el juicio verbal».

Inicio del procedimiento de desahucio por impago de rentas o cantidades debidas

|| Requerimiento de pago

El requerimiento previo a **la presentación de la demanda por parte del arrendador no es condición indispensable para interponer la demanda de desahucio,** pero sirve para impedir la enervación de la acción de desahucio.

La LEC prevé un mecanismo procesal que faculta al arrendatario para impedir el desahucio de la vivienda una vez ya presentada la demanda: **la enervación**. Esto implica que el arrendatario **puede pagar de manera voluntaria la totalidad de las cantidades debidas en el plazo de diez días hábiles desde el requerimiento judicial de pago.**

En palabras de la **Audiencia Provincial de Madrid, Sección 14.ª, a través de sentencia n.º 585/2006, de 28 de septiembre, ECLI:ES:APM:2006:7415, la enervación es un supuesto especial de purga de la mora**, reservado exclusivamente a los procesos de desahucio por falta de pago de la renta, y ello es así por la naturaleza tan peculiar de este proceso.

Sin embargo, el art. 22.4 de la LEC en su párrafo segundo señala que **la enervación de la acción de desahucio no es posible** «(...) cuando el arrendatario hubiera enervado el desahucio en una ocasión anterior, excepto que el cobro no hubiera tenido lugar por causas imputables al arrendador, ni cuando el arrendador hubiese requerido de pago al arrendatario por cualquier medio fehaciente con, al menos, treinta días de antelación a la presentación de la demanda y el pago no se hubiese efectuado al tiempo de dicha presentación».

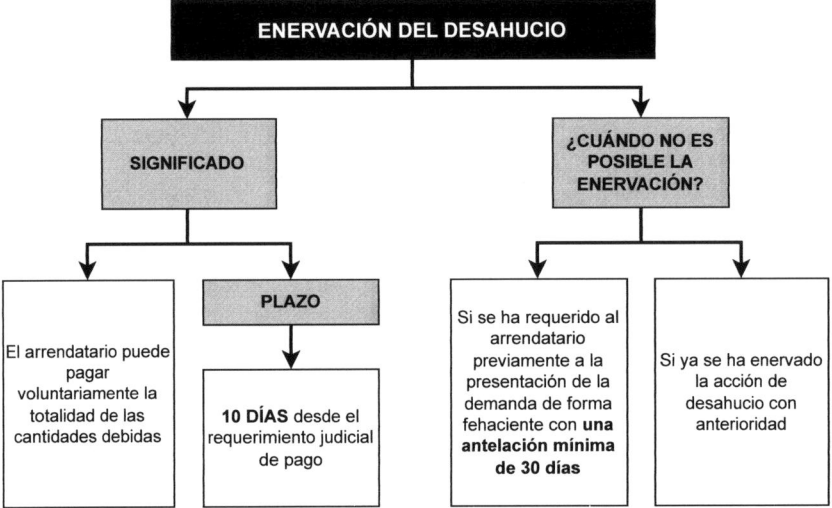

El **Tribunal Supremo en la sentencia n.º 493/2022, de 22 de junio, ECLI:ES:TS:2022:2462** aborda la presente cuestión y establece cuáles deben ser los **requisitos básicos de la comunicación previa del arrendador de reclamación de cantidades debidas para impedir la posterior enervación,** en la que señala:

«A los requisitos legales del requerimiento de pago del art. 22 de la LEC hicimos expresa referencia en la sentencia 194/2021, de 12 de abril, como expresión de una consolidada jurisprudencia, y así señalamos:

"En la sentencia 508/2015, de 22 de septiembre, nos hemos pronunciado sobre la interpretación del art. 22.4 LEC y sobre los requisitos del requerimiento de pago a los efectos de impedir la enervación de la acción en el procedimiento de desahucio, con reproducción de la doctrina de la sentencia 302/2014, de 28 de mayo, en los términos siguientes:

"1. La comunicación ha de contener un requerimiento de pago de renta o cantidad asimilada.

2. Ha de ser fehaciente, es decir, por medio que permita acreditar que llegó a conocimiento del arrendatario, con la claridad suficiente.

3. Ha de referirse a rentas impagadas.

4. Debe transcurrir el plazo legalmente previsto, que ha venido fluctuando entre uno y dos meses, en las sucesivas reformas legales.

5. Que el arrendatario no haya puesto a disposición del arrendador la cantidad reclamada.

Sin embargo, en dicho precepto no se exige que se comunique al arrendatario.

1. Que el contrato va a ser resuelto.

2. Que no procederá enervación de la acción de desahucio si no se paga en el plazo preceptivo.

El legislador no obliga al arrendador a que se constituya en asesor del arrendatario, sino tan solo a que le requiera de pago"».

De este modo, **será suficiente una comunicación fehaciente al arrendatario**, es decir, mediante un burofax con acuse de recibo y certificado de contenido, un telegrama con acuse de recibo, un requerimiento notarial, etc.

> **A TENER EN CUENTA.** Téngase especial cuidado con las cartas certificadas, toda vez que, la jurisprudencia no las dota de la fehaciencia necesaria.

En lo que respecta al plazo previo que debe mediar entre este requerimiento fehaciente y la interposición de la demanda, para imposibilitar la enervación por la parte demandante, el artículo 22.4 de la LEC establece un plazo de **treinta días naturales**.

‖ La demanda

Después de la reforma de la LEC operada con la Ley 42/2015, de 5 de octubre, se establece en el artículo 437 de la LEC que **el juicio verbal iniciará mediante demanda con el contenido y forma propios del juicio ordinario. No obstante, en los juicios verbales en que no se actúe con abogado y procurador el demandante podrá formular una demanda sucinta.**

Por esto, en la materia que nos ocupa, **debemos atender al objeto del proceso para determinar qué tipo de demanda será necesario que se presente. Para el caso de demandas de desahucio por impago de rentas u otras cantidades debidas, o de desahucio por expiración de plazo, o de reclamación de dichas cantidades al arrendatario, se deberá formular demanda ordinaria, ya que se tramitan por juicio verbal por razón de la materia conforme al artículo 250.1.1.º de la LEC**, siendo preceptiva en estos casos la postulación procesal con independencia de cuál sea la cuantía del proceso.

La **determinación de la cuantía** aparece prevista en el **artículo 251.9.º de la LEC** cuando establece que:

> «9.ª En los juicios sobre arrendamientos de bienes, salvo cuando tengan por objeto reclamaciones de las rentas o cantidades debidas, la cuantía de la demanda será el importe de una anualidad de renta, cualquiera que sea la periodicidad con que ésta aparezca fijada en el contrato».

La cuantía del proceso de desahucio por impago de rentas u otras cantidades debidas será el importe de una anualidad de renta, pero entendido de manera dinámica, incluyendo en el importe las actualizaciones que procedan en su caso conforme al contrato.

En el caso de que se acumule a la acción de desahucio por falta de pago o por expiración del plazo contractual, la acción de reclamación de rentas o de otras cantidades debidas, la cuantía de la demanda, de acuerdo con lo previsto en el **artículo 252.2.º de la LEC**, tercer párrafo, de la LEC, vendrá determinada por la acción de cuantía más alta, o el importe de la anualidad de rentas, o la cuantía que se reclama en concepto de rentas y otras cantidades debidas:

> «Sin perjuicio de lo anterior, si las acciones acumuladas fueran la de desahucio por falta de pago o por expiración legal o contractual del plazo, y la de reclamación de rentas o cantidades debidas, la cuantía de la demanda vendrá determinada por la acción de mayor valor».

Para los casos de desahucio por falta de pago, el arrendador puede solicitar únicamente el desahucio del inmueble, o bien acumular la acción de reclamación de rentas u otras cantidades debidas.

Si se solicita además del desahucio del inmueble la reclamación de las rentas u otras cantidades debidas, deberemos estar a lo dispuesto en el **artículo 399.5 de la LEC** que establece que estas dos peticiones se tendrán que expresar con la debida separación en el suplico de la demanda.

De acuerdo con el artículo 439.3 de la LEC:

> «No se admitirán las demandas de desahucio de finca urbana por falta de pago de las rentas o cantidades debidas por el arrendatario si el arrendador no indicare las circunstancias concurrentes que puedan permitir o no, en el caso concreto, la enervación del desahucio».

Se trata por lo tanto de un **requisito de procedibilidad de la demanda de desahucio el hecho de indicar si el arrendatario permite o no la enervación del desahucio.**

Este mismo artículo en los apartados 6 y 7 señala:

> «6. En los casos de los números 1.º, 2.º, 4.º y 7.º del apartado 1 del artículo 250, no se admitirán las demandas, que pretendan la recuperación de la posesión de una finca, en que no se especifique:
>
> a) Si el inmueble objeto de las mismas constituye vivienda habitual de la persona ocupante.
>
> b) Si concurre en la parte demandante la condición de gran tenedora de vivienda, en los términos que establece el artículo 3.k) de la Ley 12/2023, de 24 de mayo, por el derecho a la vivienda.
>
> En el caso de indicarse que no se tiene la condición de gran tenedor, a efectos de corroborar tal extremo, se deberá adjuntar a la demanda certificación del Registro de la Propiedad en el que consten la relación de propiedades a nombre de la parte actora.
>
> c) En el caso de que la parte demandante tenga la condición de gran tenedor, si la parte demandada se encuentra o no en situación de vulnerabilidad económica.

Para acreditar la concurrencia o no de vulnerabilidad económica se deberá aportar documento acreditativo, de vigencia no superior a tres meses, emitido, previo consentimiento de la persona ocupante de la vivienda, por los servicios de las Administraciones autonómicas y locales competentes en materia de vivienda, asistencia social, evaluación e información de situaciones de necesidad social y atención inmediata a personas en situación o riesgo de exclusión social que hayan sido específicamente designados conforme la legislación y normativa autonómica en materia de vivienda.

El requisito exigido en esta letra c) también podrá cumplirse mediante:

1.º La declaración responsable emitida por la parte actora de que ha acudido a los servicios indicados anteriormente, en un plazo máximo de cinco meses de antelación a la presentación de la demanda, sin que hubiera sido atendida o se hubieran iniciado los trámites correspondientes en el plazo de dos meses desde que presentó su solicitud, junto con justificante acreditativo de la misma.

2.º El documento acreditativo de los servicios competentes que indiquen que la persona ocupante no consiente expresamente el estudio de su situación económica en los términos previstos en la legislación y normativa autonómica en materia de vivienda. Este documento no podrá tener una vigencia superior a tres meses.

7. En los casos de los números 1.º, 2.º, 4.º y 7.º del apartado 1 del artículo 250, en el caso de que la parte actora tenga la condición de gran tenedora en los términos previstos por el apartado anterior, el inmueble objeto de demanda constituya vivienda habitual de la persona ocupante y la misma se encuentre en situación de vulnerabilidad económica conforme lo previsto igualmente en el apartado anterior, no se admitirán las demandas en las que no se acredite que la parte actora se ha sometido al procedimiento de conciliación o intermediación que a tal efecto establezcan las Administraciones Públicas competentes, en base al análisis de las circunstancias de ambas partes y de las posibles ayudas y subvenciones existentes en materia de vivienda conforme a lo dispuesto en la legislación y normativa autonómica en materia de vivienda.

El requisito anterior podrá acreditarse mediante alguna de las siguientes formas:

1.º La declaración responsable emitida por la parte actora de que ha acudido a los servicios indicados anteriormente, en un plazo máximo de cinco meses de antelación a la presentación de la demanda, sin que hubiera sido atendida o se hubieran iniciado los trámites correspondientes en el plazo de dos meses desde que presentó su solicitud, junto con justificante acreditativo de la misma.

2.º El documento acreditativo de los servicios competentes que indique el resultado del procedimiento de conciliación o intermediación, en el que se hará constar la identidad de las partes, el objeto de la controversia y si alguna de las partes ha rehusado participar en el procedimiento, en su caso. Este documento no podrá tener una vigencia superior a tres meses.

En el caso de que la empresa arrendadora sea una entidad pública de vivienda el requisito anterior se podrá sustituir, en su caso, por la previa concurrencia de la acción de los servicios específicos de intermediación de la propia entidad, que se acreditará en los mismos términos del apartado anterior».

> **A TENER EN CUENTA.** Los apartados 6 y 7 del art. 439 de la LEC se introducen por la Ley 12/2023, de 24 de mayo, por el derecho a la vivienda, con entrada en vigor el 26 de mayo de 2023.

En cuanto a la **condonación de deudas**, el artículo 437.3 de la LEC dispone:

> «Si en la demanda se solicitase el desahucio de finca urbana por falta de pago de las rentas o cantidades debidas al arrendador, o por expiración legal o contractual del plazo, el demandante podrá anunciar en ella que asume el compromiso de condonar al arrendatario todo o parte de la deuda y de las costas, con expresión de la cantidad concreta, condicionándolo al desalojo voluntario de la finca dentro del plazo que se indique por el arrendador, que no podrá ser inferior al plazo de quince días desde que se notifique la demanda».

Así, es posible que **la parte actora prevea dentro de la demanda la posibilidad de condonar una parte o toda la deuda para el caso de que el demandado desaloje la finca** dentro de un **plazo concreto,** que será fijado por el arrendador y **no podrá ser inferior a quince días**.

En el requerimiento previo al pago se le expondrá a la parte actora la posibilidad del mencionado artículo 437.3 de la LEC de condonación de rentas, y la aceptación equivaldrá a un allanamiento a los efectos del artículo 21 de la LEC, tal y como dispone el segundo párrafo del artículo 438.5 de la LEC:

> «[...] Si el demandante ha expresado en su demanda que asume el compromiso a que se refiere el apartado 3 del artículo 437, se le pondrá de manifiesto en el requerimiento, y la aceptación de este compromiso equivaldrá a un allanamiento con los efectos del artículo 21».

> **A TENER EN CUENTA.** El contenido del 2.º párrafo del mencionado artículo 438.5 de la LEC antes de la entrada en vigor de la reforma operada por el Real Decreto-ley 6/2023, de 19 de diciembre —el 20 de marzo de 2024— se encontraba recogido en el artículo 440.3 de la LEC.

Al amparo de lo previsto en los artículos 549.3 de la LEC en la redacción dada por la Ley por el derecho a la vivienda, en relación con el 437.3 «in fine» de la LEC, **se puede solicitar en la demanda la ejecución directa de la sentencia condenatoria al desahucio o del decreto que ponga fin al referido desahucio,** a fin de que se proceda al lanzamiento el día y hora señalados, sin necesidad de expresa petición mediante la interposición de demanda de ejecución posterior.

> «Igualmente, podrá interesarse en la demanda que se tenga por solicitada la ejecución del lanzamiento en la fecha y hora que se fije por el juzgado a los efectos señalados en el apartado 3 del artículo 549».

En la resolución que se dicte teniendo por opuesto al demandado, el juzgado fijará el día y la hora en la que se producirá el lanzamiento, que **se verificará en el plazo de los treinta días desde la fecha señalada para la vista, y en**

caso de que la sentencia fuera condenatoria, se procederá al lanzamiento sin más trámites, así lo establece el art. 438.6 de la LEC:

«(...) Igualmente, en la resolución que se dicte teniendo por opuesto al demandado se fijará día y hora para que tenga lugar, en su caso, el lanzamiento, que deberá verificarse antes de treinta días desde la fecha señalada para la vista, advirtiendo al demandado que, si la sentencia fuese condenatoria y no se recurriera, se procederá al lanzamiento en la fecha fijada, sin necesidad de notificación posterior».

> **A TENER EN CUENTA.** El contenido del mencionado artículo 438.6 de la LEC antes de la entrada en vigor de la reforma operada por el Real Decreto-ley 6/2023, de 19 de diciembre —el 20 de marzo de 2024— se encontraba recogido en el artículo 440.4 de la LEC.

Esta previsión únicamente operará en los casos en los que se solicite además del pago de las rentas u otras cantidades debidas, el desahucio de la vivienda arrendada, sin que pueda establecerse de manera unilateral en procesos en los que se reclame únicamente rentas o cantidades asimiladas.

> **A TENER EN CUENTA.** La Ley 12/2023, de 24 de mayo, por el derecho a la vivienda, añade un apartado 5 en el art. 440 de la LEC (con entrada en vigor el 26/05/2023).
>
> Si bien, el contenido del mencionado precepto, a partir del 20 de marzo de 2024, fecha en la que entra en vigor la reforma operada por el Real Decreto-ley 6/2023, de 19 de diciembre, se recoge en el segundo párrafo del artículo 438.6 de la LEC, con el siguiente tenor literal:
>
> *«En todos los casos de desahucio y en todos los decretos o resoluciones judiciales que tengan como objeto el señalamiento del lanzamiento, independientemente de que éste se haya intentado llevar a cabo con anterioridad, se deberá incluir el día y la hora exacta en los que tendrá lugar el mismo».*

Para esta ejecución inmediata **es requisito indispensable que se solicite de forma expresa en el escrito de demanda, y en caso de que no se solicitase, se deberá presentar demanda ejecutiva una vez dictada sentencia condenatoria de desahucio o decreto que ponga final al referido desahucio,** en los términos del **artículo 549 de la LEC.**

> **CUESTIÓN**
>
> **¿Se pueden reclamar rentas futuras?**
>
> Sí, conforme al art. 220.2 de la LEC la sentencia condenatoria obligará a satisfacer a la parte demandada las rentas debidas que se devenguen después de la presentación de la demanda, tomándose como referencia para la cuantificación de la misma, el importe de la última mensualidad de la renta, en este sentido se pronuncia la **sentencia de la Audiencia Provincial de Barcelona n.° 380/2014, de 23 de julio, ECLI:ES:APB:2014:8083:**
>
> *«(...) en cualquier caso el artículo 220 LEC señala que en los casos de reclamaciones de rentas periódicas, cuando la acción de reclamación se acumule a la acción de desahucio por falta de pago...y el demandante lo hubiere interesado expresamente en*

su escrito de demanda, la sentencia incluirá la condena a satisfacer también las rentas debidas que se devenguen con posterioridad a la presentación de la demanda hasta la entrega de la posesión efectiva de la finca, tomándose como base de la liquidación de las rentas futuras, el importe de la última mensualidad reclamada al presentar la demanda. Por tanto, se admiten las condenas de futuro, con base en el principio de economía procesal y la evitación de juicios reiterados sobre una obligación predeterminada (SSTS de 29 de diciembre de 2004, 28 de mayo de 2001 y 24 de junio de 2000). En el presente caso la parte actora solicitó expresamente en su demanda la condena del demandado al pago de las rentas debidas que se devenguen con posterioridad a la demanda y hasta la entrega de la posesión efectiva de la finca, petición reiterada en el acto del juicio, por lo que la inclusión en la sentencia de la condena a satisfacer las rentas devengadas con posterioridad a la demanda y hasta la entrega efectiva de la posesión de la finca fue correcta y ajustada al citado precepto».

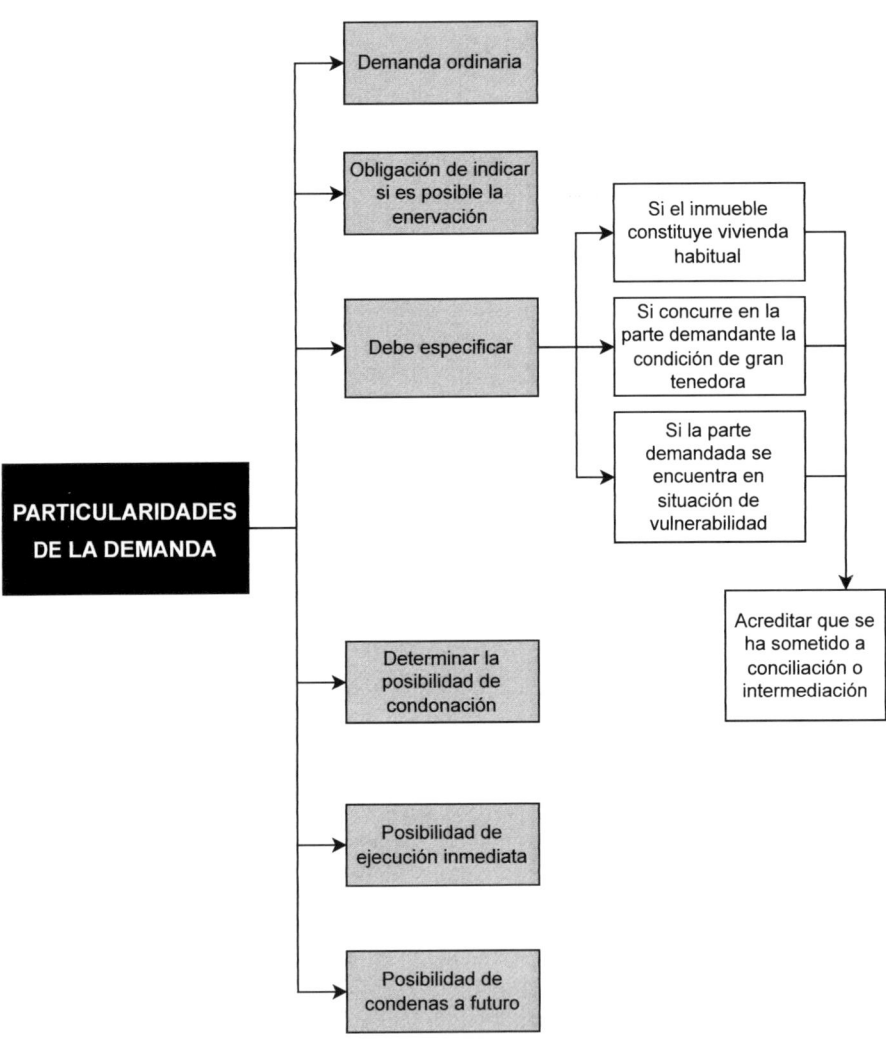

‖ Admisión de la demanda

La admisión de la demanda se efectuará a través de decreto del LAJ. El contenido del referido decreto, así como la citación de la parte demandada, será la genérica como en el resto de procesos que se tramiten por el cauce del juicio verbal, pero habrá que atender a los requisitos especiales para las demandas en las que se ejercite la pretensión de desahucio recogidos en el **artículo 438.5 y 6 de la LEC.**

> **A TENER EN CUENTA.** Antes del 20 de marzo de 2024, fecha en la que entra en vigor la reforma operada por el Real Decreto-ley 6/2023, de 19 de diciembre, el contenido de los apartados 4 y 6 del art. 438, se encontraba recogido en los apartados 3 y 4 del art. 440.

Cabe señalar que, mediante este proceso únicamente podrán reclamarse las cantidades debidas en cuanto al contrato de arrendamiento, pero sin entrar en otras cuestiones que deban de ser tramitadas por un proceso de carácter plenario, es decir, no pueden exponerse cuestiones complejas dentro de este proceso especial y sumario.

En este sentido la **sentencia de la Audiencia Provincial de Baleares n.º 215/2021, de 30 de abril, ECLI:ES:APIB:2021:966,** señala que **considera inadecuado el juicio de desahucio por falta de pago y por expiración del plazo,** argumentando que, **a lo largo del proceso salió a la luz una cuestión compleja,** es decir, **una cuestión que revela la concurrencia de una situación en la que lo que enfrenta a las partes no es únicamente el pago o impago de las rentas, sino la existencia de relaciones contractuales cuyo examen y consecuencias exceden del marco del juicio de desahucio por falta de pago de las rentas.**

‖ Requerimiento al demandado

El requerimiento judicial de pago a la parte demandada es una de las especialidades básicas del proceso de desahucio. En los casos en los que se ejercite la acción de desahucio por falta de pago de rentas o cantidades debidas, el LAJ, tras la admisión de la demanda y antes de la vista efectuará requerimiento a la parte demandada conforme a los previsto en el artículo 161 de la LEC, tal y como establece el artículo 438.5 de la LEC.

> **A TENER EN CUENTA.** Antes del 20 de marzo de 2024, fecha en la que entra en vigor la reforma operada por el Real Decreto-ley 6/2023, de 19 de diciembre, el contenido del artículo 438.5 de la LEC, se encontraba recogido en el artículo 440.3 de la LEC.

Se requiere por tanto al demandado para que en el **plazo de 10 días:**

- Desaloje el inmueble.
- Pague a la parte actora.
- Enerve, si procede, la acción de desahucio mediante el pago del importe total de las cantidades reclamadas en la demanda, poniendo las mismas a disposición del tribunal o de un notario.

– Comparezca ante el tribunal y **formule oposición de manera sucinta**, restringiéndose las causas de oposición a que:

– **No debe**, en todo o en parte, la cantidad reclamada.

– O bien, **las circunstancias relativas a la procedencia de la enervación**.

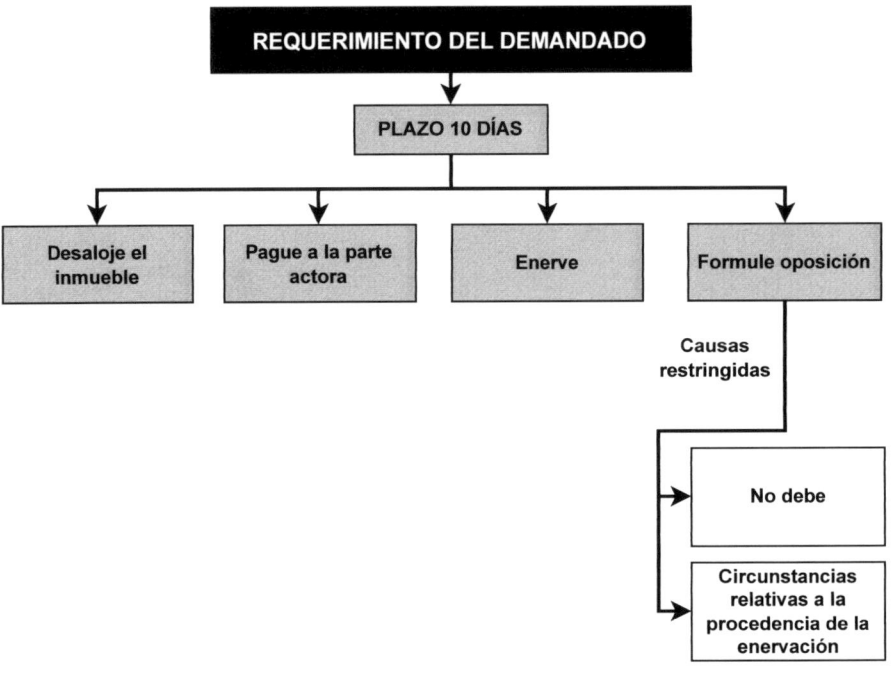

‖ Citación para la vista

En el mencionado requerimiento se expresará día y hora para la celebración de la vista en caso de que se formule oposición por la parte demandada. Por lo tanto, constituye este requerimiento la propia citación y esta deberá contener los requisitos exigidos para las citaciones de los juicios verbales, previstas en el **artículo 440 de la LEC**.

Se informará a la parte demandada, además, de que en el caso de solicitar asistencia jurídica gratuita deberá hacerlo **dentro de los tres días siguientes a este requerimiento**.

De acuerdo con el **artículo 438.6 de la LEC**:

«(...) se apercibirá al demandado en el requerimiento que se le realice que, de no comparecer a la vista, se declarará el desahucio sin más trámites y que queda citado para recibir la notificación de la sentencia que se dicte el sexto día siguiente al señalado para la vista. Igualmente, en la resolución que se dicte teniendo por opuesto al demandado se fijará día y hora exactas para que tenga lugar, en su caso, el lanzamiento, que deberá verificarse antes de treinta días desde la fecha señalada para la vista, advirtiendo al demandado que, si la sentencia fuese condenatoria y no se recurriera, se procederá al lanzamiento en el día y la hora fijadas, sin necesidad de notificación posterior».

> **A TENER EN CUENTA.** Antes del 20 de marzo de 2024, fecha en la que entra en vigor la reforma operada por el Real Decreto-ley 6/2023, de 19 de diciembre, el contenido del artículo 438.6 de la LEC, se encontraba recogido en el artículo 440.4 de la LEC.

En relación con **la actividad probatoria,** se advertirá en este requerimiento a los litigantes de que han de concurrir con los medios de prueba de que intenten valerse, con la prevención de que si no asistieren y se propusiere y admitiere su declaración, podrán considerarse admitidos los hechos del interrogatorio conforme a lo dispuesto en el art. 304 de la LEC

Establece también el artículo 440 de la LEC que:

> «(...) La citación indicará también a las partes que, en el plazo de los cinco días siguientes a la recepción de la citación, deben indicar las personas que, por no poderlas presentar ellas mismas, han de ser citadas por el Letrado de la Administración de Justicia a la vista para que declaren en calidad de parte, testigos o peritos. A tal fin, facilitarán todos los datos y circunstancias precisos para llevar a cabo la citación. En el mismo plazo de cinco días podrán las partes pedir respuestas escritas a cargo de personas jurídicas o entidades públicas, por los trámites establecidos en el artículo 381».

> **A TENER EN CUENTA.** La Ley 12/2023, de 24 de mayo, por el derecho a la vivienda, añade un apartado 5 en el art. 440 de la LEC (entrada en vigor el 26/05/2023), si bien a partir del 20 de marzo de 2024, fecha en la que entra en vigor la reforma operada por el Real Decreto-ley 6/2023, de 19 de diciembre, el contenido del art. 440.5 de la LEC queda recogido en el segundo párrafo del art. 438.6 de la LEC. El tenor literal es el siguiente:
>
> *«En todos los casos de desahucio y en todos los decretos o resoluciones judiciales que tengan como objeto el señalamiento del lanzamiento, independientemente de que éste se haya intentado llevar a cabo con anterioridad, se deberá incluir el día y la hora exacta en los que tendrá lugar el mismo».*

> **CUESTIÓN**
>
> **En ausencia de la persona destinataria de la notificación, ¿la misma se podrá efectuar a terceras personas?**
>
> Sí, de acuerdo con el artículo 161.3 de la LEC podrá efectuarse la entrega en sobre cerrado a cualquier empleado o persona con la que conviva, mayor de catorce años, que se encuentre en ese lugar, o al conserje de la finca, si lo tuviere, advirtiendo al receptor que está obligado a entregar la copia de la resolución o la cédula al destinatario de esta, o darle aviso, si sabe su paradero, advirtiendo en todo caso al receptor de su responsabilidad en relación a la protección de los datos del destinatario. En este sentido se pronuncia la **Audiencia Provincial de Madrid en su sentencia n.º 366/2021, de 15 de octubre, ECLI:ES:APM:2021:12707,** que señala que para la comunicación realizada a un tercero pueda producir efectos deben cumplirse todos los requisitos esenciales de tal comunicación.

Una vez se dicta este requerimiento, se procederá a la notificación de la resolución de la parte demandada conforme a lo previsto en el **artículo 155 de la LEC**, común a todos los procesos arrendaticios, que ha sido objeto de modificación por el **Real Decreto-ley 6/2023, de 19 de diciembre**, en vigor desde el 20 de marzo de 2024.

Para los casos en los que **la comunicación no sea posible, la misma se hará a través de edictos en el tablón Edictal Único**, novedad introducida en el artículo 164 de la LEC por el **Real Decreto-ley 6/2023, de 19 de diciembre, en vigor desde el 20 de marzo de 2024**.

La **sentencia del Tribunal Constitucional n.º 39/2018, de 25 de abril, ECLI:ES:TC:2018:39** considera que se ha producido una vulneración del derecho a la tutela judicial efectiva sin indefensión (artículo 24.1 de la CE) que se denuncia en la demanda de amparo, al no haber agotado el órgano judicial que conocía del procedimiento de desahucio los medios de averiguación del domicilio real de la demandada antes de proceder a la comunicación por edictos, cuando, en este caso además, constaba identificado el domicilio de la recurrente en los documentos aportados con la demanda.

A la vista de la anterior sentencia, cabe concluir que **la comunicación a través de edictos debe ser la forma de comunicación última, el juzgado debe** agotar todos los medios necesarios que estén a su alcance para intentar que sea efectiva la notificación personal al demandado, debiendo en todo caso ser subsidiaria la comunicación edictal recogida en el artículo 164 de la LEC.

Por otro lado, nos encontramos con casos de **ocultación fraudulenta del domicilio del demandado**, que consiste, en palabras de nuestro alto tribunal, en una **actuación maliciosa que comporte aprovechamiento deliberado de determinada situación**, llevada a cabo por el litigante vencedor, mediante actos procesales voluntarios que ocasionan una grave irregularidad procesal y originan indefensión (**sentencia del Tribunal Supremo n.º 427/2014, de 22 de julio, ECLI:ES:TS:2014:3178**) en las rentas debidas, la sentencia que ponga fin al procedimiento, sí que tendrán efectos de cosa juzgada.

Posibilidades del demandado en el proceso de desahucio por impago de rentas o cantidades debidas

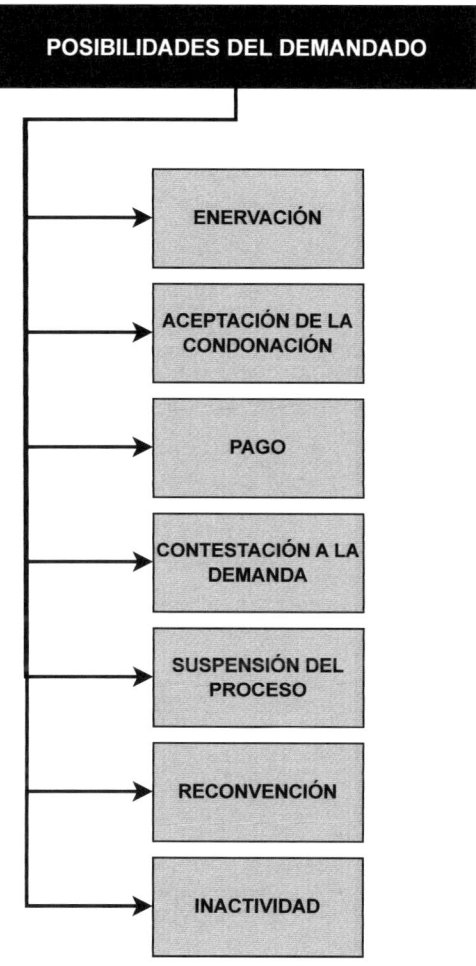

|| Enervación

La enervación se regula en el **artículo 22.4 de la LEC**:

> «Los procesos de desahucio de finca urbana o rústica por falta de pago de las rentas o cantidades debidas por el arrendatario terminarán mediante decreto dictado al efecto por el letrado de la Administración de Justicia si, requerido aquél en los términos previstos en el apartado 5 del artículo 438, paga al actor o pone a su disposición en el Tribunal o notarialmente, dentro del plazo conferido en el requerimiento, el importe de las cantidades reclamadas en la demanda y el de las que adeude en el momento de dicho pago enervador del desahucio. Si el demandante se opusiera a la enervación por no cumplirse los anteriores requisitos, se citará a las par-

tes a la vista prevenida en el artículo 443 de esta Ley, tras la cual el Juez dictará sentencia por la que declarará enervada la acción o, en otro caso, estimará la demanda habiendo lugar al desahucio.

Lo dispuesto en el párrafo anterior no será de aplicación cuando el arrendatario hubiera enervado el desahucio en una ocasión anterior, excepto que el cobro no hubiera tenido lugar por causas imputables al arrendador, ni cuando el arrendador hubiese requerido de pago al arrendatario por cualquier medio fehaciente con, al menos, treinta días de antelación a la presentación de la demanda y el pago no se hubiese efectuado al tiempo de dicha presentación».

> **A TENER EN CUENTA.** El artículo 22.4 de la LEC ha sido objeto de reforma por el Real Decreto-ley 6/2023, de 19 de diciembre, con entrada en vigor el 20 de marzo de 2024. Se sustituye la remisión al artículo 440.3 de la LEC por la remisión al 438.5 de la LEC.

Nos encontramos ante una facultad que tiene el arrendatario de poder pagar la cantidad debida y consecuentemente no perder el uso del inmueble, si bien no podrá evitar la condena en costas.

Sin embargo, este derecho del arrendatario, tal y como establece este artículo no es ilimitado, sino que se establecen una serie de límites para el ejercicio de esta acción:

1. Que no se hubiera enervado por parte del arrendatario el desahucio en una ocasión anterior, salvo cuando el cobro de lo debido no se hubiera producido como consecuencia de actuaciones del arrendador. El arrendatario por lo tanto únicamente podrá enervar una vez el desahucio.

2. Que el arrendador no hubiese requerido el pago al arrendatario, con treinta días de antelación a la presentación de la demanda de manera fehaciente.

> **CUESTIÓN**
>
> **¿Qué podemos entender por requerimiento de pago fehaciente?**
>
> Para responder a esta cuestión es interesante traer a colación la **sentencia del Tribunal Supremo n.º 633/2022, de 29 de septiembre, ECLI:ES:TS:2022:3502,** que señala que los actos de comunicación producen efectos siempre y cuando su frustración se debe únicamente, a la voluntad expresa o tácita de su destinatario, o a la pasividad, desinterés, negligencia, error, o impericia de la persona a la que va destinada. Por ejemplo, en caso de que el arrendatario no se encuentre en su domicilio en el momento en el que se notifica el burofax pero tiene acceso al aviso de que el mismo está disponible en la oficina de correos correspondiente, es una causa imputable a él.
>
> Así, la referida sentencia reza el tenor literal siguiente: «En definitiva, practicado el requerimiento fehaciente del art. 22 de la LEC, su no recepción, por causa imputable al arrendatario, no impide que desencadene su eficacia, y sin que exija una reiteración de su práctica para desencadenar eficacia jurídica, cuando la sentencia recurrida da por acreditado que quedó a su disposición mediante el correspondiente aviso. Cuestión distinta es que se demostrase que el arrendatario no pudo acceder a su contenido, lo que no es el caso».
>
> En el mismo sentido también se pronuncia la **sentencia del Tribunal Supremo n.º 493/2022, de 22 de junio, ECLI:ES:TS:2022:2462.**

En primer lugar, es preciso delimitar las cantidades a las que se refiere el **artículo 22.4 LEC**: «(...) el importe de las cantidades reclamadas en la demanda y el de las que adeude en el momento de dicho pago enervador del desahucio (...)».

Nos encontramos ante dos tipos de cantidades. La primera de ellas son las que se reclaman en la propia demanda, renta u otras cantidades debidas, tal y como especificamos anteriormente. La segunda de estas cantidades son las rentas que se **devengarán con posterioridad a la presentación de la demanda y antes de que se produzca el pago**.

Esta facultad enervatoria del desahucio puede ser realizada por el arrendatario desde el momento en el que se le notifica el requerimiento judicial, en un plazo de **diez días hábiles desde esta notificación**.

Establece la LEC tres modos para el pago de estas cantidades:

1. El pago directo al arrendador. En este caso se deberá recoger este pago en un documento fehaciente y acreditativo del pago, y ponerlo a disposición del órgano judicial para que, sin más trámites, proceda a decretar la finalización del procedimiento.

2. Consignación de las cantidades en el juzgado que conozca del procedimiento. Se consignará en la cuenta de depósitos del juzgado, comunicándoselo a la parte actora para que proceda a su retiración y finalice así el juicio.

3. Poniéndole a disposición de un notario. El notario levantará acta de la entrega y depósito y se procederá a la comunicación posterior al órgano judicial para que posteriormente se dé por finalizado el procedimiento.

Además de estas cantidades adeudadas y las rentas futuras que se pudieran generar, también deberá satisfacer las costas a cuyo pago haya sido condenado el demandado, de acuerdo con el **artículo 22.5 LEC**: «La resolución que declare enervada la acción de desahucio condenará al arrendatario al pago de las costas devengadas, salvo que las rentas y cantidades debidas no se hubiesen cobrado por causas imputables al arrendador».

Se entenderá correctamente producida la enervación mediante un decreto dictado por el LAJ. Después de este decreto, puede suceder lo siguiente:

1. Que **el arrendador no se oponga a la enervación**.

2. Que **el arrendador se oponga a la enervación**.

En el caso de que el arrendador no se oponga a la enervación, el decreto del LAJ acordará la terminación del proceso por enervación de la acción de desahucio, con la condena al arrendatario de pagar las cantidades debidas y las costas del procedimiento.

Sin embargo, es posible que el arrendador se oponga a la enervación del desahucio, cuando no proceda la enervación del desahucio. Los motivos en los que se puede fundar se encuentran también tasados dentro de la regulación de la enervación del artículo 22.4 de la LEC:

1. No se haya procedido al pago dentro de los diez días hábiles siguientes a la notificación del requerimiento de las cantidades reclamadas.

2. No se haya realizado el pago efectivo de todas las cantidades adeudadas.

Al igual que estos requisitos, se debe apreciar que el arrendador también se podrá oponer a la enervación por los previstos por la LEC en el citado artículo 22.4 LEC:

1. Se haya requerido el pago de manera fehaciente con treinta días de antelación.

2. Que el arrendatario ya hubiese efectuado una anterior enervación.

Se citará a las partes a la vista prevista en el artículo 443 LEC, y se dictará sentencia por la que se declare **pertinente o no la enervación** de la acción.

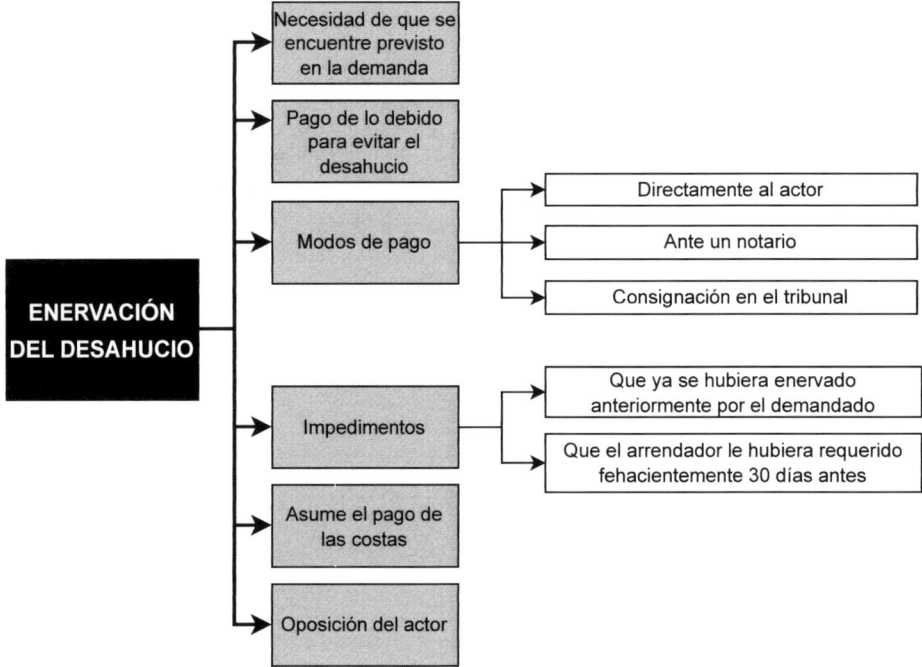

‖ **Aceptación de la condonación**

El **artículo 438.5 de la LEC** establece que «(...) Si el demandante ha expresado en su demanda que asume el compromiso a que se refiere el apartado 3 del artículo 437, se le pondrá de manifiesto en el requerimiento, y la aceptación de este compromiso equivaldrá a un allanamiento con los efectos del artículo 21», es decir, **el arrendatario puede comparecer ante el juzgado para expresar su voluntad de desalojo voluntario sin necesidad de formular expresa oposición a la demanda**.

> **A TENER EN CUENTA.** Hasta el 20 de marzo de 2024, fecha en la que entra en vigor la reforma operada por el Real Decreto-ley 6/2023, de 19 de diciembre, el contenido del artículo 440.3 se traslada al 438.5 de la LEC.

Será necesario que el arrendador haya aceptado de manera expresa esta posibilidad en su escrito de demanda, ya que en caso contrario esta posibilidad no estará disponible para el arrendatario. Además, la ley deja a decisión del arrendador las cantidades que «perdonará» al demandado, dándole la posibilidad de condonar la totalidad de la deuda o bien una parte de ella.

En lo que respecta al plazo para la parte demandada se allane, debido a la falta de regulación en la norma del plazo que tiene el arrendatario para formular este allanamiento, debemos entender que dispone de los **diez días previstos para contestar a la demanda**.

En cuanto a la **obligación de la parte demandada de abandonar el inmueble**, es importante señalar que, al desalojarse de manera voluntaria, quedará sin eficacia la fecha del lanzamiento prevista en el decreto de admisión de la demanda, a no ser que la parte actora interese este mantenimiento para que se levante acta sobre el estado en que se encuentre la finca.

En otro caso, **deberemos estar al momento que establezca la parte actora en el escrito de demanda** como plazo final para el desalojo del inmueble, estableciéndose por el artículo 437.3 de la LEC **un plazo mínimo de quince días**, entendido este plazo desde el día de la notificación del requerimiento de pago.

Si se acepta por la parte demandada este desalojo voluntario, el artículo 438.5 de la LEC establece que los efectos serán los mimos que los del allanamiento.

> **A TENER EN CUENTA.** Hasta el 20 de marzo de 2024, fecha en la que entra en vigor la reforma operada por el Real Decreto-ley 6/2023, de 19 de diciembre, el contenido del artículo 440.3 se traslada al 438.5 de la LEC.

Por tanto, para conocer los efectos de esta aceptación de la condonación es necesario acudir a lo dispuesto en el **artículo 21 de la LEC**:

«1. Cuando el demandado se allane a todas las pretensiones del actor, el tribunal dictará sentencia condenatoria de acuerdo con lo solicitado por éste, pero si el allanamiento se hiciera en fraude de ley o supusiera renuncia contra el interés general o perjuicio de tercero, se dictará auto rechazándolo y seguirá el proceso adelante.

2. Cuando se trate de un allanamiento parcial el tribunal, a instancia del demandante, podrá dictar de inmediato auto acogiendo las pretensiones que hayan sido objeto de dicho allanamiento. Para ello será necesario que, por la naturaleza de dichas pretensiones, sea posible un pronunciamiento separado que no prejuzgue las restantes cuestiones no allanadas, respecto de las cuales continuará el proceso. Este auto será ejecutable conforme a lo establecido en los artículos 517 y siguientes de esta Ley.

3. Si el allanamiento resultase del compromiso con efectos de transacción previsto en el apartado 3 del artículo 437 para los juicios de desahucio por falta de pago de rentas o cantidades debidas, o por expiración legal o contractual del plazo, la resolución que homologue la transacción declarará que, de no cumplirse con el plazo del desalojo establecido en la transacción, ésta quedará sin efecto, y que se llevará a cabo el lanzamiento sin más trámite y sin notificación alguna al condenado, en el día y hora fijadas en la citación si ésta es de fecha posterior, o en el día y hora que se señale en dicha resolución».

De acuerdo con lo anterior, en el caso de que el demandado **acepte la condonación se procederá a dictar sentencia condenatoria, y procederá a desalojar el inmueble en el plazo convenido**. En el caso de no aceptarse la condonación por el arrendatario se continuará con el procedimiento.

En caso **de incumplimiento por el arrendatario**, de acuerdo con el artículo 21 de la LEC:

– Si se produce **con anterioridad** al plazo determinado en el requerimiento como fecha de lanzamiento, el mismo se producirá sin más trámites en esta fecha.

– Pero si se **incumple en una fecha posterior a la determinada en el requerimiento**, debido a la gran amplitud del actor a la hora de determinar en la demanda esa fecha, se dictará una nueva resolución concretando la fecha de lanzamiento.

El **artículo 447.1 de la LEC** en su párrafo segundo regula el incumplimiento:

«Sin perjuicio de lo anterior, en las sentencias de condena por allanamiento a que se refieren los apartados 3 de los artículos 437 y 440, en previsión de que no se verifique por el arrendatario el desalojo voluntario en el plazo señalado, se fijará con carácter subsidiario día y hora en que tendrá lugar, en su caso, el lanzamiento directo del demandado, que se llevará a término sin necesidad de ulteriores trámites en un plazo no superior a 15 días desde la finalización de dicho periodo voluntario. Del mismo modo, en las sentencias de condena por incomparecencia del demandado, se procederá al lanzamiento en la fecha fijada sin más trámite».

Por lo tanto, en caso de **incumplimiento posterior**, será el juez el que establezca fecha y hora para el lanzamiento, que **no podrá ser superior a quince días** desde el incumplimiento.

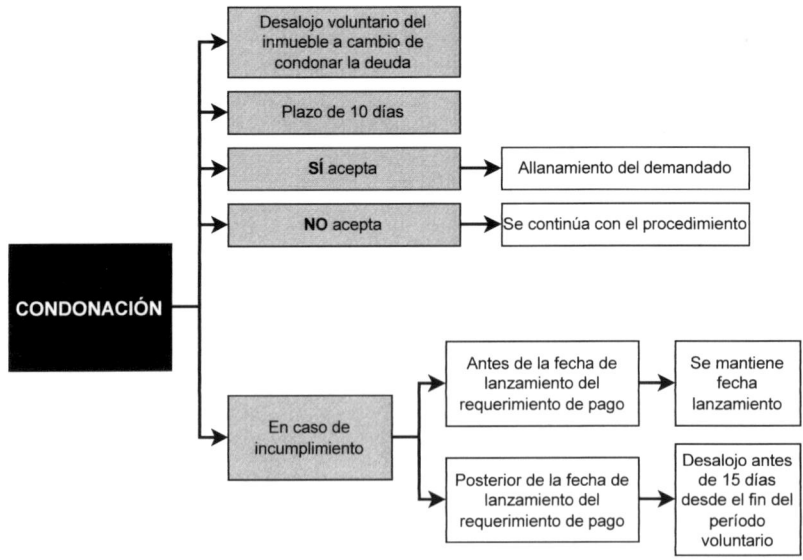

‖ El pago

El artículo 438.5 de la LEC establece **dos tipos de pagos**:

- Enervación de la acción de desahucio.
- Pago que no enerva.

La diferencia fundamental entre ambos radica en que, **en el caso de la enervación de la acción de desahucio, el arrendatario tiene la posibilidad de continuar en el inmueble** ya que el contrato no se resuelve y **en los casos de pago voluntario el contrato queda resuelto**, aceptando adeudar las cantidades reclamadas, por lo que en este último caso tendría que abandonar la finca.

De este modo, el mero **pago de la cantidad adeudada por la parte demandada supone un pago realizado con la finalidad de cumplir con lo expresado en la demanda,** con la intención de evitar una demanda ejecutiva posterior dineraria, pero **no implica una enervación de la acción de desahucio,** por lo que deberá desalojar la finca pese al pago, ya que el contrato en este caso queda resuelto.

> **A TENER EN CUENTA.** Hasta el 20 de marzo de 2024, fecha en la que entra en vigor la reforma operada por el Real Decreto-ley 6/2023, de 19 de diciembre, el contenido del artículo 440.3 se traslada al 438.5 de la LEC.

‖ La contestación a la demanda

La parte demandada dispondrá de un **plazo de diez días hábiles** para contestar a la demanda conforme a lo dispuesto para el juicio ordinario, tal y como recoge el artículo 438.1 de la LEC.

Debido al carácter sumario de este proceso, se encuentran tasados los motivos de oposición en dos (art. 438.5 de la LEC):

- **Que no debe en todo, o en parte, las cantidades reclamadas.**
- **Probar las circunstancias relativas a la procedencia de la enervación.**

> **A TENER EN CUENTA.** Hasta el 20 de marzo de 2024, fecha en la que entra en vigor la reforma operada por el Real Decreto-ley 6/2023, de 19 de diciembre, el contenido del artículo 440.3 se traslada al 438.5 de la LEC.

‖ Suspensión del proceso

El art. 441 de la LEC señala en su apartado 5 la posibilidad de que el demandado acuda a las Administraciones públicas a efectos de que puedan apreciar la posible situación de vulnerabilidad de la parte demandada. En este sentido establece el art. 441.5 de la LEC:

«En los casos de los números 1.º, 2.º, 4.º y 7.º del apartado 1 del artículo 250, siempre que el inmueble objeto de la controversia constituya la vivienda habitual de la parte demandada, se informará a esta, en el decreto de admisión a trámite de la demanda, de la posibilidad de acudir a las Administraciones Públicas autonómicas y locales competentes en materia de vivienda, asistencia social, evaluación e información de situaciones de necesidad social y atención inmediata a personas en situación o riesgo de exclusión social. La información deberá comprender los datos exactos de identificación de dichas Administraciones y el modo de tomar contacto con ellas, a efectos de que puedan apreciar la posible situación de vulnerabilidad de la parte demandada. (...)».

En caso de que estas Administraciones públicas confirmasen que el hogar afectado se encuentra en situación de vulnerabilidad económica y, en su caso, social, se notificará al órgano judicial a la mayor brevedad posible en el plazo máximo de diez días. El tribunal resolverá mediante auto, a la vista de la información recibida de las Administraciones Públicas competentes y de las alegaciones de las partes, sobre si suspende el proceso para que se adopten las medidas propuestas por las Administraciones públicas, durante un plazo máximo de suspensión de dos meses si el demandante es una persona física o de cuatro meses si se trata de una persona jurídica.

Esta suspensión se alzará automáticamente y continuará el procedimiento una vez que las Administraciones públicas hayan adoptado las medidas o cuando haya transcurrido el plazo máximo de suspensión.

‖ Reconvención

En el caso de los desahucios por falta de pago, en los que únicamente se solicita el desahucio por impago de rentas u otras cantidades debidas, no puede ser alegada la compensación ya que no cabe reconvención porque lo prohíbe expresamente el artículo 438.2 de la LEC en todos aquellos juicios verbales que deban finalizar por sentencia sin efectos de cosa juzgada, como es el caso de este proceso conforme a lo dispuesto en el **artículo 447.2 de la LEC**.

Es un proceso especial y **la sentencia que pone fin al mismo no tiene efectos de cosa juzgada dada su sumariedad consistente en la limitación de alegaciones que tiene el demandado,** tal y como ya vimos anteriormente, y además, en este caso, lo único que se solicita es la resolución del contrato y el desahucio de la finca ocupada y no la reclamación de rentas u otras cantidades debidas por el arrendatario, por lo que no existe cantidad ninguna para compensar, ya que no nos encontramos ante un requerimiento pecuniario.

En lo que se refiere a la **compensación de la fianza arrendaticia**, es pacífica la jurisprudencia y la doctrina, determinado que no es posible dicha compensación.

Toda demanda que verse sobre la reclamación de la devolución de la fianza deberá resolverse mediante el proceso declarativo plenario correspondiente en función de la cuantía conforme a lo dispuesto en el artículo 249.1.6º de la LEC. A este respecto se ha pronunciado la sentencia de la Audiencia Provincial de Madrid n.º 95/2017, de 13 de marzo, ECLI:ES:APM:2017:3374, en su fundamento segundo, que reza como sigue:

«No obstante lo anterior, lo cierto es que en este caso no se han cumplido todos los requisitos que para su procedencia contempla el artículo

1.196 del Código Civil , faltando especialmente la liquidez y exigibilidad de la deuda, pues ha de tenerse en cuenta que la cantidad reclamada como compensable por el demandado, no está determinada en este momento procesal, ya que la actora ha solicitado en su demanda la condena a las rentas que se devenguen hasta la entrega de la posesión, y esta todavía no se había verificado en el momento del dictado de la Sentencia, por ello no cabe en el presente pleito proceder a compensar judicialmente la fianza con la deuda reconocida y reflejada en el Fallo de la Sentencia, pues incluso puede cuestionarse, como además así se ha hecho por la demandante, que proceda aplicar la misma para algún gasto o desperfecto, lo que en modo alguno puede ser objeto de discusión en el presente procedimiento de desahucio; todo ello sin perjuicio de que las partes que lo consideren oportuno hagan hacer valer sus pretensiones en el procedimiento correspondiente, si no vieran satisfechas las mismas una vez entregada la posesión, no quedando autorizada la parte arrendataria para aplicar, sin acuerdo alguno del arrendador al respecto, la cantidad objeto de la fianza para el pago de mensualidades pendientes.

A lo anterior resulta de aplicación igualmente lo resuelto por la Sentencia de la Audiencia Provincial de Santa Cruz de Tenerife 23 de Enero del 2009 (ROJ: SAP TF 17/2009) en el siguiente sentido: 'La compensación, alegada como medio de pago, no es admisible, pues la misma no puede apreciarse sino en relación a deudas principales, ciertas y líquidas, de acuerdo al artículo 1.196 de Código Civil , y tal carácter no puede apreciarse en las deudas que el arrendatario pretende frente al arrendador. Por otro lado, no puede obviarse que la obligación principal del arrendatario es el pago de las rentas, y que la misma no puede ser sustituida por otra forma de cumplimiento sin expreso consentimiento del arrendador, y sin perjuicio de que el arrendatario reclame frente a éste cualquier deuda que contra el mismo tenga, pero sin que ello le exima de abonar la renta del arrendamiento.'».

Y concluye estableciendo que no es posible esta compensación:

«Por tanto el extremo referido a la devolución de la fianza, tras la correspondiente discusión y práctica de prueba, podrá ser objeto de un pronunciamiento judicial, si la parte arrendataria decidiera accionar en tal sentido, en el procedimiento correspondiente, pero en el presente caso, es improcedente la compensación que se pretende de contrario, ya que se trata de créditos de naturaleza distinta, cuyo importe y exigibilidad no ha sido acreditada».

|| Ausencia de actividad por la parte demandada

De acuerdo con el **artículo 438.5 de la LEC**:

«Si el demandado no atendiere el requerimiento de pago o no compareciere para oponerse o allanarse, el Letrado de la Administración de Justicia dictará decreto dando por terminado el juicio de desahucio y se procederá el lanzamiento en el día y la hora fijadas».

Una vez notificado el requerimiento al demandado, y transcurridos los diez días previstos, en el caso de no realice ninguna actuación se estimarán sin más trámites las pretensiones de la parte actora. Se procederá entonces al lanzamiento en la fecha fijada en el decreto.

> **A TENER EN CUENTA**. Hasta el 20 de marzo de 2024, fecha en la que entra en vigor la reforma operada por el Real Decreto-ley 6/2023, de 19 de diciembre, el contenido del artículo 440.3 se traslada al 438.5 de la LEC.

Vista y sentencia en el proceso de desahucio por falta de pago

|| Vista

La vista en el juicio verbal de desahucio se celebrará, tal y como señala el **artículo 438.5** *in fine* de la **LEC**:

1. Cuando el **demandante lo solicite en el escrito de la demanda**.

2. Si el **demandado, tras ser notificado el requerimiento, formule oposición a la demanda y solicite la celebración de la vista**.

En el caso de que ninguno de los dos, de manera posterior a la solicitud, y antes de la celebración renunciase a ella, entendiendo que las cuestiones a discutir son meramente jurídicas. En caso de que alguna de las partes renunciara, se dará traslado a la otra parte que en el plazo de tres días decida lo que considere acerca de la pertinencia o no de esta celebración. En el caso de que en estos tres días no se formule oposición, los autos quedarán conclusos para sentencia.

Así, **es necesario para la celebración de la vista que se solicite por las partes la celebración de la misma,** no celebrándose en caso contrario, salvo que el tribunal lo considere necesario.

> **A TENER EN CUENTA.** Hasta el 20 de marzo de 2024, fecha en la que entra en vigor la reforma operada por el Real Decreto-ley 6/2023, de 19 de diciembre, el contenido del artículo 440.3 se traslada al 438.5 de la LEC.

> **CUESTIÓN**
>
> **¿Qué ocurrirá en el caso de que la parte demandada no comparezca a la vista?**
>
> En el caso de ausencia de la parte demandada en un proceso de desahucio por falta de pago, no implica la declaración de rebeldía del mismo, sino que de acuerdo con el artículo 438.6 de la LEC, implica directamente la finalización del proceso produciéndose el lanzamiento inmediato, sin que el actor tenga que practicar prueba de la certeza de los hechos de los que se desprenda el efecto jurídico correspondiente a las pretensiones de su demanda.
>
> Debemos tener en cuenta que el 20 de marzo de 2024, fecha de entrada en vigor de la reforma operada por el Real Decreto 6/2023, de 19 de diciembre, el contenido del artículo 440.4 se traslada al 438.6 de la LEC.

La vista se sustanciará por los cauces y previsiones contempladas en la LEC para los juicios verbales sin ninguna especialidad en este proceso de desahucio y, por lo tanto, del siguiente modo:

- En primer lugar, se intentará llegar a un acuerdo entre las partes, que implique la no celebración de la vista y la consecuente conclusión del procedimiento.

- En el caso de no existir acuerdo entre las partes, se procederá a la examinación de las posibles excepciones procesales.

- Alegaciones de las partes o ratificaciones.

- Fase probatoria.

- Conclusiones.

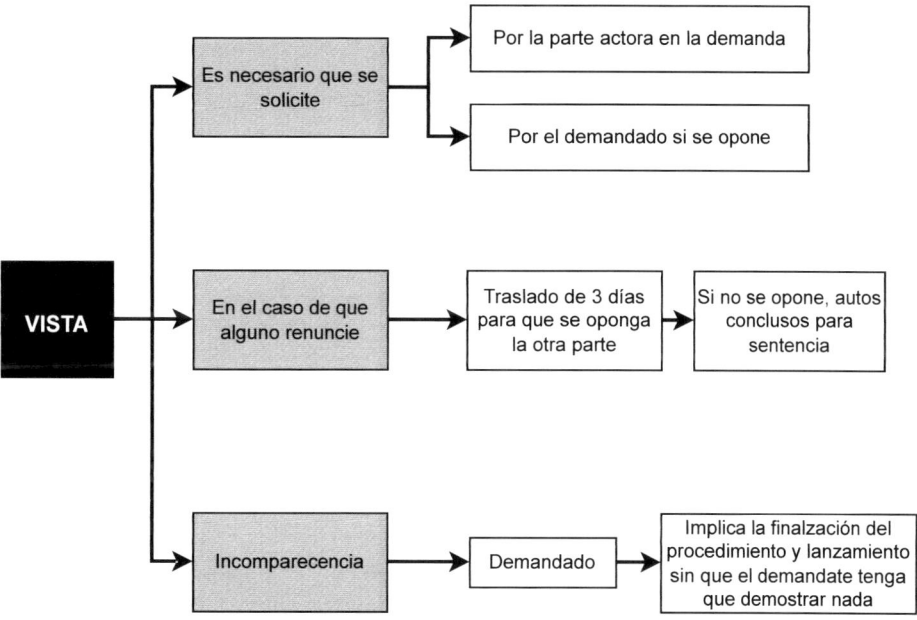

‖ Sentencia

En cuanto al plazo para dictar sentencia, es importante **diferenciar si nos encontramos ante una acción de reclamación de pago de rentas u de otras cantidades debidas por el arrendatario, o cualquier otra acción de carácter arrendaticio que atendiendo al criterio de la cuantía deba tramitarse por juicio verbal, o bien nos encontramos ante una acción de desahucio del inquilino.**

Tal y como establece el **artículo 447.1 de la LEC**, en caso de tratarse de un **proceso de reclamación de cantidades**, el plazo del que dispone el tribunal es de diez días desde la celebración de la vista: «(...) A continuación, se dará por terminada la vista y el tribunal dictará sentencia dentro de los diez días siguientes (...)».

En cambio, en los procesos en los que **se solicite el desahucio de la finca**, el plazo del que dispondrá el tribunal será de cinco días, tal y como continúa el **artículo 447.1 de la LEC**: «(...) se exceptúan los juicios verbales en que se pida el desahucio de finca urbana, en que la sentencia se dictará en los cinco días siguientes (...)».

Es necesario distinguir también en este punto el **régimen de las notificaciones** que en el caso de que la acción ejercitada sea una acción de desahucio, en cualquiera de sus modalidades, tendremos que atender a lo dispuesto en el **artículo 447.1 de la LEC**, y que refiere «(...) convocándose en el acto de la vista a las partes a la sede del tribunal para recibir la notificación si no estuvieran representadas por procurador o no debiera realizarse por medios telemáticos, que tendrá lugar el día más próximo posible dentro de los cinco siguientes al de la sentencia».

Por último, tal y como dispone el **artículo 447.2 de la LEC**: «No producirán efectos de cosa juzgada las sentencias que pongan fin a los juicios verbales de tutela sumaria de la posesión, ni las que decidan sobre la pretensión de desahucio o recuperación de finca, rústica o urbana, dada en arrendamiento, por impago de la renta o alquiler o por expiración legal o contractual del plazo, y sobre otras pretensiones de tutela que esta Ley califique como sumaria».

A TENER EN CUENTA. Recuérdese en el caso de que únicamente se reclamen las rentas debidas, la sentencia que ponga fin al procedimiento, sí que tendrán efectos de cosa juzgada.

2.2. Recursos en los procesos verbales arrendaticios

El derecho a recurrir en los procesos de desahucio se encuentra regulado en el **artículo 449.1 de la LEC**:

> «1. En los procesos que lleven aparejado el lanzamiento, no se admitirán al demandado los recursos de apelación o casación si, al interponerlos, no manifiesta, acreditándolo por escrito, tener satisfechas las rentas vencidas y las que con arreglo al contrato deba pagar adelantadas».

A TENER EN CUENTA. El artículo 449.1 de la LEC se ha visto afectado por la reforma operada por el Real Decreto-ley 6/2023, de 19 de diciembre, con entrada en vigor el 20 de marzo de 2024. A raíz de la reforma se elimina la referencia en el referido artículo al recurso extraordinario por infracción procesal.

Nos encontramos por tanto ante una gran especialidad en materia de recursos para los procesos de desahucio, según la cual, **para que se admita el recurso de apelación o el de casación, es necesario que se cumplan los siguientes requisitos:**

1. Se exige manifestar, **acreditándolo por escrito, tener satisfechas las rentas vencidas** y las que con arreglo al contrato deba pagar por adelantado.

2. **La sustanciación exige que el demandado recurrente pague los plazos que venzan o los que deban adelantar** y, en caso contrario, los recursos quedarán desiertos.

Es posible que el demandado consigne el pago de varios períodos no vencidos, los cuales se sujetarán a liquidación una vez firme la sentencia, sin que puedan ser considerados novación del contrato.

Con la interposición del recurso deberá acreditarse el pago de estas cantidades, como requisito necesario para su admisibilidad. **Será competente el LAJ que conoció del asunto para determinar la validez de estos documentos y acordar la admisión o inadmisión del recurso.** Es una obligación exigida por la jurisprudencia, como por ejemplo en el **auto del Tribunal Supremo, rec. 2365/2003, de 3 de mayo de 2007, ECLI:ES:TS:2007:5367A**, que reza como sigue: «(...) No cabe otra conclusión al advertir que los tres apartados 1.º, 2.º y 6.º del art. 449 LEC regulan el requisito especial exigido al demandado en un procedimiento que lleve aparejado el lanzamiento de acreditar, en el momento de la preparación del recurso, que ha satisfecho las rentas vencidas y las que deba pagar por adelantado, así como las consecuencias de su incumplimiento; (...)».

Además, en este sentido también cabe hacer mención del **auto del Tribunal Supremo, rec. 124/2004, de 10 de abril de 2007, ECLI:ES:TS:2007:3772A** que señala

> «1.- Conviene iniciar esta resolución recordando que esta Sala ha reiterado, que la necesaria consignación para recurrir, prevista en el art 449.1 y 2 LEC 2000 , no constituye un mero requisito formal sino una exigencia sustantiva o esencial, cuya finalidad es asegurar los intereses de quien ha obtenido una Sentencia favorable, debiendo interpretarse tal requisito, sin embargo, de una manera finalista o teleológica atendiendo tanto a la propia finalidad que con su imposición persigue el legislador, que no es otra que asegurar que el sistema de los recursos no sea utilizado como instrumento dilatorio (SSTC 46/89 y 31/92), como al principio de interpretación de las normas procesales en el sentido más favorable a la efectividad del derecho a la tutela judicial efectiva y a la regla general del art. 11.3 LOPJ (SSTC 12 y en aplicación de la misma doctrina constitucional ha venido a distinguir entre el hecho del pago o consignación, en el momento procesal oportuno, y el de su prueba o acreditación, permitiendo la subsanación de la falta de ésta última cuando no se hubiese facilitado justificación de ese extremo, por ser éste un requisito formal susceptible de tal cosa, que sólo puede fundar una resolución de inadmisión del recurso previa la concesión de un plazo para la subsanación sin que se hubiera cumplido con el mencionado requisito (SSTC 344/93, 346/93 y 100/95), lo que no cabe decir del hecho del pago o consignación en sí mismo, que constituye un requisito esencial para acceder a los recursos que no cabe reputar desproporcionado, atendidos los fines a los que está ordenado (cf. SSTC 104/84, 90/86, 87/92, 214/93, 344/93, 346/93, 249/94, 100/95 y 26/96, entre otras)».

La ausencia de pago o falta de consignación de dichas rentas debidas al tiempo de la presentación del recurso implica su inadmisión por ausencia

de un requisito esencial, decretándose de manera automática la firmeza de la sentencia que pretendía ser recurrida. No obstante, **los tribunales vienen admitiendo la posibilidad de subsanar este requisito cuando se haya producido el pago o consignación**, pero el defecto consista en su falta de acreditación, mediante la concesión de un plazo para ello, en este sentido se pronuncia el auto del Tribunal Supremo antes referenciado

En el mismo sentido, cabe citar la **sentencia del Tribunal Constitucional n.º 197/2005, de 18 de julio, ECLI:ES:TC:2005:197:**

> «(...) la condición del pago o consignación de rentas vencidas al tiempo de la interposición del recurso o de las que vayan venciendo durante su tramitación, según lo dispuesto en los arts. 1566 y 1567 LEC 1881 (en la actualidad en el art. 449.1 y 2 de la Ley 1/2000), no constituye un formalismo desproporcionado sino que representa una exigencia esencial para el acceso y la sustanciación de los recursos. Ello se justifica por la propia finalidad de la imposición legal de tal requisito procesal, **que es el asegurar los intereses del arrendador que ha obtenido una Sentencia favorable, evitando que el arrendatario se valga del sistema de recursos que la Ley concede como medio para continuar en el goce del inmueble arrendado sin satisfacer la contraprestación de la renta, convirtiendo así el recurso en una maniobra dilatoria del lanzamiento en perjuicio del arrendador** (STC 204/1998, de 26 de diciembre, y las allí citadas)».

Al utilizar el **artículo 449.1 de la LEC** la locución «procesos que llevan aparejado el lanzamiento», se refiere tanto a la acción de desahucio como tal, que pretende tan solo la recuperación de la posesión de la finca, como a la acción acumulada de reclamación de las rentas o cantidades análogas vencidas y no pagadas. Así pues, se mantiene la necesidad de consignar cuando se interese interponer recurso de apelación en las siguientes modalidades:

- Tanto contra sentencia dictada por los trámites del juicio verbal reclamado el desahucio y subsiguiente lanzamiento por la vía del artículo 250.1 de la ley (desahucio exclusivamente).

- Contra sentencia en proceso acumulado por los trámites del juicio verbal interesando desahucio y reclamación de rentas.

- Contra sentencia en proceso ordinario en el que se condena al arrendatario al desalojo de la finca arrendada.

En definitiva, la norma se aplicará a los procesos del **apartado 1.º del artículo 250 de la LEC**, es decir, a los juicios que tengan por objeto la recuperación de una finca rústica o urbana dada en arrendamiento, ordinario o financiero, cuando la demanda tenga por fundamento el impago de la renta o cantidades debidas por el arrendatario. También debe extenderse a las acciones de desahucio por expiración del término; pero no a las acciones de desahucio por precario.

En cuanto a **los casos en que solamente se recurre por la demandada la acción de reclamación de rentas, aquietándose a la condena de desahucio, y siempre que ese aquietamiento no sea meramente formal y el arrendatario apelante haga entrega de la vivienda al actor**, tampoco procederá la exigencia de este requisito procesal. En caso contrario, esto es, si a pesar de solamente recurrir la condena pecuniaria, se mantiene la ocupación parece razonable que haya de serle exigible la satisfacción de las rentas para recurrir, pues en otro caso estaría defraudando la finalidad del requisito del art 449.1 de la LEC. A este respecto cabe mencionar el **auto de la Audiencia Provincial de Madrid n.º 371/2018, de 23 de noviembre, ECLI:ES:APM:2018:4745A**, la sentencia de la Audiencia Provincial de Baleares n.º 127/2011, de 24 de marzo, ECLI:ES:APIB:2011:516 y la **sentencia de la Audiencia Provincial de Ciudad Real n.º 20/2016, de 4 de febrero, ECLI:ES:APCR:2016:109**.

Recurso de queja

De acuerdo con el **artículo 494 de la LEC, no cabe recurso de queja en los procesos de desahucio ya que no tienen consideración de cosa juzgada** conforme a lo dispuesto en el **artículo 447.2 de la LEC**.

Artículo 494 de la LEC

«Contra los autos en que el tribunal que haya dictado la resolución denegare la tramitación de un recurso de casación, se podrá interponer recurso de queja ante el órgano al que corresponda resolver del recurso no tramitado. Los recursos de queja se tramitarán y resolverán con carácter preferente.

No procederá el recurso de queja en los procesos de desahucios de finca urbana y rústica, cuando la sentencia que procediera dictar en su caso no tuviese la consideración de cosa juzgada».

A TENER EN CUENTA. El artículo 494 de la LEC ha sido objeto de reforma por el Real Decreto-ley 6/2023, de 19 de diciembre, con entrada en vigor el 20 de marzo de 2024. Antes de la entrada en vigor de la referida reforma se podía interponer recurso de queja contra los autos denegatorios de un recurso de apelación, extraordinario por infracción procesal o casación.

Ejecución en el proceso arrendaticio

Para abordar la ejecución en este proceso arrendaticio, debemos acudir a lo previsto en el **artículo 549 de la LEC**:

«3. En la sentencia condenatoria de todos los tipos de desahucio, o en los decretos que pongan fin al referido desahucio si no hubiera oposición al requerimiento, la solicitud de su ejecución en la demanda de desahucio será suficiente para la ejecución directa de dichas resoluciones, sin necesidad de ningún otro trámite para proceder al lanzamiento en el día y hora exacta señalados en la propia sentencia o en el día y hora exacta que se hubiera fijado al ordenar la realización del requerimiento al demandado.

4. El plazo de espera legal al que se refiere el artículo anterior no será de aplicación en la ejecución de resoluciones de condena de desahucio por falta de pago de rentas o cantidades debidas, o por expiración legal o contractual del plazo, que se regirá por lo previsto en tales casos.

No obstante, cuando se trate de vivienda habitual, con carácter previo al lanzamiento deberá haberse procedido en los términos de los apartados 5, 6 y 7 del artículo 441 de esta ley».

A TENER EN CUENTA. El art. 549 en sus apartados 3 y 4 de la LEC ha sido modificado por la Ley 12/2023, de 24 de mayo, por el derecho a la vivienda, con entrada en vigor el 26 de mayo de 2023. Asimismo, el apartado 3 sufre otra modificación, en esta ocasión, por el Real Decreto-ley 6/2023, de 19 de diciembre, con entrada en vigor el 20 de marzo de 2024.

Con motivo de la reforma del RD-ley 7/2019, de 1 de marzo, se hace una **mención especial al caso de la vivienda habitual.** Cuando se trate de una vivienda habitual y **el hogar afectado se encuentre en situación de vulnerabilidad social y/o económica,** se establece que previamente al lanzamiento, el juzgado debe haber procedido en los términos del artículo 441.5 de la LEC:

«5. En los casos de los números 1.º, 2.º, 4.º y 7.º del apartado 1 del artículo 250, siempre que el inmueble objeto de la controversia constituya la vivienda habitual de la parte demandada, se informará a esta, en el decreto de admisión a trámite de la demanda, de la posibilidad de acudir a las Administraciones Públicas autonómicas y locales competentes en materia de vivienda, asistencia social, evaluación e información de situaciones de necesidad social y atención inmediata a personas en situación o riesgo de exclusión social. La información deberá comprender los datos exactos de identificación de dichas Administraciones y el modo de tomar contacto con ellas, a efectos de que puedan apreciar la posible situación de vulnerabilidad de la parte demandada.

Sin perjuicio de lo dispuesto en el párrafo anterior, se comunicará inmediatamente y de oficio por el Juzgado la existencia del procedimiento a las Administraciones autonómicas y locales competentes en materia de vivienda, asistencia social, evaluación e información de situaciones de necesidad social y atención inmediata a personas en situación o riesgo de exclusión social, a fin de que puedan verificar la situación de vulnerabilidad y, de existir esta, presentar al Juzgado propuesta de alternativa de vivienda digna en alquiler social a proporcionar por la Administración competente para ello y propuesta de medidas de atención inmediata a adoptar igualmente por la Administración competente, así como de las posibles ayudas económicas y subvenciones de las que pueda ser beneficiaria la parte demandada.

En caso de que estas Administraciones Públicas confirmasen que el hogar afectado se encuentra en situación de vulnerabilidad económica y, en su caso, social, se notificará al órgano judicial a la mayor brevedad y en todo caso en el plazo máximo de diez días.

En los casos previstos por los apartados 6 y 7 del artículo 439, cuando la parte actora sea una gran tenedora de vivienda y hubiera presentado junto con la demanda documento acreditativo de la vulnerabilidad de la parte demandada, en el oficio a las Administraciones públicas competentes se hará constar esta circunstancia a efectos de que efectúen directamente, en el mismo plazo, la propuesta de medidas de atención inmediata a adoptar, así como de las posibles ayudas económicas y subvenciones de las que pueda ser beneficiaria la parte demandada y las causas, que, en su caso, han impedido su aplicación con anterioridad.

Recibida dicha comunicación o transcurrido el plazo, el letrado o letrada de la Administración de Justicia dará traslado a las partes para que en el plazo de cinco días puedan instar lo que a su derecho convenga, procediendo a suspender la fecha prevista para la celebración de la vista o para el lanzamiento, de ser necesaria tal suspensión por la inmediatez de las fechas».

A TENER EN CUENTA. El art. 441.5 de la LEC ha sido modificado por la Ley 12/2023, de 24 de mayo, por el derecho a la vivienda, con entrada en vigor el 26 de mayo de 2023.

En los casos en los que se trate de un proceso de **desahucio por falta de pago de rentas o por expiración de plazo no será necesario esperar el plazo de veinte días que establece el artículo 548 de la LEC**. Además, no es necesario que se solicite posteriormente la ejecución una vez obtenida sentencia condenatoria si se ha solicitado previamente en el escrito de demanda.

El lanzamiento tendrá lugar el día y hora señalados en la propia sentencia en el caso de que haya existido oposición por la parte demandada. En el caso de que no existiera oposición, el lanzamiento tendrá **lugar en la fecha y hora señalado en el decreto de requerimiento de pago al inquilino del inmueble.**

De acuerdo con el **artículo 703.4 de la LEC** en el caso de que la finca se entregare con anterioridad a la fecha señalada en el requerimiento, tras ser acreditado por el arrendador en sede judicial, se dictará decreto declarando ejecutada la sentencia, salvo que, tal y como expusimos, el arrendatario interese su mantenimiento para que se levante acta de cómo se encuentra la finca:

> «4. Si con anterioridad a la fecha fijada para el lanzamiento, en caso de que el título consista en una sentencia dictada en un juicio de desahucio de finca urbana, se entregare la posesión efectiva al demandante, acreditándolo el arrendador ante el LAJ encargado de la ejecución, se dictará decreto declarando ejecutada la sentencia y cancelando la diligencia, a no ser que el demandante interese su mantenimiento para que se levante acta del estado en que se encuentre la finca».

En este sentido, es interesante el **auto de la Audiencia Provincial de Salamanca n.° 128/2017, de 26 de junio, ECLI:ES:APSA:2017:337A**, el cual dispone:

> «En el presente caso, la finca que debe ser entregada se naturaleza rústica, pero el supuesto es análogo perfectamente al del citado artículo 703.4, ya que, como ya se ha dicho, el aquí ejecutado al presentar su escrito de oposición a la ejecución manifestó que desde el allanamiento a la demanda de desahucio por precario había entregado la posesión efectiva de la finca al demandante. Ahora bien, lo cierto es que, como se alega por la parte ejecutante, en el escrito de allanamiento a la demanda de desahucio por precario el demandado en modo alguno dijo que hubiese

dejado la finca a disposición del demandante, ni tampoco acreditó dicho abandono y entrega efectiva de la finca. Es más, de haberlo hecho así no tendría sentido que la sentencia donde se juzgó tal allanamiento y se le impusieron las costas al demandado allanado, no sólo se declarase estimada la acción de desahucio, sino que también se condenase al demandado a dejar la finca expedita y a disposición del demandante, con apercibimiento de lanzamiento. Es más, en tal caso, ante tal apercibimiento de lanzamiento el demandado debería haber solicitado una aclaración al juzgado a los efectos de que se hiciese constar que la finca ya había sido entregada por él al actor».

3.
EL DESAHUCIO POR EXPIRACIÓN DEL PLAZO

El desahucio por expiración del plazo es un proceso en el que el arrendador pretende la **recuperación del inmueble a la finalización del plazo contractual** fijado por las partes o legalmente establecido.

Nos encontramos ante otro de los procesos de carácter declarativo a seguir dentro de la materia de arrendamientos, tramitado de igual modo por los cauces del juicio verbal ya que el apartado 1.1.º del artículo 250 de la LEC dispone que:

> «1. Se decidirán en juicio verbal, cualquiera que sea su cuantía, las demandas siguientes:
> 1.º Las que versen sobre reclamación de cantidades por impago de rentas y cantidades debidas y las que, igualmente, con fundamento en el impago de la renta o cantidades debidas por el arrendatario, o en la expiración del plazo fijado contractual o legalmente, pretendan que el dueño, usufructuario o cualquier otra persona con derecho a poseer una finca rústica o urbana, dada en arrendamiento, ordinario o financiero o en aparcería, recuperen la posesión de dicha finca».

Así pues, el desahucio por expiración del plazo contractual consiste en un proceso judicial habilitado para que el arrendador ejercite su derecho de recuperación del inmueble con ocasión del vencimiento del contrato.

Regulación del contrato de arrendamiento

En lo que se refiere al proceso de desahucio por expiración del plazo, es necesario tener en consideración el régimen jurídico de los arrendamientos urbanos regulado por la Ley 29/1994, de 24 de noviembre, de Arrendamientos Urbanos.

En este sentido, es importante tener en cuenta que el régimen jurídico aplicable, difiere entre aquellos arrendamientos dedicados a satisfacer las necesidades de vivienda permanente del arrendatario y aquellos arrendamientos que se llevan a cabo para un uso distinto del antedicho.

Arrendamiento de vivienda (artículo 2 de la LAU)

«1. Se considera arrendamiento de vivienda aquel arrendamiento que recae sobre una edificación habitable cuyo destino primordial sea satisfacer la necesidad permanente de vivienda del arrendatario.

2. Las normas reguladoras del arrendamiento de vivienda se aplicarán también al mobiliario, los trasteros, las plazas de garaje y cualesquiera otras dependencias, espacios arrendados o servicios cedidos como accesorios de la finca por el mismo arrendador».

Los arrendamientos de vivienda son, pues, aquellos que son dedicados a satisfacer las necesidades de vivienda permanente del arrendatario, su cónyuge o hijos dependientes.

Arrendamiento para para uso distinto de vivienda (artículo 3 de la LAU)

«1. Se considera arrendamiento para uso distinto del de vivienda aquel arrendamiento que, recayendo sobre una edificación, tenga como destino primordial uno distinto del establecido en el artículo anterior.

2. En especial, tendrán esta consideración los arrendamientos de fincas urbanas celebrados por temporada, sea ésta de verano o cualquier otra, y los celebrados para ejercerse en la finca una actividad industrial, comercial, artesanal, profesional, recreativa, asistencial, cultural o docente, cualquiera que sean las personas que los celebren».

Esta categoría engloba los arrendamientos de segunda residencia, los de temporada, los tradicionales de local de negocio y los asimilados a éstos.

Con respecto a estos últimos, y sin perjuicio de la aplicación de los títulos I (ámbito de la ley) y IV (fianza y formalización del arrendamiento) de la LAU, que tienen carácter imperativo, los arrendamientos para uso distinto del de vivienda se rigen por la voluntad de las partes y, en su defecto, por lo dispuesto en el título III (normas relativas a los arrendamientos para uso distinto de vivienda) y, supletoriamente, por lo dispuesto en el Código Civil.

A continuación, pasamos a introducir unas pequeñas pinceladas que nos permitan acercarnos a la regulación del contrato de arrendamiento, centrándonos de forma concreta en la legislación aplicable a los contratos de arrendamiento de vivienda, a salvo de la diferenciación expresamente recogida en lo que a la forma del contrato y a la duración de este se refiere, en la que haremos explícita mención de la normativa aplicable en ambos supuestos.

Forma del contrato de arrendamiento

En lo que respecta a la forma del contrato de arrendamiento, tal y como establece el artículo 37 de la LAU –aplicable también a los casos de arrendamientos para uso distinto de vivienda–, «Las partes podrán compelerse recíprocamente a la formalización por escrito del contrato de arrendamiento», haciendo constar la identidad de los contratantes, la identificación de la finca, cual es la duración pactada, la renta inicial del contrato y aquellas cláusulas que ambas partes hubiesen acordado libremente.

Además, de acuerdo con el artículo 36.1 de la LAU, **a la celebración del contrato será obligatoria la exigencia y prestación de fianza en metálico** equivalente a una mensualidad de renta si el arrendamiento es de vivienda, y a dos mensualidades si es de uso distinto de vivienda:

> «A la celebración del contrato será obligatoria la exigencia y prestación de fianza en metálico en cantidad equivalente a una mensualidad de renta en el arrendamiento de viviendas y de dos en el arrendamiento para uso distinto del de vivienda».

Duración del contrato de arrendamiento

|| Contratos de arrendamiento de vivienda

La normativa que afecta a la duración de los arrendamientos de vivienda es imperativa, ya que como indica el propio artículo 6 de LAU al inicio de su título II:

> «Son nulas, y se tendrán por no puestas, las estipulaciones que modifiquen en perjuicio del arrendatario o subarrendatario las normas del presente Título, salvo los casos en que la propia norma expresamente lo autorice».

Las partes tienen **libertad de pacto** en lo que a la duración del arrendamiento se refiere, si bien, es importante tener en cuenta las disposiciones relativas tanto al **plazo mínimo** como a la **prórroga** del contrato. Para ello deberemos estar a lo dispuesto en los artículos 9 y 10 de la LAU.

> **A TENER EN CUENTA.** El art. 10 de la LAU ha sido modificado por la Ley 12/2023, de 24 de mayo, por el derecho a la vivienda, con entrada en vigor el 26 de mayo de 2023.

En este sentido, y toda vez que la normativa de arrendamientos urbanos se ha ido modificando con el paso del tiempo, es importante tener en consideración que, **en los contratos de arrendamiento de vivienda**, habrá de distinguirse entre los contratos de arrendamiento de vivienda celebrados entre el 1 de enero de 1995 al 5 de junio de 2013, los celebrados a partir del 6 de junio de 2013 hasta 5 de marzo de 2019, los celebrados a partir de 6 de marzo de 2019 y hasta el 25 de mayo del 2023, y los celebrados a partir del 26 de mayo de 2023. Haremos especial mención también a los contratos celebrados entre el 19 de diciembre de 2018 y el 23 de enero de 2019, ambas fechas inclusive:

Contratos de arrendamiento de vivienda celebrados entre el 19 de diciembre de 2018 y el 23 de enero de 2019

Pese a la corta vigencia de esta normativa, es importante hacer mención a los contratos celebrados entre el día 19 de diciembre de 2018 y el 23 de enero de 2019. El 19 de diciembre de 2018 entró en vigor el Real Decreto-ley 21/2018, de 14 de diciembre, de Medidas Urgentes en materia de vivienda y alquiler. Sin embargo, al no haberse convalidado en el plazo de los 30 días por el Congreso de los Diputados, en virtud de lo dispuesto en el art. 86.2 de la Constitución y del artículo 151 del Reglamento del Congreso de los Diputados, las modificaciones introducidas por este únicamente estuvieron en vigor hasta el 23 de enero de 2019; sin perjuicio de que los contratos suscritos en dicho breve lapso temporal continuarán rigiéndose conforme a dicha regulación legal en aras de garantizar la seguridad jurídica. El art. 9 de LAU en la redacción dada por este RD-ley rezaba así:

> «1. **La duración del arrendamiento será libremente pactada por las partes. Si esta fuera inferior a cinco años, o inferior a siete años si el arrendador fuese persona jurídica, llegado el día del vencimiento del contrato, este se prorrogará obligatoriamente por plazos anuales hasta que el arrendamiento alcance una duración mínima de cinco años, o de siete años si el arrendador fuese persona jurídica, salvo que el arrendatario manifieste al arrendador, con treinta días de antelación como mínimo a la fecha de terminación del contrato o de cualquiera de las prórrogas, su voluntad de no renovarlo.**
>
> El plazo comenzará a contarse desde la fecha del contrato o desde la puesta del inmueble a disposición del arrendatario si esta fuere posterior. Corresponderá al arrendatario la prueba de la fecha de la puesta a disposición.
>
> 2. Se entenderán celebrados por un año los arrendamientos para los que no se haya estipulado plazo de duración o este sea indeterminado, sin perjuicio del derecho de prórroga anual para el arrendatario, en los términos resultantes del apartado anterior.
>
> 3. **No procederá la prórroga obligatoria del contrato si, una vez transcurrido el primer año de duración del mismo, el arrendador comunica al arrendatario que tiene necesidad de la vivienda arrendada para destinarla a vivienda permanente para sí o sus familiares** en primer grado de consanguinidad o por adopción o para su cónyuge en los supuestos de sentencia firme de separación, divorcio o nulidad matrimonial. La referida comunicación deberá realizarse al arrendatario al menos con dos meses de antelación a la fecha en la que la vivienda se vaya a necesitar y el arrendatario estará obligado a entregar la finca arrendada en dicho plazo si las partes no llegan a un acuerdo distinto.
>
> Si transcurridos **tres meses** a contar de la extinción del contrato o, en su caso, del efectivo desalojo de la vivienda, no hubieran procedido el arrendador o sus familiares en primer grado de consanguinidad o por adopción o su cónyuge en los supuestos de sentencia firme de separación, divorcio o nulidad matrimonial a ocupar esta por sí, según los casos, el arrendatario podrá optar, en el plazo de treinta días, entre ser repuesto en el uso y disfrute de la vivienda arrendada por un nuevo período de hasta cinco años, o de siete años si el arrendador fuese persona jurídica, respetando, en lo demás, las condiciones contractuales existentes al tiempo de la extinción, con indemnización de los gastos que el desalojo de la vivienda le hubiera supuesto hasta el momento de la reocupación, o ser indemnizado por una cantidad equivalente a una mensualidad por cada año que quedara por cumplir hasta completar cinco años, o siete años si el arrendador fuese persona jurídica, salvo que la ocupación no hubiera tenido lugar por causa de fuerza mayor, entendiéndose por tal, el impedimento provocado por aquellos sucesos expresamente mencionados en norma de rango de Ley

a los que se atribuya el carácter de fuerza mayor, u otros que no hubieran podido preverse, o que, previstos, fueran inevitables.

4. Tratándose de finca no inscrita, también durarán cinco años, o siete años si el arrendador fuese persona jurídica, los arrendamientos de vivienda que el arrendatario haya concertado de buena fe con la persona que parezca ser propietaria en virtud de un estado de cosas cuya creación sea imputable al verdadero propietario, sin perjuicio de la facultad de no renovación a que se refiere el apartado 1 de este artículo. Si el arrendador enajenase la vivienda arrendada, se estará a lo dispuesto en el artículo 1.571 del Código Civil. Si fuere vencido en juicio por el verdadero propietario, se estará a lo dispuesto en el citado artículo 1.571 del Código Civil, además de que corresponda indemnizar los daños y perjuicios causados».

Por su parte, y en lo que se refiere a la prórroga de los contratos celebrados entre el 19 de diciembre de 2018 y el 23 de enero de 2019, el artículo 10 de la LAU refiere como sigue:

«Si llegada la fecha de vencimiento del contrato, o de cualquiera de sus prórrogas, una vez transcurridos como mínimo cinco años de duración de aquel, o siete años si el arrendador fuese persona jurídica, ninguna de las partes hubiese notificado a la otra, al menos con treinta días de antelación a aquella fecha, su voluntad de no renovarlo, **el contrato se prorrogará necesariamente durante tres años más**».

Contratos de arrendamiento de vivienda celebrados a partir del 6 de junio de 2013 hasta el 5 de marzo de 2019

En virtud de la modificación realizada por la Ley 4/2013, de 4 de junio, de medidas de flexibilización y fomento del mercado del alquiler de viviendas, en los contratos de arrendamiento de vivienda que hubieren sido celebrados a partir del 6 de junio de 2013 y hasta el 5 de marzo de 2019, habremos de estar conforme sigue (artículo 9 de la LAU):

«La duración del arrendamiento será libremente pactada por las partes. **Si ésta fuera inferior a tres años**, llegado el día del vencimiento del contrato, éste **se prorrogará obligatoriamente por plazos anuales hasta que el arrendamiento alcance una duración mínima de tres años**, salvo que el arrendatario manifieste al **arrendador**, con treinta días de antelación como mínimo a la fecha de terminación del contrato o de cualquiera de las prórrogas, su **voluntad de no renovarlo**».

En lo que se refiere a las prórrogas, el artículo 10 de la LAU establecía una prórroga anual tácita a la finalización del plazo de los tres años del contrato, salvo que cualquiera de las partes notificara a la otra con una antelación mínima de treinta días su la voluntad de no prorrogar el contrato por más tiempo. Así pues, para el caso de que no se notifique por cualquiera de las partes la voluntad de no prorrogar el arrendamiento, este se prorrogará por un año más:

«Si llegada la fecha de vencimiento del contrato, o de cualquiera de sus prórrogas, **una vez transcurridos como mínimo tres años de duración de aquel**, ninguna de las partes hubiese notificado a la otra, al menos con treinta días de antelación a aquella fecha, su **voluntad de no renovarlo, el contrato se prorrogará necesariamente durante un año más**».

Contratos de arrendamiento de vivienda celebrados entre el 1 de enero de 1995 y el 5 de junio de 2013

La redacción de los artículos 9 y 10 de la LAU antes de la entrada en vigor de la tan criticada Ley 4/2013, de 4 de junio, de medidas de flexibilización y fomento del mercado del alquiler de viviendas, establecían un prórroga legal mínima de cinco años de duración en beneficio del arrendatario de vivienda, y una prórroga legal tácita de carácter anual de hasta tres años más, que las partes podían impedir notificando el arrendador en su caso con una antelación mínima de un mes a la fecha de finalización de los cinco años iniciales, o a la finalización de la duración pactada si este plazo fuera superior, o el arrendatario con idéntica antelación bien en dicho momento o con un mes de antelación a la finalización de cada prórroga anual hasta alcanzar los 3 años.

Es decir, se establecía una duración mínima de cinco años, y en el caso de que cualquiera de las partes no comunicara con un mes de antelación a la terminación de mismo, su intención de no renovarlo se prorrogaría anualmente, hasta un máximo de tres años obligatorios para el arrendador y facultativos para el arrendatario que podía ponerle fin al contrato a cada anualidad de prórroga:

> «La duración del arrendamiento será libremente pactada por las partes. **Si ésta fuera inferior a cinco años**, llegado el día del vencimiento del contrato, éste **se prorrogará obligatoriamente por plazos anuales hasta que el arrendamiento alcance una duración mínima de cinco años**, salvo que el **arrendatario** manifieste al arrendador con treinta días de antelación como mínimo a la fecha de terminación del contrato o de cualquiera de las prórrogas, su **voluntad de no renovarlo**».

> «Si llegada la fecha de vencimiento del contrato, **una vez transcurridos como mínimo cinco años de duración de aquél**, ninguna de las partes hubiese notificado a la otra, al menos con un mes de antelación a aquella fecha, su **voluntad de no renovarlo**, el contrato se **prorrogará obligatoriamente por plazos anuales hasta un máximo de tres años más**, salvo que el arrendatario manifieste al arrendador con un mes de antelación a la fecha de terminación de cualquiera de las anualidades, su voluntad de no renovar el contrato».

Contratos de arrendamiento de vivienda celebrados a partir de 6 de marzo de 2019 y hasta el 25 de mayo de 2023

En la misma línea que el derogado RDL 21/2018, de 14 de diciembre, de medidas urgentes en materia de vivienda y alquiler, el RDL 7/2019, de 1 de marzo, también denominado de medidas urgentes en materia de vivienda y alquiler, **amplía hasta cinco años, y siete años si el arrendador es persona jurídica, el plazo de duración mínima obligatoria** del contrato de arrendamiento de vivienda, previsto en el artículo 9 de la LAU:

> «La duración del arrendamiento será libremente pactada por las partes. Si esta fuera **inferior a cinco años, o inferior a siete años si el arrendador fuese persona jurídica**, llegado el día del vencimiento del contrato, este **se prorrogará obligatoriamente por plazos anuales hasta que el arrendamien-**

to alcance una duración mínima de cinco años, o de siete años si el arrendador fuese **persona jurídica**, salvo que el **arrendatario** manifieste al arrendador, con treinta días de antelación como mínimo a la fecha de terminación del contrato o de cualquiera de las prórrogas, su voluntad de no renovarlo».

Asimismo, se amplía el plazo de la prórroga legal tácita hasta los 3 años en idéntico sentido que lo hacía la regulación legal anterior a la Ley 4/2013, esto es, mediante prórrogas anuales hasta un máximo de 3 años facultativas para el arrendatario, debiendo notificar con un preaviso mínimo de 1 mes para que no opere la siguiente prórroga anual.

Como novedad, se prevé una ampliación del plazo mínimo de preaviso para notificar la voluntad de que no opere esta prórroga legal tácita del artículo 10 de la LAU, de tal forma que se extinga el contrato a la finalización del plazo de duración pactado o al de la prórroga legal obligatoria si el pactado fuere inferior, siendo de 4 meses para el arrendador, y de 2 meses si la notificación la efectúa el arrendatario.

> «Si llegada la fecha de vencimiento del contrato, o de cualquiera de sus prórrogas, **una vez transcurridos como mínimo cinco años de duración de aquel, o siete años si el arrendador fuese persona jurídica**, ninguna de las partes hubiese notificado a la otra, al menos con **cuatro meses de antelación** a aquella fecha en el caso del arrendador y al menos con dos meses de antelación en el caso del arrendatario, su voluntad de no renovarlo, el contrato **se prorrogará obligatoriamente por plazos anuales hasta un máximo de tres años más**, salvo que el **arrendatario** manifieste al arrendador con **un mes de antelación** a la fecha de terminación de cualquiera de las anualidades, su voluntad de no renovar el contrato».

A TENER EN CUENTA. Si el contrato destinado al arrendamiento de vivienda habitual o cualesquiera de sus prórrogas finalizase durante el periodo comprendido entre el 2 de abril de 2020 y el 9 de agosto de 2021, hay que tener en cuenta que en aplicación del Real Decreto-ley 11/2020 de 31 de marzo, por el que se adoptan medidas urgentes complementarias en el ámbito social y económico para hacer frente al COVID-19 (y sus sucesivas prórrogas y modificaciones, la última de ellas contenida en el Real Decreto-ley 20/2022, de 27 de diciembre, de medidas de respuesta a las consecuencias económicas y sociales de la Guerra de Ucrania y de apoyo a la reconstrucción de la isla de La Palma y a otras situaciones de vulnerabilidad), **el arrendatario podrá solicitar que el contrato se prorrogue de manera extraordinaria hasta un periodo máximo de seis meses, con las mismas condiciones establecidas para el contrato en vigor.** Cabe advertir que quedan fuera de esta posibilidad los contratos de arrendamiento para uso distinto de vivienda.

RESOLUCIÓN RELEVANTE

Sentencia de la Audiencia Provincial de Barcelona n.º 810/2023, de 14 de diciembre, ECLI:ES:APB:2023:13898

«En este caso, la demandante/apelada consta que envió a los demandados/apelantes unos burofaxes entregados el 11.11.2020 y 12.11.2020 en los que se indicaba la finalización del contrato el 11.04.2021 (tres años).

La demanda consta presentada el 5.07.2021 con lo que conforme a lo que se acaba de señalar, en ese momento el contrato ya se había extinguido.

En cuanto a si tal plazo se había prorrogado en base a las medidas previstas respecto de la pandemia del Covid-19 tal y como sostienen los apelantes, cabe señalar que el art 2 del Real Decreto-ley 11/2020, de 31 de marzo que adopta medidas urgentes complementarias en el ámbito social y económico para hacer frente al COVID-19 en su redacción originaria disponía:

"En los contratos de arrendamiento de vivienda habitual sujetos a la Ley 29/1994, de 24 de noviembre, de Arrendamientos Urbanos, en los que, dentro del periodo comprendido desde la entrada en vigor de este real decreto-ley hasta el día en que hayan transcurrido dos meses desde la finalización del estado de alarma para la gestión de la situación de crisis sanitaria ocasionada por el COVID-19, finalice el periodo de prórroga obligatoria previsto en el artículo 9.1 o el periodo de prórroga tácita previsto en el artículo 10.1, ambos artículos de la referida Ley 29/1994, de 24 de noviembre, de Arrendamientos Urbanos, podrá aplicarse, previa solicitud del arrendatario, una prórroga extraordinaria del plazo del contrato de arrendamiento por un periodo máximo de seis meses, durante los cuales se seguirán aplicando los términos y condiciones establecidos para el contrato en vigor. Esta solicitud de prórroga extraordinaria deberá ser aceptada por el arrendador, salvo que se fijen otros términos o condiciones por acuerdo entre las partes".

Tras ello el precepto recibió diversas redacciones que permitió interesar una prórroga extraordinaria de la vigencia respecto de aquellos contratos en los que finalizare el periodo de prórroga obligatoria previsto en el artículo 9.1, o el periodo de prórroga tácita previsto en el artículo 10.1 hasta el 28 de febrero de 2022.

El contrato aquí considerado si se encuentra entre aquellos respecto de los que era posible interesar la operatividad de la prórroga extraordinaria (la vigencia ya se ha indicado que terminaba el 11.04.2021), con lo que al amparo de la norma antes transcrita tenía derecho la parte arrendataria a una prórroga adicional máxima de 6 meses (obligatoria para el arrendador), lo que permitiría prorrogar la vigencia del contrato hasta el 11.10.2021.

No obstante lo anterior, para la operatividad de tal prórroga era necesario que la parte arrendataria formulase la correspondiente solicitud y ello en este caso no consta llevado a cabo (la carga de la prueba de tal petición de prórroga se considera corresponde al arrendatario al amparo de las normas que en relación a la carga de la prueba se contienen en el art 217 LEC).

Ante la ausencia de solicitud de la prórroga extraordinaria, la vigencia del contrato se considera (de igual forma a como se hace en la sentencia de instancia) que terminó el 11.04.2021, lo que implica que este motivo del recurso de apelación se debe ver desestimado».

| Contratos celebrados a partir del 26 de mayo de 2023

Tras la reforma de la LAU llevada a cabo por la Ley 12/2023, de 24 de mayo, por el derecho a la vivienda, cuya entrada en vigor se produce el 26 de mayo de 2023, se han introducido importantes modificaciones en la prórroga de los contratos.

Si bien el apartado 1 del art. 10 mantiene las prórrogas en los mismos términos que antes de la reforma, sus apartados 2 y 3 introducen importantes modificaciones para los contratos de arrendamientos de vivienda habitual.

El art. 10.2 de la LAU regula una prórroga extraordinaria por un periodo **máximo** de **un año** previa solicitud del arrendatario. Para poder solicitarla se exige que el arrendador acredite una situación de vulnerabilidad social y económica sobre la base de un informe o certificado emitido en el último año por los servicios sociales de ámbito municipal o autonómico y deberá ser aceptada obligatoriamente por el arrendador cuando este sea un gran tenedor de vivienda, salvo que se hubiese firmado un nuevo contrato entre las partes.

Por su parte el art. 10.3 de la LAU establece que cuando la vivienda se encuentre en una zona de mercado residencial tensionado podrá prorrogarse el contrato de manera extraordinaria por plazos anuales, por un periodo máximo de 3 años. Esta solicitud de prórroga extraordinaria deberá ser aceptada obligatoriamente por el arrendador, salvo:

- Que se hayan fijado otros términos o condiciones por acuerdo entre las partes.

- Que se haya suscrito un nuevo contrato de arrendamiento con las limitaciones en la renta que en su caso procedan por aplicación de lo dispuesto en los apartados 6 y 7 del artículo 17 de la LAU.

- Que el arrendador haya comunicado en los plazos y condiciones establecidos en el artículo 9.3 de la LAU, la necesidad de ocupar la vivienda arrendada para destinarla a vivienda permanente para sí o sus familiares en primer grado de consanguinidad o por adopción o para su cónyuge en los supuestos de sentencia firme de separación, divorcio o nulidad matrimonial.

> «Artículo 10. Prórroga del contrato.
> 1. Si llegada la fecha de vencimiento del contrato, o de cualquiera de sus prórrogas, una vez transcurridos como mínimo cinco años de duración de aquel, o siete años si el arrendador fuese persona jurídica, ninguna de las partes hubiese notificado a la otra, al menos con cuatro meses de antelación a aquella fecha en el caso del arrendador y al menos con dos meses de antelación en el caso del arrendatario, su voluntad de no renovarlo, el contrato se prorrogará obligatoriamente por plazos anuales hasta un máximo de tres años más, salvo que el arrendatario manifieste al arrendador con un mes de antelación a la fecha de terminación de cualquiera de las anualidades, su voluntad de no renovar el contrato.
> 2. En los contratos de arrendamiento de vivienda habitual sujetos a la presente ley en los que finalice el periodo de prórroga obligatoria previsto en el artículo 9.1, o el periodo de prórroga tácita previsto en el artículo 10.1, podrá aplicarse, previa solicitud del arrendatario, una prórroga extraordinaria del plazo del contrato de arrendamiento por un periodo máximo de un año, durante el cual se seguirá aplicando los términos y condiciones establecidos para el contrato en vigor. Esta solicitud de prórroga extraordinaria requerirá la acreditación por parte del arrendatario de una situación de vulnerabilidad social y económica sobre la base de un informe o certificado emitido en el último año por los servicios sociales de ámbito municipal o autonómico y deberá ser aceptada obligatoriamente por el arrendador cuando este sea un gran tenedor de vivienda de acuerdo con la definición establecida en la Ley 12/2023, de 24 de mayo, por el derecho a la vivienda, salvo que se hubiese suscrito entre las partes un nuevo contrato de arrendamiento.

3. En los contratos de arrendamiento de vivienda habitual sujetos a la presente ley, en los que el inmueble se ubique en una zona de mercado residencial tensionado y dentro del periodo de vigencia de la declaración de la referida zona en los términos dispuestos en la legislación estatal en materia de vivienda, finalice el periodo de prórroga obligatoria previsto en el artículo 9.1 de esta ley o el periodo de prórroga tácita previsto en el apartado anterior, previa solicitud del arrendatario, podrá prorrogarse de manera extraordinaria el contrato de arrendamiento por plazos anuales, por un periodo máximo de tres años, durante los cuales se seguirán aplicando los términos y condiciones establecidos para el contrato en vigor. Esta solicitud de prórroga extraordinaria deberá ser aceptada obligatoriamente por el arrendador, salvo que se hayan fijado otros términos o condiciones por acuerdo entre las partes, se haya suscrito un nuevo contrato de arrendamiento con las limitaciones en la renta que en su caso procedan por aplicación de lo dispuesto en los apartados 6 y 7 del artículo 17 de esta ley, o en el caso de que el arrendador haya comunicado en los plazos y condiciones establecidos en el artículo 9.3 de esta ley, la necesidad de ocupar la vivienda arrendada para destinarla a vivienda permanente para sí o sus familiares en primer grado de consanguinidad o por adopción o para su cónyuge en los supuestos de sentencia firme de separación, divorcio o nulidad matrimonial.

4. Al contrato prorrogado, le seguirá siendo de aplicación el régimen legal y convencional al que estuviera sometido».

‖ Contratos de arrendamiento para uso distinto de vivienda

Por su parte, y a diferencia de lo que ocurre en los arrendamientos de vivienda, la Ley de Arrendamientos Urbanos de 1994 no prevé prórrogas legales en los arrendamientos para uso distinto de vivienda, por lo que habrá que estar al plazo de duración pactado en el contrato, debiendo este ser cierto (artículo 1543 del Código Civil).

> **CUESTIÓN**
>
> **¿Qué ocurre si en el contrato de arrendamiento para uso distinto de vivienda no se estipula su duración?**
>
> Conforme a lo dispuesto en el artículo 1581 del Código Civil, si no se fija el plazo, el arrendamiento se entenderá hecho por años cuando se haya fijado un alquiler anual, por meses cuando el alquiler señalado sea mensual, o por días cuando sea diario. En este sentido resulta de interés traer a colación la **STS n.º 530/2018, de 26 de septiembre, ECLI:ES:TS:2018:3328**, que reza: «(...) De lo dispuesto por el artículo 1581 CC, al que se remite a estos efectos el 1566, se desprende la duración a que ha de referirse la «reconducción», pues este artículo, **para el caso en que no se fije duración al arrendamiento**, acude al criterio lógico de la fijación de la renta («se entiende hecho por años cuando se ha fijado un alquiler anual, por meses cuando es mensual, por días cuando es diario»)».

Asimismo, y de nuevo, a diferencia de lo que sucede con los contratos de arrendamiento de vivienda, el arrendamiento de uso distinto de vivienda finaliza, a tenor de lo dispuesto en el artículo 1565 del Código Civil, sin necesidad de requerimiento previo, cumplido el plazo para el que ha sido fijado.

Ahora bien, si al finalizar el contrato, el arrendatario permanece disfrutando durante al menos 15 días con aquiescencia del arrendador, se entiende que el contrato se ha renovado tácitamente por el plazo de un año más, un mes más o un día más, según proceda (art. 1566 del Código Civil).

En todo caso, cabe advertir que de conformidad con lo previsto en el apartado 1 del artículo 1569 del Código Civil, el arrendador podrá desahuciar al arrendatario si al expirar el plazo fijado para el arrendamiento, el arrendatario no abandona la finca voluntariamente sin necesidad siquiera de requerirle previamente para ello.

Desistimiento del contrato de arrendamiento de vivienda

El derecho de **desistimiento de contrato de arrendamiento de vivienda** se encuentra regulado en el artículo 11 de la LAU, señalándose a través de este precepto la facultad de que el **arrendatario** desista del contrato antes del vencimiento del plazo de duración pactado:

- Una vez que hayan transcurrido **al menos seis meses** desde la formalización del contrato.

- El arrendatario deberá comunicárselo al arrendado con una **antelación mínima de treinta días**.

- Las partes podrán pactar en el contrato que, para el caso de desistimiento, deba el arrendatario indemnizar al arrendador con una **cantidad máxima** equivalente a una mensualidad de la renta en vigor por cada año del contrato que reste por cumplir. Los períodos de tiempo inferiores al año darán lugar a la parte proporcional de la indemnización.

Por su parte, el artículo 12 de la LAU regula el desistimiento y vencimiento en **caso de matrimonio o convivencia del arrendatario**, estableciendo la posibilidad de subrogación del cónyuge o el conviviente en caso de desistimiento del arrendatario.

> «1. Si el arrendatario manifestase su voluntad de no renovar el contrato o de desistir de él, sin el consentimiento del cónyuge que conviviera con dicho arrendatario, podrá el arrendamiento continuar en beneficio de dicho cónyuge.
>
> 2. A estos efectos, podrá el arrendador requerir al cónyuge del arrendatario para que manifieste su voluntad al respecto.
>
> Efectuado el requerimiento, el arrendamiento se extinguirá si el cónyuge no contesta en un plazo de quince días a contar de aquél. El cónyuge deberá abonar la renta correspondiente hasta la extinción del contrato, si la misma no estuviera ya abonada.
>
> 3. Si el arrendatario abandonara la vivienda sin manifestación expresa de desistimiento o de no renovación, el arrendamiento podrá continuar en beneficio del cónyuge que conviviera con aquél siempre que en el plazo de un mes de dicho abandono, el arrendador reciba notificación escrita del cónyuge manifestando su voluntad de ser arrendatario.
>
> Si el contrato se extinguiera por falta de notificación, el cónyuge quedará obligado al pago de la renta correspondiente a dicho mes.

4. Lo dispuesto en los apartados anteriores será también de aplicación en favor de la persona que hubiera venido conviviendo con el arrendatario de forma permanente en análoga relación de afectividad a la de cónyuge, con independencia de su orientación sexual, durante, al menos, los dos años anteriores al desistimiento o abandono, salvo que hubieran tenido descendencia en común, en cuyo caso bastará la mera convivencia».

RESOLUCIÓN RELEVANTE

Sentencia de la Audiencia Provincial de Barcelona n.º 624/2023, ECLI:ES:APB:2023:10734.

« (...) las exigencias de comunicación a las que hace referencia el artículo 12.3 han sido paulatinamente suavizadas por la doctrina jurisprudencial, que se ha decantado por proclamar la prevalencia de los principios de la buena fe sobre la rigidez del cumplimiento de los presupuestos susceptibles de legitimar la subrogación de la persona interesada cuando, como es el caso, el arrendador es suficiente y cabalmente sabedor de la voluntad de la expareja del arrendatario inicial de continuar en el uso de la vivienda.

Es especialmente ilustrativa al respecto la sentencia del Pleno del Tribunal Supremo, Sala 1.ª, de 20 de julio de 2018, que flexibiliza la exigencia de comunicación cuando el arrendador ha tenido conocimiento efectivo de la circunstancia que justifica la subrogación y de la voluntad de la persona interesada en ocupar la posición jurídica de arrendatario. La sentencia resuelve un asunto de subrogación por fallecimiento del arrendatario —hipótesis regulada en el artículo 16 de la Ley arrendaticia—, pero, obviamente, es absolutamente trasladable al supuesto que se enjuicia por la coincidencia de los presupuestos exigidos, en relación con la comunicación del arrendatario, para que la subrogación sea operativa jurídicamente».

Extinción del contrato por resolución del derecho del arrendador

De conformidad con lo dispuesto en el artículo 13 de la LAU, precepto regulador de la resolución por derecho del arrendador:

«1. Si durante los cinco primeros años de duración del contrato, o siete años si el arrendador fuese persona jurídica, el derecho del arrendador quedara resuelto por el ejercicio de un retracto convencional, la apertura de una sustitución fideicomisaria, la enajenación forzosa derivada de una ejecución hipotecaria o de sentencia judicial o el ejercicio de un derecho de opción de compra, el arrendatario tendrá derecho, en todo caso, a continuar en el arrendamiento hasta que se cumplan cinco años o siete años respectivamente, sin perjuicio de la facultad de no renovación prevista en el artículo 9.1.

En contratos de duración pactada superior a cinco años, o siete años si el arrendador fuese persona jurídica, si, transcurridos los cinco primeros años del mismo, o los primeros siete años si el arrendador fuese persona jurídica, el derecho del arrendador quedara resuelto por cualquiera de las circunstancias mencionadas en el párrafo anterior, quedará extinguido el arrendamiento. Se exceptúa el supuesto en que el contrato de arrendamiento haya accedido al Registro de la Propiedad con anterioridad a los derechos determinantes de la resolución del derecho del arrendador. En este caso, continuará el arrendamiento por la duración pactada.

2. Los arrendamientos otorgados por usufructuario, superficiario y cuantos tengan un análogo derecho de goce sobre el inmueble, se extinguirán al término del derecho del arrendador, además de por las demás causas de extinción que resulten de lo dispuesto en la presente ley.

3. Durarán cinco años los arrendamientos de vivienda ajena que el arrendatario haya concertado de buena fe con la persona que aparezca como propietario de la finca en el Registro de la Propiedad, o que parezca serlo en virtud de un estado de cosas cuya creación sea imputable al verdadero propietario, sin perjuicio de la facultad de no renovación a que se refiere el artículo 9.1, salvo que el referido propietario sea persona jurídica, en cuyo caso durarán siete años».

En lo que se refiere a la **enajenación de la vivienda arrendada** el artículo 14 de la LAU dispone que:

«El adquirente de una vivienda arrendada quedará subrogado en los derechos y obligaciones del arrendador durante los cinco primeros años de vigencia del contrato, o siete años si el arrendador anterior fuese persona jurídica, aun cuando concurran en él los requisitos del artículo 34 de la Ley Hipotecaria.

Si la duración pactada fuera superior a cinco años, o superior a siete años si el arrendador anterior fuese persona jurídica, el adquirente quedará subrogado por la totalidad de la duración pactada, salvo que concurran en él los requisitos del artículo 34 de la Ley Hipotecaria. En este caso, el adquirente sólo deberá soportar el arrendamiento durante el tiempo que reste para el transcurso del plazo de cinco años, o siete años en caso de persona jurídica, debiendo el enajenante indemnizar al arrendatario con una cantidad equivalente a una mensualidad de la renta en vigor por cada año del contrato que, excediendo del plazo citado de cinco años, o siete años si el arrendador anterior fuese persona jurídica, reste por cumplir.

Cuando las partes hayan estipulado que la enajenación de la vivienda extinguirá el arrendamiento, el adquirente sólo deberá soportar el arrendamiento durante el tiempo que reste para el transcurso del plazo de cinco años, o siete años si el arrendador anterior fuese persona jurídica».

Por su parte, y en lo que se refiere a los **supuestos de separación, divorcio o nulidad del matrimonio del arrendatario**, estos encuentran su regulación en el artículo 15 de la LAU, precepto que refiere conforme sigue:

«1. En los casos de nulidad del matrimonio, separación judicial o divorcio del arrendatario, el cónyuge no arrendatario podrá continuar en el uso de la vivienda arrendada cuando le sea atribuida de acuerdo con lo dispuesto en la legislación civil que resulte de aplicación. El cónyuge a quien se haya atribuido el uso de la vivienda arrendada de forma permanente o en un plazo superior al plazo que reste por cumplir del contrato de arrendamiento, pasará a ser el titular del contrato.

2. La voluntad del cónyuge de continuar en el uso de la vivienda deberá ser comunicada al arrendador en el plazo de dos meses desde que fue

notificada la resolución judicial correspondiente, acompañando copia de dicha resolución judicial o de la parte de la misma que afecte al uso de la vivienda».

CUESTIONES

1. Conforme a lo dispuesto en el artículo antedicho, ¿podemos entender que la falta de cumplimiento de notificación al arrendador por parte del excónyuge beneficiario de la atribución del derecho de uso puede dar lugar a la resolución del contrato de arrendamiento?

No. Así lo ha declarado nuestro alto tribunal a través de su STS n.º 587/2015, de 26 de octubre, ECLI:ES:TS:2015:4584, en la que la Sala pone de manifiesto que los únicos efectos de dicho incumplimiento legal son que **no se produce la subrogación en la posición arrendataria del cónyuge beneficiario del derecho de uso de la vivienda arrendada**, de tal forma que se produce una disociación entre el usuario de la vivienda y el firmante del contrato. Así pues, de acuerdo con el TS, las relaciones entre arrendador y arrendatario se mantienen del mismo modo que antes de producirse la crisis matrimonial, excepto el ya mencionado derecho de uso de la vivienda; y en consecuencia, está legitimado pasivamente el titular del contrato así como, por otro lado, está facultado el poseedor material del objeto del contrato para abonar directamente las rentas, para evitar que el incumplimiento de dicha obligación arrendaticia genere el indeseable efecto de la resolución del contrato, y por consiguiente, la extinción de su derecho de uso sobre la vivienda.

2. El conocimiento del arrendador por otras vías distintas a la comunicación prevista en el apartado segundo del artículo 15 de la LAU del conflicto matrimonial entre arrendatario y excónyuge, ¿puede ser entendido como un consentimiento tácito a la subrogación del excónyuge que tiene atribuido el derecho de uso en la posición del que era arrendatario?

A los efectos de dar respuesta a la cuestión planteada, entendemos que resulta de aplicación de forma analógica la respuesta dada por la **STS n.º 475/2018, de 20 de julio, ECLI:ES:TS:2018:2755**, en un caso que el viudo que pretende subrogarse en la vivienda arrendada no efectuó la preceptiva notificación a la arrendadora informando sobre el fallecimiento de la arrendataria y de su voluntad de subrogarse en el contrato de arrendamiento, que le exige el art. 16.3 de la LAU, pero la sentencia considera que no es exigible dicha formalidad en este caso en la medida que la arrendadora tuvo conocimiento del hecho del fallecimiento de la arrendataria y de la voluntad del cónyuge viudo de subrogarse en la posición arrendataria de dicho contrato, pues consta probado que las partes habían mantenido contactos y negociaciones frustradas sobre la duración del contrato y las condiciones de subrogación.

La sentencia considera que a pesar de no haberse cumplido con el requisito legal de la notificación escrita de la subrogación en el plazo de los tres meses de caducidad desde la fecha del fallecimiento sí que se ha producido la subrogación válidamente a favor del viudo de la arrendataria, ya que la arrendadora tuvo pleno conocimiento del hecho del fallecimiento y de la voluntad de subrogarse de beneficiario del derecho de subrogación por otras vías:

«Ahora, reunida nuevamente en pleno, la sala considera que la doctrina anterior resulta excesivamente rígida y que no puede ser mantenida de manera inflexible sin atender en cada caso a las exigencias que imponga la buena fe, principio general del derecho que informa nuestro ordenamiento jurídico (arts. 1.4 y 7 CC).

Por razón de la buena fe, el efecto extintivo del contrato puede ser un resultado injusto cuando, a pesar de no haberse llevado a cabo una notificación formal por es-

crito, el arrendador tiene un conocimiento efectivo de que se ha producido el falleci-miento del arrendatario y de la voluntad de subrogación de quien tiene derecho a ello.

No debe perderse de vista que, de acuerdo con el régimen legal, el consentimien-to del arrendador no es un requisito para que se produzca la subrogación y que la exigencia de notificación lo que pretende es que el arrendador tenga conocimiento en un plazo razonable del ejercicio de un derecho que le afecta. Invocar la falta de notificación para extinguir el contrato cuando el arrendador conoce la voluntad del ejercicio del derecho de subrogarse resulta, por tanto, contrario a la buena fe».

Subrogación en el contrato de arrendamiento

El artículo 16 de la LAU, regula la subrogación *mortis causa*, manteniéndo-la hasta que termina el plazo contractual, a favor de alguna de las siguientes personas con vinculación directa con el arrendatario:

- El cónyuge del arrendatario que al tiempo del fallecimiento conviviera con él.

- La persona que hubiera venido conviviendo con el arrendatario de forma permanente en análoga relación de afectividad a la de cónyu-ge, con independencia de su orientación sexual, durante, al menos, los dos años anteriores al tiempo del fallecimiento, salvo que hubie-ran tenido descendencia en común, en cuyo caso bastará la mera convivencia.

- Los descendientes del arrendatario que en el momento de su falle-cimiento estuvieran sujetos a su patria potestad o tutela, o hubiesen convivido habitualmente con él durante los dos años precedentes.

- Los ascendientes del arrendatario que hubieran convivido habitual-mente con él durante los dos años precedentes a su fallecimiento.

- Los hermanos del arrendatario en quienes concurra la circunstancia prevista en la letra anterior.

- Las personas distintas de las mencionadas en las letras anteriores que sufran una minusvalía igual o superior al 65% siempre que ten-gan una relación de parentesco hasta el tercer grado colateral con el arrendatario y hayan convivido con éste durante los dos años anterio-res al fallecimiento.

CUESTIÓN

¿Qué ocurrirá si al tiempo del fallecimiento del arrendatario no existiera ninguna de las personas a las que hace referencia el precitado artículo 16 de la LAU? ¿Y si existiesen varias?

Tal y como indica el propio artículo 16 de la LAU, si al tiempo del fallecimiento del arrendatario no existiera ninguna de estas personas, el arrendamiento quedará extin-guido. Si, por el contrario, existiesen varias de las personas a las que refiere el artículo, de no existir acuerdo unánime entre ellas con respecto a quién de ellos será el benefi-ciario de la subrogación, regirá el orden de prelación establecido en el apartado ante-rior, salvo que los padres septuagenarios serán preferidos a los descendientes. Entre los descendientes y entre los ascendientes, tendrá preferencia el más próximo en grado, y entre los hermanos, el de doble vínculo sobre el medio hermano. Los casos de igualdad se resolverán en favor de quien tuviera una minusvalía igual o superior al 65 por 100; en defecto de esta situación, de quien tuviera mayores cargas familiares y, en última instancia, en favor del descendiente de menor edad, el ascendiente de mayor edad o el hermano más joven (apartado segundo del artículo 16 de la LAU).

El arrendamiento se extinguirá si en el plazo de 3 meses desde la muerte del arrendatario, el arrendador no recibe notificación por escrito del hecho del fallecimiento, con certificado registral de defunción, y de la identidad del subrogado, indicando su parentesco con el fallecido y ofreciendo, en su caso, un principio de prueba de que cumple los requisitos legales para subrogarse. Si la extinción se produce, todos los que pudieran suceder al arrendatario, salvo los que renuncien a su opción notificándolo por escrito al arrendador en el plazo del mes siguiente al fallecimiento, quedarán solidariamente obligados al pago de la renta de dichos tres meses. Si el arrendador recibiera en tiempo y forma varias notificaciones cuyos remitentes sostengan su condición de beneficiarios de la subrogación, podrá el arrendador considerarles deudores solidarios de las obligaciones propias del arrendatario, mientras mantengan su pretensión de subrogarse.

No obstante, tal y como hemos visto arriba, la **STS n.º 475/2018, de 20 de julio, ECLI:ES:TS:2018:2755**, declara que debe hacerse una interpretación flexible del requisito legal de notificación del artículo 16.3 de la LAU en función de las circunstancias concurrentes del caso concreto. En particular, el TS considera que cuando el arrendador ha tenido conocimiento por otras vías del fallecimiento del arrendatario y de la voluntad de subrogarse del familiar beneficiario, el incumplimiento de dicha obligación legal de notificación escrita no puede conllevar el efecto indeseable de la pérdida del derecho a subrogarse en el contrato, y la extinción del contrato, ya que ello es contrario al principio de buena fe.

En un ejercicio de exhaustividad la sentencia puntualiza que no cabe plantearse en estos casos si ha habido consentimiento tácito o no por parte del arrendador que ha tenido conocimiento de los hechos que dan derecho a la subrogación a pesar de no haber sido notificada en forma y plazo por el beneficiario de este derecho, ya que el consentimiento del arrendador no es un requisito legal para que se produzca la subrogación y que la exigencia de notificación lo único que pretende es que el arrendador tenga conocimiento en un plazo razonable del ejercicio de un derecho que le afecta.

RESOLUCIÓN RELEVANTE

Sentencia de la Audiencia Provincial de Barcelona n.º 144/2023, de 3 de marzo. ECLI:ES:APB:2023:2068.

«"Esta sala ha venido entendiendo que, para que tenga lugar la subrogación, es imprescindible el cumplimiento de los requisitos exigidos en el art. 16 LAU, que incluyen la comunicación por escrito del fallecimiento y de la identidad de la persona que tiene la voluntad de subrogarse. Así se afirmó en la sentencia 343/2012, de 30 de mayo, se ratificó en la sentencia de pleno 247/2013, de 22 de abril, y se confirmó en la sentencia 664/2013, de 23 de octubre.

"3.- Ahora, reunida nuevamente en pleno, la sala considera que la doctrina anterior resulta excesivamente rígida y que no puede ser mantenida de manera inflexible

sin atender en cada caso a las exigencias que imponga la buena fe, principio general del derecho que informa nuestro ordenamiento jurídico (arts. 1.4 y 7 CC).

"Por razón de la buena fe, el efecto extintivo del contrato puede ser un resultado injusto cuando, a pesar de no haberse llevado a cabo una notificación formal por escrito, el arrendador tiene un conocimiento efectivo de que se ha producido el fallecimiento del arrendatario y de la voluntad de subrogación de quien tiene derecho a ello.

"No debe perderse de vista que, de acuerdo con el régimen legal, el consentimiento del arrendador no es un requisito para que se produzca la subrogación y que la exigencia de notificación lo que pretende es que el arrendador tenga conocimiento en un plazo razonable del ejercicio de un derecho que le afecta. Invocar la falta de notificación para extinguir el contrato cuando el arrendador conoce la voluntad del ejercicio del derecho de subrogarse resulta, por tanto, contrario a la buena fe".

En definitiva, la novedosa doctrina jurisprudencial proclama que, aunque no se cumplimenten estrictamente los requisitos de comunicación y notificación a los que se refiere el artículo 16.3 LAU, el contrato de arrendamiento puede mantener su vigencia tras el fallecimiento del inquilino si la propiedad es conocedora de la identidad de la persona que convivía con dicho arrendatario y de su voluntad de subrogarse en la posición jurídica de este último».

Especialidades respecto al desahucio por expiración del plazo contractual

Tal y como hemos adelantado, el desahucio por expiración del plazo contractual será tramitado, en atención a la materia por los **cauces del juicio verbal** (artículo 250.1.1.º de la LEC) y al igual que los otros procesos de desahucio, este se encuentra sometido a las estipulaciones previstas en los artículos 437 a 447 de la LEC. Esta tipología de juicio de desahucio y el relativo al impago de rentas o cantidades debidas tienen prácticamente la misma regulación en la LEC.

De igual modo, **el juzgado competente para conocer del procedimiento será el juzgado de primera instancia del lugar donde se encuentre el inmueble arrendado**.

Se encuentra **legitimado** activamente el arrendador y pasivamente el inquilino y, además, **la cuantía** se determinará mediante la **cuantificación de una anualidad de renta**, al preceptuar el apartado 9 del artículo 251 de la LEC que en los juicios sobre arrendamientos de bienes, salvo cuando se tenga por objeto la reclamación de rentas o cantidades debidas, la cuantía de la demanda será el importe de una anualidad de renta, cualquiera que sea la periodicidad con que ésta aparezca fijada en el contrato

Por lo que se refiere a la **acumulación de acciones**, si bien es cierto que el apartado 4 del artículo 437 de la LEC parte de la prohibición de acumulación objetiva de acciones en los juicios verbales, establece algunas excepciones, permitiéndose así, al igual que ocurría en el juicio de desahucio por falta de pago, la acumulación al juicio por expiración legal o contractual del plazo, las acciones en **reclamación de rentas o cantidades análogas vencidas y no pagadas**, con independencia de la cantidad que se reclame, así como, las **acciones ejercitadas contra el fiador o avalista solidario** previo requerimiento de pago no satisfecho.

CUESTIÓN

La acumulación incorrecta de acciones en el proceso de desahucio, ¿impedirá el examen de la petición principal?

No, en este sentido es doctrina constante y reiterada que, en su caso, la acumulación incorrecta de acciones no impide entrar en el examen de la principal, o la formulada en procedimiento adecuado, debiendo rechazarse exclusivamente el pronunciamiento sobre las demás acciones acumuladas indebidamente, sin que ello permita la no acogida global de la demanda, por cuanto el principio de congruencia del artículo 218 de la Ley 1/2000, de 7 de enero, indudablemente impone el decidir sobre las pretensiones deducidas oportunamente en el pleito, que se enmarquen dentro del ámbito de su naturaleza (**SAP de Barcelona n.º 654/2018, de 5 de noviembre, ECLI:ES:APB:2018:10700**).

A TENER EN CUENTA. El art. 220.2 de la LEC recoge la posibilidad del demandante de interesar en la demanda que la sentencia, el auto o el decreto que se dicten en su momento incluyan la condena a satisfacer también las rentas debidas que se devenguen con posterioridad a la presentación de la demanda hasta la entrega de la posesión efectiva de la finca. En este caso, se tomará como base de la liquidación de las rentas futuras, el importe de la última mensualidad reclamada con la demanda.

Dotar a este procedimiento de carácter de sumario implica necesariamente que la discusión se limite a los cauces propios de la acción:

- Determinar la existencia del contrato de arrendamiento válido.
- Determinar si nos encontramos ante un contrato en vigor o fuera de plazo.

De este modo, tal y como se establecía para el caso de desahucios por falta de pago, se establece la condonación de deuda en el apartado 3.º del artículo 437 de la LEC, precepto que señala que el demandante podrá anunciar en la demanda que asume el compromiso de condonar al arrendatario todo o parte de la deuda y de las costas, con expresión de la cantidad concreta, condicionándolo al **desalojo voluntario de la finca dentro del plazo que se indique por el arrendador, que no podrá ser inferior al plazo de quince días** desde que se notifique la demanda. Igualmente, podrá interesarse en la demanda que se tenga por solicitada la ejecución del lanzamiento en la fecha y hora que se fije por el juzgado a los efectos señalados en el apartado 3 del artículo 549 de la LEC.

Al igual que en el caso del desahucio por falta de pago, de acuerdo con el art. 447 de la LEC, en el caso de allanamiento de la parte demandada la resolución que homologue la transacción declarará que de no cumplirse con el plazo de desalojo establecido, ésta quedará sin efecto, y que se llevará a cabo el lanzamiento sin más trámite y sin notificación alguna al condenado, en el día y hora fijadas en la citación si ésta es de fecha posterior, o en el día y hora que se señale en dicha resolución.

En lo relativo a la admisión de la demanda y contestación, se atenderá del mismo modo que en el caso de desahucio por falta de pago a lo dispuesto en el artículo 438 de la LEC y se realizará mediante lo expuesto en cuanto al régimen de notificaciones.

A TENER EN CUENTA. EL Real Decreto-ley 6/2023, de 19 de diciembre, por el que se aprueban medidas urgentes para la ejecución del Plan de Recuperación, Transformación y Resiliencia en materia de servicio público de justicia, función pública, régimen local y mecenazgo, con entrada en vigor el 20 de marzo de 2024, ha modificado el artículo 438 de la LEC. Por lo tanto, en base a dicha modificación, y a partir de la citada fecha, el tenor literal del precepto será el siguiente:

Artículo 438. Admisión de la demanda y contestación. Reconvención.

«*1. El letrado o letrada de la Administración de Justicia, examinada la demanda, la admitirá por decreto o dará cuenta de ella al tribunal en los supuestos del artículo 404 para que resuelva lo que proceda. Admitida la demanda, dará traslado de ella al demandado para que la conteste por escrito en el plazo de diez días conforme a lo dispuesto para el juicio ordinario. Si el demandado no compareciere en el plazo otorgado será declarado en rebeldía conforme al artículo 496.*

En los casos en que sea posible actuar sin abogado ni procurador, se indicará así en el decreto de admisión y se comunicará al demandado que están a su disposición en el órgano judicial correspondiente o en la sede judicial electrónica unos formularios o impresos normalizados, que puede emplear para la contestación a la demanda.

2. En ningún caso se admitirá reconvención en los juicios verbales que, según la ley, deban finalizar por sentencia sin efectos de cosa juzgada.

En los demás juicios verbales se admitirá la reconvención siempre que no determine la improcedencia del juicio verbal y exista conexión entre las pretensiones de la reconvención y las que sean objeto de la demanda principal. Admitida la reconvención se regirá por las normas previstas en el juicio ordinario, salvo el plazo para su contestación que será de diez días.

3. El demandado podrá oponer en la contestación a la demanda un crédito compensable, siendo de aplicación lo dispuesto en el artículo 408. Si la cuantía de dicho crédito fuese superior a la que determine que se siga el juicio verbal, el tribunal tendrá por no hecha tal alegación en la vista, advirtiéndolo así al demandado, para que use de su derecho ante el tribunal y por los trámites que correspondan.

4. En los casos del numeral 7.º del apartado 1 del artículo 250, en el emplazamiento para contestar la demanda se apercibirá a la persona demandada de que, en caso de no contestar, se dictará sentencia acordando las actuaciones que, para la efectividad del derecho inscrito, hubiere solicitado el actor. También se apercibirá al demandado, en su caso, de que la misma sentencia se dictará si contesta, pero no presta caución, en cualquiera de las formas previstas en el párrafo segundo del apartado 2 del artículo 64, en la cuantía que, tras oírle, el tribunal determine, dentro de la solicitada por el actor.

5. En los casos de demandas en las que se ejercite la pretensión de desahucio por falta de pago de rentas o cantidades debidas, acumulando o no la pretensión de condena al pago de las mismas, el letrado o letrada de la Administración de Justicia, tras la admisión, y previamente a la vista que se señale, requerirá a la persona demandada para que, en el plazo de diez días, desaloje el inmueble, pague al actor o, en caso de pretender la enervación, pague la totalidad de lo que deba o ponga a disposición de aquel en el tribunal o notarialmente el importe de las cantidades reclamadas en la demanda y el de las que adeude en el momento de dicho pago enervador del desahucio; o en otro caso comparezca ante éste y alegue sucintamente, formulando oposición, las razones por las que, a su entender, no debe, en todo o en parte, la cantidad reclamada o las circunstancias relativas a la procedencia de la enervación.

Si el demandante ha expresado en su demanda que asume el compromiso a que se refiere el apartado 3 del artículo 437, se le pondrá de manifiesto en el requerimiento, y la aceptación de este compromiso equivaldrá a un allanamiento con los efectos del artículo 21.

Además, el requerimiento expresará el día y la hora que se hubieran señalado para que tengan lugar la eventual vista en caso de oposición del demandando, para la que servirá de citación, y el día y la hora exactos para la práctica del lanzamiento en caso de que no hubiera oposición. Asimismo, se expresará que en caso de solicitar asistencia jurídica gratuita el demandado, deberá hacerlo en los tres días siguientes a la práctica del requerimiento, así como que la falta de oposición al requerimiento supondrá la prestación de su consentimiento a la resolución del contrato de arrendamiento que le vincula con el arrendador.

El requerimiento se practicará en la forma prevista en el artículo 161, teniendo en cuenta las previsiones contenidas en apartado 3 del artículo 155 y en el último párrafo del artículo 164, apercibiendo al demandado de que, de no realizar ninguna de las actuaciones citadas, se procederá a su inmediato lanzamiento, sin necesidad de notificación posterior, así como de los demás extremos comprendidos en el apartado siguiente de este mismo artículo.

Si el demandado no atendiere el requerimiento de pago o no compareciere para oponerse o allanarse, el letrado o letrada de la Administración de Justicia dictará decreto dando por terminado el juicio de desahucio y se procederá al lanzamiento en el día y la hora fijadas.

Si el demandado atendiere el requerimiento en cuanto al desalojo del inmueble sin formular oposición ni pagar la cantidad que se reclamase, el letrado o letrada de la Administración de Justicia lo hará constar, y dictará decreto dando por terminado el procedimiento, y dejando sin efecto la diligencia de lanzamiento, a no ser que la parte demandante interese su mantenimiento para que se levante acta sobre el estado en que se encuentre la finca, dando traslado a la parte demandante para que inste el despacho de ejecución en cuanto a la cantidad reclamada, bastando para ello con la mera solicitud.

En los dos supuestos anteriores, el decreto dando por terminado el juicio de desahucio impondrá las costas al demandado e incluirá las rentas debidas que se devenguen con posterioridad a la presentación de la demanda hasta la entrega de la posesión efectiva de la finca, tomándose como base de la liquidación de las rentas futuras el importe de la última mensualidad reclamada al presentar la demanda. Si el demandado formulara oposición, se celebrará la vista en la fecha señalada.

6. En todos los casos de desahucio, también **se apercibirá al demandado en el requerimiento que se le realice que, de no comparecer a la vista, se declarará el desahucio sin más trámites** *y que queda citado para recibir la notificación de la sentencia que se dicte el sexto día siguiente al señalado para la vista, presen-*

*cialmente o a través de sede electrónica. Igualmente, **en la resolución que se dicte teniendo por opuesto al demandado se fijará día y hora exacta para que tenga lugar, en su caso, el lanzamiento,** que deberá verificarse antes de treinta días desde la fecha señalada para la vista, advirtiendo al demandado que, si la sentencia fuese condenatoria y no se recurriera, se procederá al lanzamiento en el día y la hora fijadas, sin necesidad de notificación posterior.*

En todos los casos de desahucio y en todos los decretos o resoluciones judiciales que tengan como objeto el señalamiento del lanzamiento, independientemente de que este se haya intentado llevar a cabo con anterioridad, se deberá incluir el día y hora exacta en que tendrá lugar el mismo.

7. Tratándose de un caso de recuperación de la posesión de una vivienda a que se refiere el párrafo segundo del numeral 4.° del apartado 1 del artículo 250, si el demandado o demandados no contestaran a la parte demanda en el plazo legalmente previsto, se procederá de inmediato a dictar sentencia. La sentencia estimatoria de la pretensión permitirá su ejecución, previa solicitud del demandante, sin necesidad de que transcurra el plazo de veinte días previsto en el artículo 548.

8. El demandado, en su escrito de contestación, deberá pronunciarse, necesariamente, sobre la pertinencia de la celebración de la vista. Igualmente, el demandante deberá pronunciarse sobre ello, en el plazo de tres días desde el traslado del escrito de contestación. Si ninguna de las partes la solicitase y el tribunal no considerase procedente su celebración, dictará sentencia sin más trámites.

En todo caso, bastará con que una de las partes lo solicite para que el Letrado de la Administración de Justicia señale día y hora para su celebración, dentro de los cinco días siguientes. No obstante, en cualquier momento posterior, previo a la celebración de la vista, cualquiera de las partes podrá apartarse de su solicitud por considerar que la discrepancia afecta a cuestión o cuestiones meramente jurídicas. En este caso se dará traslado a la otra parte por el plazo de tres días y, transcurridos los cuales, si no se hubieren formulado alegaciones o manifestado oposición, quedarán los autos conclusos para dictar sentencia si el tribunal así lo considera».

Debemos señalar que nos encontramos, tal y como establece el art. 447 de la LEC, ante un proceso, que al igual que el desahucio por impago de rentas, no producirá efectos de cosa juzgada, excluyéndose pues, y de forma lógica, la reconvención.

En idéntico sentido que el desahucio por impago, se regula la ejecutividad con carácter directo, no siendo pues necesario esperar el plazo de los 20 días de la firmeza de la resolución condenatoria previsto en el artículo 548 de la LEC. De modo que será suficiente la solicitud de su ejecución en la demanda de desahucio para la ejecución directa de las resoluciones que pongan fin al mismo, sin necesidad de más trámites para proceder al lanzamiento en el día y hora exacta señalados en la propia sentencia o en el día y hora exacta que se hubiera fijado al ordenar la realización del requerimiento al demandado, cuando así se haya solicitado en el escrito de demanda (artículo 549.3 y .4 de la LEC).

CUESTIÓN

Cuando se trate de vivienda habitual, ¿se puede proceder al lanzamiento directamente?

No, en estos casos el art. 549.4 establece que cuando se trate de vivienda habitual, con carácter previo al lanzamiento deberá haberse procedido en los términos de los apartados 5, 6 y 7 del artículo 441 de la LEC.

A TENER EN CUENTA. El art. 549.3 de la LEC ha sido modificado por la Ley 12/2023, de 24 de mayo, por el derecho a la vivienda, en vigor desde el 26 de mayo del 2023. A su vez, el Real Decreto-ley 6/2023, de 19 de diciembre, en vigor desde el 20 de marzo de 2024, también modifica este precepto, eliminando, en el apartado tercero, la referencia al artículo 440.5 de la LEC, artículo también modificado por del RD-ley 6/2023.

4.
EL JUICIO VERBAL PARA LA EFECTIVIDAD DE DERECHOS REALES INSCRITOS

Este proceso previsto en el **artículo 250.1.7.º de la LEC** se trata de **un juicio verbal de carácter sumario, basado en la presunción que otorga el principio de legitimación registral del artículo 38 de la Ley Hipotecaria a quien ostente un derecho real inscrito en el registro de la propiedad.**

Nos encontramos ante un **proceso especial sumario** que tiene por **finalidad la efectividad de los derechos inscritos.**

En este proceso **se limitan las causas de oposición,** y, además, otro aspecto que le otorga esta calificación de sumario es la **ausencia de cosa juzgada** de las sentencias que pongan fin al mismo.

Respecto a las causas tasadas de oposición, es el artículo 444.2 el encargado de detallarlas. Este apartado ha sido modificado por el Real Decreto-ley 6/2023, de 19 de diciembre, con entrada en vigor el 20/03/2024, para eliminar el requisito de prestar caución por parte del demandado para poder oponerse a la demanda.

> «Artículo 444. Causas tasadas de oposición.
>
> (...) 2. En los casos del número 7 o del apartado 1 del artículo 250, la oposición del demandado únicamente podrá fundarse en alguna de las causas siguientes:
>
> 1.º Falsedad de la certificación del Registro u omisión en ella de derechos o condiciones inscritas, que desvirtúen la acción ejercitada.
>
> 2.º Poseer el demandado la finca o disfrutar el derecho discutido por contrato u otra cualquier relación jurídica directa con el último titular o con titulares anteriores o en virtud de prescripción, siempre que ésta deba perjudicar al titular inscrito.
>
> 3.º Que la finca o el derecho se encuentren inscritos a favor del demandado y así lo justifique presentando certificación del Registro de la Propiedad acreditativa de la vigencia de la inscripción.
>
> 4.º No ser la finca inscrita la que efectivamente posea el demandado».

La Ley Hipotecaria (LH) en su artículo 38 establece una **presunción** *iuris tantum* **de la existencia de los derechos reales que aparecen inscritos, y se prevé que poseen plena legitimación para la posesión**:

> «A todos los efectos legales se presumirá que los derechos reales inscritos en el Registro existen y pertenecen a su titular en la forma determinada por el asiento respectivo. De igual modo se presumirá que quien tenga inscrito el dominio de los inmuebles o derechos reales tiene la posesión de los mismos.
>
> Como consecuencia de lo dispuesto anteriormente, no podrá ejercitarse ninguna acción contradictoria del dominio de inmuebles o derechos reales inscritos a nombre de persona o entidad determinada, sin que, previamente o a la vez, se entable demanda de nulidad o cancelación de la inscripción correspondiente. La demanda de nulidad habrá de fundarse en las causas que taxativamente expresa esta Ley cuando haya de perjudicar a tercero(...)».

Continúa la LH estableciendo en el artículo 41 un **proceso especial para quienes se vean perturbados de su legítima posesión y tengan su derecho real inscrito**:

> «Las acciones reales procedentes de los derechos inscritos podrán ejercitarse a través del juicio verbal regulado en la Ley de Enjuiciamiento Civil, contra quienes, sin título inscrito, se opongan a aquellos derechos o perturben su ejercicio. Estas acciones, basadas en la legitimación registral que reconoce el artículo 38, exigirán siempre que por certificación del registrador se acredite la vigencia, sin contradicción alguna, del asiento correspondiente».

Por ello, es necesario acudir a la LEC, en el **artículo 250.1.7.º** para encontrar el proceso a seguir para garantizar la efectividad de los derechos reales inscritos, es decir, los trámites del juicio verbal:

> «7.º La que, instadas por los titulares de derechos reales inscritos en el Registro de la Propiedad, demanden la efectividad de esos derechos frente a quienes se opongan a ellos o perturben su ejercicio, sin disponer de título inscrito que legitime la oposición o la perturbación».

En este sentido es interesante el análisis de la **sentencia de la Audiencia Provincial de Salamanca n.º 549/2011, de 23 de diciembre, ECLI:ES:APSA:2011:831**:

> «No existe en la doctrina opinión unánime acerca de la naturaleza de este procedimiento; no obstante sí podemos decir que **se trata de un proceso declarativo especial y sumario que tiene por finalidad la efectividad de las acciones reales que dimanen de los derechos inmobiliarios inscritos, que vienen así dotados de una fuerza ejecutiva provisional**. Indiscutida es la nota de sumariedad, en cuanto que la "cognitio" del tribunal y las posibilidades de defensa están limitadas a los temas que pueden proponerse como causas de oposición (art. 444.2), lo que supone —y es consecuencia de la nota anterior— que la sentencia que se dicte no produce efectos de cosa juzgada (art. 447.3). Mediante este procedimiento ,

el titular según el Registro aspira a que la realidad extrarregistral se acomode a la verdad registral. Se trata, en definitiva, de **dar eficacia procesal a la presunción derivada del art. 38 LH haciendo que el titular registral pueda recuperar la posesión del bien inscrito a su nombre en el Registro frente a actos de hecho perturbadores de terceros, dilucidando en cauce procesal sumario un conflicto entre lo que el Registro publica, es decir, el contenido de la inscripción, y la realidad extrarregistral**.

Es fundamental entender que, dada la fuerza de la legitimación registral, y en la medida en que la inscripción está bajo la salvaguardia de los Tribunales y ha de mantenerse mientras no se pruebe su inexactitud, el poseedor demandado debe vencer aquella fuerza para lograr que esa verdad registral que el ordenamiento jurídico protege especialmente, ceda ante la acreditada posesión legítima del poseedor, que lo es si está respaldada por un título que merece también protección y está dotado de entidad suficiente para neutralizar la presunción legitimadora que el Registro avala. Si en los procesos de protección posesoria –los antiguos interdictos– incumbe proteger la realidad material de la posesión frente a perturbador, en el procedimiento del art. 250-1-7.º LEC (y 41 de la LH) la protección legal se orienta hacia lo que el Registro publica frente al perturbador que carece de título suficiente como para hacer que aquella verdad publicada haya de claudicar, siquiera provisionalmente».

RESOLUCIÓN RELEVANTE

Sentencia de la Audiencia Provincial de Madrid n.º 527/2023, de 13 de diciembre, ECLI:ES:APM:2023:18500

«En la colisión entre la presunción de la titularidad del derecho, que deriva del art. 38 de la LH , y la posesión real y efectiva, que disfruta la persona contra la que se ejercita la acción del art. 41 de la precitada disposición general , salvo que se trate de un poseedor con título o amparado, a su vez, en otra inscripción registral, supuesto de la doble inmatriculación (art. 444.2.2.º y 3.º LEC), prevalece la inscripción sobre el hecho posesorio y, de esta forma, el titular registral podrá instar judicialmente la recuperación de una finca cuya mera tenencia material ostente otra persona, y siempre que no concurran los requisitos para la operatividad de la prescripción adquisitiva, que deba perjudicar al titular inscrito conforme al art. 36 de la LH , que no es el caso que nos ocupa.

En definitiva, el procedimiento del art. 41 de la LH participa de la naturaleza jurídica de los juicios especiales, en tanto en cuanto su específica finalidad radica en dar eficacia al contenido del registro, protegiendo la posición jurídica del titular registral, lo que explica las particularidades que presenta en su tramitación procesal sobre los denominados procesos declarativos ordinarios. Ostenta también las connotaciones propias de los procedimientos sumarios, toda vez que busca satisfacer una tutela rápida a través de su sustanciación por los cauces del juicio verbal (art. 250.1.7.º LEC), se encuentran limitados los medios de defensa de los demandados (art. 444.2 LEC), y, en consecuencia, la cognición judicial, y la sentencia que se dicta carece de la eficacia propia de la cosa juzgada material, quedando siempre abierta la vía del juicio declarativo posterior (art. 447.3 LEC).

El procedimiento comparte igualmente las características propias de la técnica monitoria documental, pues presentada la demanda, con la correspondiente certificación registral (...).

> *(...)*
>
> *Las excepciones susceptibles de ser articuladas en estos juicios especiales y sumarios se encuentran legalmente limitadas a los cuatro motivos de oposición, númerus clausus, establecidos en el art. 444.2 LEC . Cualesquiera otros motivos no podrían esgrimirse en estos procedimientos de cognición judicial limitada, sin perjuicio de su articulación mediante la formulación del correspondiente juicio declarativo.*
>
> *Otro presupuesto, ya advertido, al que se condiciona la oposición del demandado es la necesaria constitución de caución. (...) [requisito eliminado a partir del 20 de marzo de 2023].*
>
> *En definitiva, la presunción de exactitud, derivada del principio de legitimación proclamado por el art. 38 LH , habilita al titular registral para hacerla valer frente a quien perturba o se opone a su derecho inscrito, como es el caso de los demandados, que ocuparon unilateralmente, por las vías de hecho, las viviendas litigiosas, titularidad registral de la entidad demandante.*
>
> *En cualquier caso, se trata de una presunción iuris tantum, en el sentido de que la protección que brinda el registro de la propiedad al titular inscrito cede ante la prueba en contrario de la concurrencia de los motivos de oposición contemplados en el art. 444.2 LEC (sentencia 429/2011, de 9 de junio, que cita, a su vez, la sentencia de 16 de julio de 2001), que no concurren en este caso como posteriormente veremos».*

Requisitos del proceso judicial para la efectividad de derechos reales inscritos

Los requisitos de este tipo de proceso son:

- La **existencia de un derecho inscrito titularidad de la parte actora.**
- Que **se acredite el mismo mediante certificación registral.**
- Que **el asiento esté vigente, sin que exista contradicción.**
- Que **se dirija a quien perturba la posesión legítima.**
- Que **no concurran ninguna de las causas previstas en el art. 444.2 de la LEC.**
- Que **la finca se encuentre perfectamente identificada.**

Por otro lado, en lo que respecta a la posibilidad de que prospere la demanda, el **artículo 439.2 de la LEC** establece los **casos en los que no será admitida:**

- Cuando **no se expresen las medidas que se consideren necesarias** para asegurar la eficacia de la sentencia que recayere.
- Si, salvo renuncia del demandante, que hará constar en la demanda, **no se señalase en ésta la caución** [requisito eliminado desde el 20 de marzo de 2024] que, conforme a lo previsto en el párrafo segundo del apartado 2 del artículo 64, ha de prestar el demandado, para comparecer y contestar.
- Si **no se acompañase a la demanda certificación literal del registro de la propiedad que acredite expresamente la vigencia,** sin contradicción alguna, del asiento que legitima al demandante.

A TENER EN CUENTA. El art. 439 de la LEC ha sido modificado por la Ley 12/2023, de 24 de mayo, por el derecho a la vivienda, en vigor el 26/05/23, añadiendo dos nuevos apartados 6 y 7 en los que se incluyen nuevos requisitos de admisión:

«6. En los casos de los números 1.º, 2.º, 4.º y 7.º del apartado 1 del artículo 250, no se admitirán las demandas, que pretendan la recuperación de la posesión de una finca, en que no se especifique:

a) Si el inmueble objeto de las mismas constituye vivienda habitual de la persona ocupante.

b) Si concurre en la parte demandante la condición de gran tenedora de vivienda, en los términos que establece el artículo 3.k) de la Ley 12/2023, de 24 de mayo, por el derecho a la vivienda. En el caso de indicarse que no se tiene la condición de gran tenedor, a efectos de corroborar tal extremo, se deberá adjuntar a la demanda certificación del Registro de la Propiedad en el que consten la relación de propiedades a nombre de la parte actora.

c) En el caso de que la parte demandante tenga la condición de gran tenedor, si la parte demandada se encuentra o no en situación de vulnerabilidad económica (...)».

Añadiendo el apartado 7 que, si el demandante tiene la condición de gran tenedor, y la vivienda constituye vivienda habitual de la persona ocupante que se encuentre en situación de vulnerabilidad económica, no se admitirán las demandas en las que no se acredite que la parte actora se ha sometido al procedimiento de conciliación o intermediación que a tal efecto establezcan las Administraciones públicas competentes.

RESOLUCIÓN RELEVANTE

Sentencia de la Audiencia Provincial de Madrid n.º 284/2019, de 30 de mayo, ECLI:ES:APM:2019:5281

*«El procedimiento para la efectividad de derechos reales inscritos en el Registro de la Propiedad a que se refiere el artículo 250.1.7.º de la Ley de Enjuiciamiento Civil, en relación con el artículo 41 de la Ley Hipotecaria y artículos 137 y 138 de su Reglamento, queda concebido para que el titular que inscribió en el Registro su dominio o derecho real sobre inmueble que implique posesión, uso o servicio, **obtenga el mismo resultado que hubiera conseguido ejecutando una sentencia a su favor,** en ejercicio de acción reivindicatoria, confesoria u otra real, por la vía ordinaria, debiendo dirigirse su acción contra quien o quienes obstaculicen la posesión o el ejercicio de dominio inscrito, sin derecho que les permitan realizar los hechos perturbadores, exigiéndose como presupuestos fundamentales para la estimación de la acción ejercitada a su amparo la concurrencia de los siguientes presupuestos:*

a).- Que el accionante acredite su legitimación activa dimanante de su designación como titular registral del derecho ejercitado, según certificación, que acredite la vigencia del asiento sin contradicción;

b).- Que la acción ejercitada vaya dirigida contra quien aparezca como probado causante de la perturbación o despojo, y por ello, pasivamente legitimado en el proceso;

c).-Que no concurra ninguna de las causas taxativas señaladas en el artículo 444.2.º de la Ley de Enjuiciamiento Civil, como motivos de oposición; y d).- Que se dé una identidad entre la finca registrada a favor del accionante y aquélla objeto de los denunciados actos perturbadores o expoliadores, contra los que reacciona el titular registral

Asimismo conviene recordar que la actuación de Jueces y Tribunales en esta clase de procesos sumarios al tratar sobre la existencia o no de la causa de oposición que se invoque, no puede desembocar en una declaración de derechos (...)».

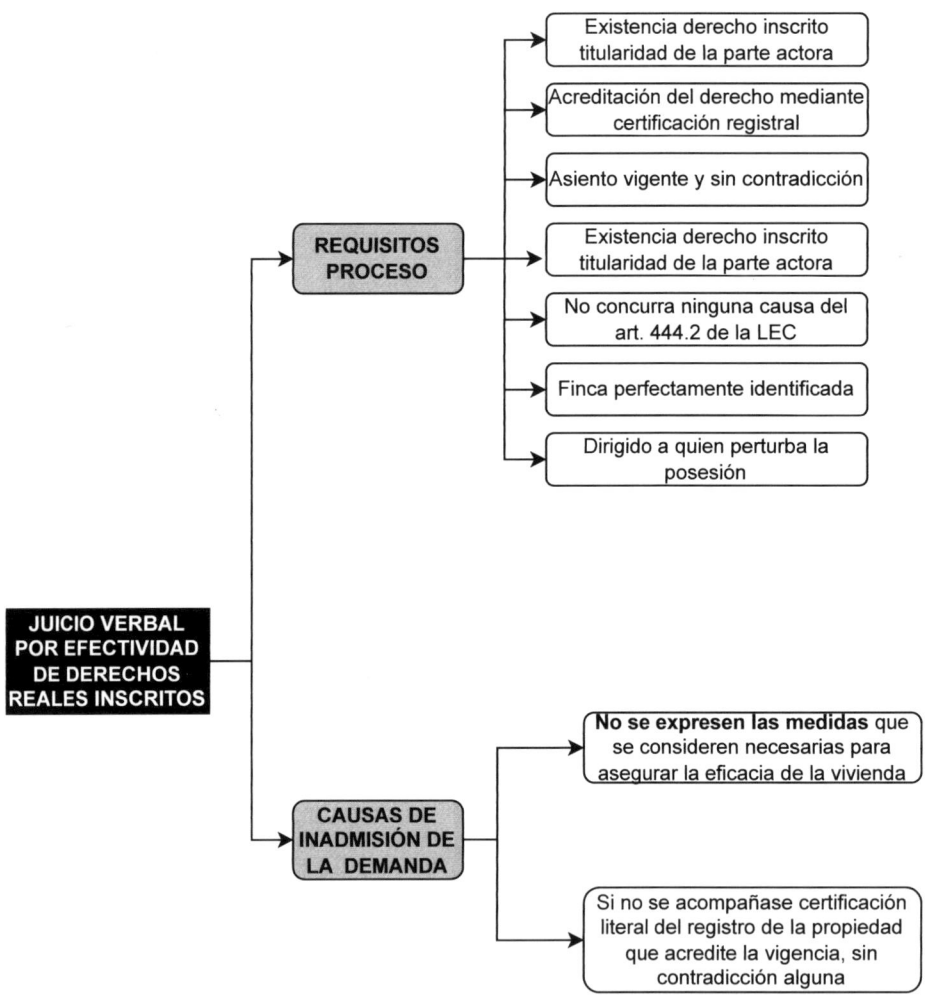

Oposición a la demanda

Admitida a trámite la demanda se advertirá en primer lugar al demandado que en el **caso de no comparecer se procederá a dictar sentencia** acordando todas las actuaciones para garantizar la efectividad del derecho real inscrito.

Las **causas de oposición** vienen tasadas en el **artículo 444.2 de la LEC**, y son:

- La falsedad de la certificación del registro u omisión en ella de derechos o condiciones inscritas, que desvirtúen la acción ejercitada.
- Poseer el demandado la finca o disfrutar el derecho discutido por contrato u otra cualquier relación jurídica directa con el último titular o con titulares anteriores o en virtud de prescripción, siempre que ésta deba perjudicar al titular inscrito.
- Que la finca o el derecho se encuentre inscrito a favor del demandado y así lo justifique presentando certificación del registro de la propiedad acreditativa de la vigencia de la inscripción.
- No ser la finca inscrita la que efectivamente posee el demandado.

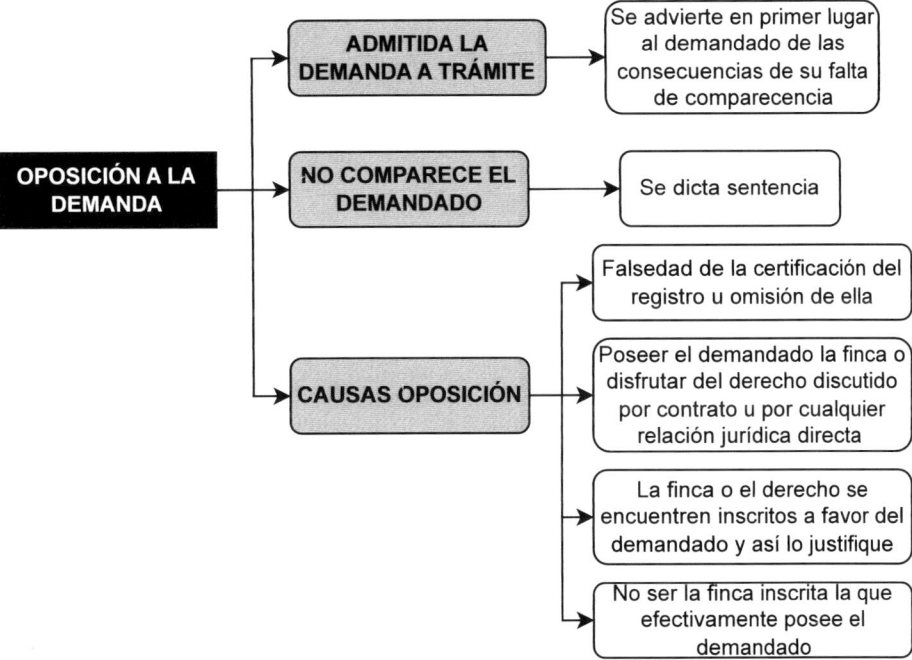

A este respecto, se ha pronunciado la **sentencia de la Audiencia Provincial de Girona n.º 283/2018, de 29 de junio, ECLI:ES:APGI:2018:752**, cuyo fundamento tercero reza como sigue:

> «(...) En los casos del número 7.º del apartado 1 del artículo 250, el demandado sólo podrá oponerse a la demanda si, en su caso, presta la caución [requisito eliminado desde 20 de marzo de 2024] determinada por el tribunal en cualquiera de las formas previstas en el párrafo segundo del apartado 2 del artículo 64 de esta Ley.

La oposición del demandado únicamente podrá fundarse en alguna de las causas siguientes:

1.º Falsedad de la certificación del Registro u omisión en ella de derechos o condiciones inscritas, que desvirtúen la acción ejercitada.

2.º Poseer el demandado la finca o disfrutar el derecho discutido por contrato u otra cualquier relación jurídica directa con el último titular o con titulares anteriores o en virtud de prescripción, siempre que ésta deba perjudicar al titular inscrito.

3.º Que la finca o el derecho se encuentren inscritos a favor del demandado y así lo justifique presentando certificación del Registro de la Propiedad acreditativa de la vigencia de la inscripción.

4.º No ser la finca inscrita la que efectivamente posea el demandado.

Es decir, que la parte demandada que alega la existencia de su derecho, el cual opone al titular del derecho real inscrito, ha de disponer de título inscrito que legitime la oposición o la perturbación, como igualmente establece el art. 250.1. 7.º, sin que el alegado contrato verbal de arrendamiento cubra tal exigencia de derecho inscrito, por lo que debe ser desestimado este motivo del recurso».

El juicio verbal para la efectividad de derechos reales inscritos y su incidencia en los desahucios

Al ser el juicio verbal para la efectividad de los derechos reales inscritos uno de los procedimientos que se regulan en nuestro ordenamiento jurídico para defender, entre otros, el derecho de propiedad puede acudirse a él para lograr el desalojo de quien se encuentra ocupando la vivienda sin título que lo justifique.

Así se recoge, por ejemplo, en la **sentencia de la Audiencia Provincial de Toledo n.º 43/2019, de 15 de febrero, ECLI:ES:APTO:2019:95**, que confirma la sentencia de primera instancia que condenaba a restituir a la demandante en su posesión del inmueble, dejándolo libre, vacuo y expedito y a su entera disposición, cesando en cualquier acto que pueda limitar la efectividad de sus derechos inscritos registralmente, bajo apercibimiento de proceder al lanzamiento, con ayuda de la fuerza pública si fuere preciso, caso de no proceder al desalojo voluntario, todo ello amparándose en que:

«(…) este procedimiento tiene como finalidad que, el titular inscrito del dominio de un inmueble o derecho real que implique posesión, pueda conseguirla con fundamento en el principio de legitimación registral, cuya consecuencia procesal lógica es facilitar a aquél un procedimiento rápido y con causas de oposición tasadas, estando dominada su naturaleza procesal por los principios del proceso de ejecución, mas no de una manera absoluta, pues cabe la oposición de una breve fase cognitoria, que no está destinada a discutir el derecho material inscrito ni a declarar derechos, lo que queda reservado al juicio declarativo correspondiente sin perjuicio que el titular registral , promovente y demandado en contradicción, acuda al juicio ordinario que corresponda para resolver la cuestión de fondo que pueda discutirse sobre la titularidad misma».

En estos casos la Ley de Enjuiciamiento Civil, tras la reforma llevada a cabo por la Ley 12/2023, de 24 de mayo, por el derecho a la vivienda, introduce dos nuevos apartados 6 y 7 en el art. 439, que contienen requisitos para la admisión de las demandas en las que se pretenda la recuperación de una finca, en los siguientes términos:

«6. En los casos de los números 1.º, 2.º, 4.º y 7.º del apartado 1 del artículo 250, no se admitirán las demandas, que pretendan la recuperación de la posesión de una finca, en que no se especifique:

a) Si el inmueble objeto de las mismas constituye **vivienda habitual** de la persona ocupante.

b) Si concurre en la parte demandante la **condición de gran tenedora de vivienda**, en los términos que establece el artículo 3.k) de la Ley 12/2023, de 24 de mayo, por el derecho a la vivienda. En el caso de indicarse que no se tiene la condición de gran tenedor, a efectos de corroborar tal extremo, se deberá adjuntar a la demanda certificación del Registro de la Propiedad en el que consten la relación de propiedades a nombre de la parte actora.

c) En el caso de que la parte demandante tenga la condición de gran tenedor, si la parte demandada se encuentra o no en **situación de vulnerabilidad económica**(...)».

«7. En los casos de los números 1.º, 2.º, 4.º y 7.º del apartado 1 del artículo 250, en el caso de que la parte actora tenga la condición de gran tenedora en los términos previstos por el apartado anterior, el inmueble objeto de demanda constituya vivienda habitual de la persona ocupante y la misma se encuentre en situación de vulnerabilidad económica conforme lo previsto igualmente en el apartado anterior, no se admitirán las demandas en las que no se acredite que la parte actora se ha sometido al **procedimiento de conciliación o intermediación** que a tal efecto establezcan las Administraciones Públicas competentes, en base al análisis de las circunstancias de ambas partes y de las posibles ayudas y subvenciones existentes en materia de vivienda conforme a lo dispuesto en la legislación y normativa autonómica en materia de vivienda (...)».

CUESTIÓN

¿Puede recurrirse una sentencia que desestime la acción del art. 250.1.7.º por no haberse seguido la tramitación correspondiente, sino la del desahucio por precario?

La sentencia de la Audiencia Provincial de Baleares n.º 149/2017, de 16 de mayo, ECLI:ES:APIB:2017:817, nos da la respuesta a esta cuestión, ya que en un supuesto en el que se presentó una demanda en la que se pretende la tutela de los derechos reales inscritos, en el decreto de admisión se comete un error y se dice que se ha presentado demanda sobre juicio verbal de desahucio por precario, siguiéndose a partir de aquí los trámites de este último. A la hora de dictar sentencia, la juzgadora se da cuenta de que la acción ejercitada es la del art. 250.1.7.º de la LEC, y desestima la misma por no haberse cumplido el requisito de acompañar certificación literal del registro de la propiedad que acredite expresamente la vigencia, entendiendo que si bien la falta del mencionado requisito debió haber causado la inadmisión de la demanda, al momento de dictar sentencia ocasiona la desestimación. La parte actora presenta recurso que la audiencia desestima considerando que «(...) pese a la calificación errónea de la acción ejercitada por parte del Letrado de la Administración de Justicia, **la parte actora se aquietó a ella y a la tramitación subsiguiente por lo que no puede, ahora y en esta alzada, alegar la falta de tutela judicial para instar la subsanación de la defectuosa interposición de la demanda** pues, sabido es, y así lo ha venido recordando este Tribunal con reiteración, que no puede sostener una alegación constitucional de indefensión quien, con su propio comportamiento omisivo o falta de diligencia, es el causante de la limitación de los medios de defensa en que haya podido incurrir (SSTC 11-3 , 13-5 y 17-6-1987 , 23 y 28-10-1986 , 12-2 y 8-7-1987 , entre otras muchas)».

5.
LA NUEVA TUTELA SUMARIA DE LA POSESIÓN DE VIVIENDA

La reforma realizada por **la Ley 5/2018, de 11 de junio, de modificación de la Ley 1/2000, de 7 de enero, de Enjuiciamiento Civil, en relación a la ocupación ilegal de viviendas** ha recaído sobre la recuperación de la posesión mediante los cauces de la jurisdicción civil, pretendiendo, por lo tanto, dotar al procedimiento de tutela sumaria de unos mecanismos mucho más ágiles para la recuperación del derecho de los titulares.

Esta reforma trata de aportar una mayor sumariedad al juicio verbal de tutela de la posesión, anticipándose a la problemática habitual de la sucesión de ocupantes distintos en la vivienda, y prevé expresamente la posibilidad de interponer la demanda frente a ocupantes desconocidos. Reconoce, además, la eficacia de resolución judicial condenatoria de entrega de la posesión frente a todo ocupante de la vivienda, aunque no hubiera sido parte en el proceso declarativo.

Con esta nueva ley se ha procedido a la reforma de los artículos 150, 250.1, 437 apartado 3 bis, 441 apartado 1 bis y 444 apartado 1 bis de la LEC.

Asimismo, esta norma no introdujo un nuevo procedimiento en la LEC, si no que su finalidad fue la **reforma del interdicto de recobrar la posesión, denominado proceso de tutela sumaria de la posesión**, creando una submodalidad del mismo, regulándolo en el **art. 250.1.4.º de la LEC**:

> «1. Se decidirán en juicio verbal, cualquiera que sea su cuantía, las demandas siguientes:
>
> (...)
>
> 4.º Las que pretendan la tutela sumaria de la tenencia o de la posesión de una cosa o derecho por quien haya sido despojado de ellas o perturbado en su disfrute.
>
> Podrán pedir la inmediata recuperación de la plena posesión de una vivienda o parte de ella, siempre que se hayan visto privados de ella sin su consentimiento, la persona física que sea propietaria o poseedora legítima por otro título, las entidades sin ánimo de lucro con derecho a poseerla y las entidades públicas propietarias o poseedoras legítimas de vivienda social».

Las **principales novedades de esta reforma procesal son**:

- El **desalojo cautelar** de los ocupantes de la vivienda.
- Posibilidad de **presentación de la demanda contra** ocupantes de **identidad desconocida**.
- Posibilidad de **notificación a los ocupantes, pese a desconocer su identidad**.
- En el caso de **no aportar el título jurídico que legitime la ocupación en el plazo de 5 días, se ordenará mediante auto la inmediata entrega de la posesión de la vivienda al demandante**.
- El traslado de la demanda a los **servicios sociales** para evitar situaciones de exclusión social.

5.1. La vivienda como derecho social. La problemática de la ocupación

El derecho a la propiedad privada se encuentra regulado en nuestro ordenamiento jurídico en el artículo 348 del CC que recoge una protección esencial de este derecho. **Aparece consagrado además en el artículo 33 de la Constitución Española** como un derecho fundamental.

Por su parte, el derecho a la vivienda se encuentra regulado en el artículo 47 de la Constitución Española. Resulta destacable, que al contrario de lo que ocurre con el derecho a la propiedad privada, el derecho a la vivienda no aparece configurado en nuestra Constitución como un derecho fundamental, si bien en el ámbito internacional se ha incorporado a los derechos humanos como un componente esencial de los derechos fundamentales de la persona, proclamado en el art. 25 de la DUDH.

Por lo tanto, en el momento en el que un individuo adquiere la propiedad sobre un bien, de acuerdo con lo dispuesto en el **artículo 609 del CC**, adquiere un derecho absoluto de propiedad con los únicos límites que los establecidos en la ley.

Categorización del movimiento «okupa»

En primer lugar, es importante conocer, si en el caso de las personas que ocupan viviendas, tienen la posesión civil a los efectos de poder usucapir la propiedad de las mismas.

El **artículo 446 del CC no solamente protege la posesión de justo título** *(ius possidendi)*, sino también el mero ius possessionis. Se trata, por lo tanto, de una protección que realiza el ordenamiento jurídico a cualquiera de los poseedores, pese a que estos sean los conocidos «okupas», sin que sea posible, por lo tanto, la recuperación de la posesión por vías diferentes a las legalmente establecidas, pese a que no ostenten ningún título jurídico que les legitime.

CUESTIÓN

¿Qué establece el art. 446 del Código Civil?

El art. 446 del CC dispone que: «Todo poseedor tiene derecho a ser respetado en su posesión; y, si fuere inquietado en ella, deberá ser amparado o restituido en dicha posesión por los medios que las leyes de procedimiento establecen».

JURISPRUDENCIA

Sentencia del Tribunal Supremo n. 1428/2023, de 17 de octubre, ECLI:ES:TS:2023:4233.

«En consecuencia, la pacífica convivencia, que el Derecho garantiza, requiere un deber general de abstención impuesto a todos los ciudadanos a los efectos de que el hecho posesorio sea respetado, así como la atribución de una serie de acciones con tal finalidad. A ellas, se refiere el art. 446 del CC cuando norma que "[...] todo poseedor tiene derecho a ser respetado en su posesión, y si fuese inquietado en ella deberá ser amparado o restituido en dicha posesión por los medios que las leyes establecen".

La protección jurídica de la posesión se dispensó tradicionalmente a través de las acciones interdictales. Expresión de raigambre y tradición histórica en nuestro Derecho, que se elimina, no obstante, en la nueva LEC 1/2000, con el argumento de constituir una expresión "obsoleta y difícil de comprender, ligada a usos forenses", para sustituirla por la de "tutela sumaria de la posesión".

"Como es sabido, el objeto de tal clase de acciones se limita a la discusión del hecho posesorio (ius possesionis) y no sobre el mejor derecho a la posesión (ius possidendi), materia ésta última ajena a la sumariedad propia de los procedimientos posesorios. Se ha dicho, con razón, que en ellos se trata de salvaguardar la "paz jurídica", con la finalidad de impedir que los ciudadanos se tomen la justicia por su mano en vez de acudir a los órganos jurisdiccionales; mientras que el juicio declarativo ulterior se encamina a la consecución de la "paz justa", resolviendo, de forma plenaria y definitiva, a quien corresponde el derecho controvertido».

‖ El okupa social

El okupa social responde a una necesidad por motivos económicos y reales de una vivienda. Esta situación de exclusión reconocida en el preámbulo de la Ley 5/2018, de 11 de junio provoca que muchas familias, en situaciones críticas, recurran a la ocupación de viviendas para tener un lugar en el que poder vivir.

Sin embargo, y sin perjuicio de razones de carácter humanitario, no puede reconocerse dicha actitud como lícita, toda vez que el Estado de Derecho no puede configurarse mediante la ocupación de viviendas ajenas sin título jurídico que las legitime, en detrimento de los derechos de posesión sobre viviendas que ostentan otras familias, o bien de viviendas vacías de protección oficial pendientes de adjudicación. Es necesario, por lo tanto, que, pese a que estas situaciones son más entendibles y posiblemente justificadas por un estado de necesidad, se regule de una manera efectiva la desocupación de las mismas y se introduzcan nuevas medidas económicas y sociales que protejan a estas familias.

‖ El okupa político

El okupa político es lo que popularmente se conoce como «okupa», con «K». Se trata de un movimiento sociocultural por el que las personas partícipes toman posesión de viviendas vacías, con el objetivo de realizar una crítica y una protesta acerca de la política urbanística y de vivienda y del modelo económico capitalista.

Se trata de una ocupación cuyo objetivo es político, es poner de relieve su posicionamiento en contra de un sistema capitalista, manifestando de forma clara su ideología y empleando estas prácticas ilícitas de ocupación ilegítima de viviendas para difundirla.

‖ El okupa delictivo

Es una figura que se ha incrementado en número en los últimos años de una manera exponencial. Las mafias han aprovechado las lagunas de nuestro ordenamiento jurídico para establecerse en inmuebles que ocupan y desarrollar en ellos sus actividades delictivas. Piénsese como actividades ilegales tanto los «narco pisos», destinados a la venta de droga, como también inmuebles ocupados por mafias con el fin de proceder a su arrendamiento a terceros.

Se trata de una problemática muy extendida, fundamentalmente en las grandes ciudades españolas, donde las comunidades de propietarios tienen que soportar las idas y venidas de, muchas veces, gente peligrosa y conflictiva dentro del edificio.

No se ha procedido en el contenido de la Ley 5/2018, de 11 de junio, a distinguir el movimiento sociocultural «okupa» de las organizaciones delictivas, a pesar de las referencias que se hacen en el preámbulo de la ley relativas a estas últimas. En su virtud, entendemos que este nuevo instrumento procesal también podrá ejercitarse frente al «okupa», siempre y cuando se den las premisas jurídicas para ello.

5.2. La reforma procesal de la Ley 5/2018, de 11 de junio: la nueva tutela sumaria de la posesión de viviendas

Jurisdicción penal

En el ámbito del derecho penal la ocupación de un inmueble de pertenencia ajena contra la voluntad de su titular se encuentra tipificada en el **artículo 245 del CP, dentro del delito de usurpación**:

> «1. Al que con violencia o intimidación en las personas ocupare una cosa inmueble o usurpar un derecho real inmobiliario de pertenencia ajena, se le impondrá además de las penas en que incurriere por las violencias ejercidas, la pena de prisión de uno a dos años, que se fijará teniendo en cuenta la utilidad obtenida y el daño causado.

2. El que ocupare, sin autorización debida, un inmueble vivienda o edificio ajenos que no constituyan morada, o se mantuviere en ellos contra la voluntad de su titular, será castigado con la pena de multa de tres a seis meses».

El bien jurídico protegido en este delito, perteneciente a la modalidad de delitos patrimoniales que tutelan específicamente los derechos reales sobre bienes inmuebles, es el patrimonio inmobiliario y como delito patrimonial, requiere que se ocasione un perjuicio al titular del patrimonio afectado.

Como vemos, existen dos modalidades de ejecución de este delito, la violenta o con intimidación, prevista en el apartado primero de este artículo y, por otro lado, la usurpación pacífica, recogida en el apartado segundo.

Como expuso nuestro Alto Tribunal en la **sentencia n.º 800/2014, de 12 de noviembre, ECLI:ES:TS:2014:5169**, la modalidad delictiva específica **de ocupación pacífica de inmuebles** requiere para su comisión los siguientes elementos:

«Los delitos de usurpación, tipificados en el Capítulo V del Título XIII del Código Penal de 1995, constituyen una modalidad de delitos patrimoniales que tutelan específicamente los derechos reales sobre bienes inmuebles. En ellos el bien jurídico protegido es el patrimonio inmobiliario, y como delitos patrimoniales la lesión del bien jurídico requiere que se ocasione un perjuicio al titular del patrimonio afectado, que es el sujeto pasivo del delito. La modalidad delictiva específica de ocupación pacífica de inmuebles, introducida por el Código Penal de 1995 en el número 2.º del artículo 245 , requiere para su comisión los siguientes elementos: a) La ocupación, sin violencia o intimidación, de un inmueble, vivienda o edificio que en ese momento no constituya morada de alguna persona, realizada con cierta vocación de permanencia. b) Que esta perturbación posesoria puede ser calificada penalmente como ocupación, ya que la interpretación de la acción típica debe realizarse desde la perspectiva del bien jurídico protegido y del principio de proporcionalidad que informa el sistema penal (Art 49 3.º de la Carta de Derechos Fundamentales de la Unión Europea). c) Que el realizador de la ocupación carezca de título jurídico que legitime esa posesión, pues en el caso de que hubiera sido autorizado para ocupar el inmueble, aunque fuese temporalmente o en calidad de precarista, la acción no debe reputarse como delictiva, y el titular deberá acudir al ejercicio de las acciones civiles procedentes para recuperar su posesión. d) Que conste la voluntad contraria a tolerar la ocupación por parte del titular del inmueble, bien antes de producirse, bien después, lo que especifica este artículo al contemplar el mantenimiento en el edificio 'contra la voluntad de su titular', voluntad que deberá ser expresa. e) Que concurra dolo en el autor, que abarca el conocimiento de la ajenidad del inmueble y de la ausencia de autorización, unido a la voluntad de afectar al bien jurídico tutelado por el delito, es decir la efectiva perturbación de la posesión del titular de la finca ocupada».

El preámbulo de la Ley 5/2018, de 11 de junio, reconoce buscar respuestas ágiles y eficaces sin tener que recurrir a las acciones penales, y esto se debe a que las personas que se veían despojadas de la posesión de su vivienda acudían, en la creencia de que sería mucho más ágil, a la vía penal para encontrar una solución, sin embargo, no se buscaba con la mayoría de estas demandas un reproche penal, sino simplemente la restitución rápida y efectiva de la posesión.

Pero este tipo de procesos lo que ha provocado ha sido un gran colapso de la justicia penal, ya que las instrucciones de este tipo de delitos se dilatan debido al intento desesperado de averiguación de la identidad del autor, y en muchos casos se sobreseen ante la imposibilidad de la identificación. Muchos de estos delitos, además, una vez llegan a juicio se absuelven por estado de necesidad o bien por el principio de intervención mínima del derecho penal.

De hecho, esta ineficacia manifiesta de la jurisdicción penal es uno de los motivos que dio lugar a la reforma legal para recobrar la posesión de las viviendas ocupadas ilícitamente.

A TENER EN CUENTA. En septiembre de 2020, se publicaba la **Instrucción 1/2020, de 15 de septiembre, de la Fiscalía General del Estado, sobre criterios de actuación para la solicitud de medidas cautelares en los delitos de allanamiento de morada y usurpación de bienes inmuebles.** Desde la Fiscalía General del Estado (FGE) se insta a través de la misma a solicitar durante la instrucción de la causa como medida cautelar, «el desalojo de los ilícitos ocupantes» de forma inmediata, evitando que la situación se alargue durante todo el procedimiento. Tiene por objeto que los y las fiscales refuercen su intervención en defensa de los derechos de las víctimas y los/las perjudicados/as por estos delitos, recurriendo con la mayor inmediatez a las herramientas legales disponibles en nuestro ordenamiento jurídico, capaces de restablecer el legítimo derecho del/de la denunciante y evitar la persistencia en el tiempo de la conducta delictiva en tanto se tramita el correspondiente procedimiento.

Jurisdicción civil

Los procesos civiles posesorios tampoco se han demostrado rápidos y eficaces a la hora de conseguir la recuperación de la vivienda ocupada de manera ilegal.

La reforma ahora ha recaído sobre la recuperación de la posesión mediante los cauces de la jurisdicción civil, **pretendiendo por lo tanto dotar al proceso de tutela sumaria de unos mecanismos mucho más ágiles para la recuperación del derecho de los titulares.** Acerca de esta modificación y su desarrollo y problemática trataremos en los siguientes epígrafes.

Antecedentes y tramitación parlamentaria

La reforma operada por la Ley 5/2018, de 11 de junio, en relación con la ocupación de las viviendas ha supuesto una gran reforma del juicio verbal de tutela sumaria de la tenencia o la posesión, conocido como **interdicto de recobrar la posesión.** Se trata de un juicio sumario previsto en el **artículo**

250.1.4.° de la LEC y que actúa en aras de proteger la posesión conforme a lo exigido en el **artículo 446 del CC.**

Las modificaciones introducidas por esta ley fueron las siguientes:

- **La demanda se podrá dirigir genéricamente contra los ignorados ocupantes**: no es necesario a partir de la reforma que se identifique a los ocupantes del inmueble. La notificación se realizará a la persona o personas que se encuentren en el inmueble.

- **Incidente cautelar**: con la demanda se deberá acompañar el título sobre el que se basa el derecho de poseer y una vez admitida la demanda a trámite se requiere a los ocupantes del inmueble para que en el plazo de cinco días desde la notificación de la demanda aporten título que justifique su situación posesoria. Y en el caso que no se aportase justificación suficiente, el tribunal ordenará mediante auto la inmediata entrega de la posesión de la vivienda del demandante, siempre que el título que se hubiere acompañado a la demanda fuere bastante para la acreditación de su derecho a poseer.

- **El auto que acuerde el lanzamiento será comunicado a los servicios públicos competentes en materia de política** social por si procediera su actuación, siempre que se hubiera otorgado su consentimiento por los interesados.

La problemática de la nueva regulación

Como hemos analizado, la reforma operada por la Ley 5/2018, de 11 de junio introduce una especialidad en el interdicto de recobro de la posesión, regulado en el **artículo 250.1.4.° LEC**, con el objetivo de adecuarse a la problemática de la ocupación ilegal de viviendas.

Por lo tanto, frente a la ocupación ilegal **se prevé una especialidad del proceso de recuperación de la posesión en la que se pretende también la tutela sumaria de la tenencia o posesión**, con un incidente que garantice la efectividad de la sentencia futura. «Si el demandado o demandados no contestaran a la demanda en el plazo legalmente previsto, se procederá de inmediato a dictar sentencia. La oposición del demandado podrá fundarse exclusivamente en la existencia de título suficiente frente al actor para poseer la vivienda o en la falta de título por parte del actor. La sentencia estimatoria de la pretensión permitirá su ejecución, previa solicitud del demandante, sin necesidad de que transcurra el plazo de veinte días previsto en el artículo 548 (art. 444.1 bis LEC)». **(Sentencia de la Audiencia Provincial de Barcelona n.° 253/2020, de 29 de octubre, ECLI:ES:APB:2020:11418).**

Se introduce, además, con la disposición adicional, una coordinación y cooperación entre las distintas entidades públicas para evitar situaciones de exclusión residencial y adoptar medidas más ágiles en el caso de que situaciones de especial vulnerabilidad.

Se recoge la creación de registros en el ámbito de las comunidades autónomas que incorporen datos sobre viviendas disponibles para atender a estas familias en riesgo de exclusión social.

¿Tienen legitimación activa las comunidades de propietarios?

El nuevo redactado del **art. 250.1.4.º de la LEC** prevé que pueden beneficiarse de esta **nueva modalidad de acción posesoria las personas físicas, la administración pública, y las entidades sin ánimo de lucro**.

Es una limitación subjetiva de la ley que, tal como quedó patente, en su tramitación parlamentaria y en su preámbulo, tiene como finalidad evitar que las empresas puedan utilizar esta herramienta procesal más expeditiva.

Debemos plantearnos si las comunidades de propietarios tienen legitimación activa para interponer esta nueva modalidad de acción posesoria cuando se ocupa la vivienda portería de un inmueble dividido en propiedad horizontal.

El art. 6.5.º de la LEC reconoce capacidad para ser parte en un procedimiento a las **entidades sin personalidad jurídica** a las que la ley reconozca dicha capacidad, debiendo actuar representadas en su caso por la persona a quien la ley atribuya en cada caso su facultad de representación ex art. 7.6 de la LEC.

La **Ley 49/1960, de 21 de julio, de Propiedad Horizontal reconoce la capacidad procesal de las comunidades de propietarios** a lo largo de todo su articulado: para el ejercicio de acciones comunitarias como la de cesación del art. 7.2, la acción de impugnación de acuerdos comunitarios del art. 18, o la del juicio monitorio de reclamación de dudas comunitarios del art. 21. A mayor abundamiento, el art. 13.3 de esta ley especial reconoce al presidente de la comunidad la facultad de representación de la comunidad de propietarios en juicio y fuera de él.

No obstante, debemos tener en cuenta, como ya hemos avanzado anteriormente, que la Ley 5/2018 que regula esta nueva modalidad de acción posesoria establece de forma expresa quienes son los legitimados activamente para ejercitar esta acción, entre los que no se encuentran las comunidades de propietarios. Así pues, si hacemos una **interpretación literal de la nueva redacción del art. 250.1.4.º de la LEC, debemos tener por excluidas a las comunidades de propietarios** entre los sujetos legitimados para el ejercicio de esta acción judicial; más aún si tenemos en cuenta la exigencia del citado art. 6.5.º de la LEC aplicable a las comunidades de propietarios de que dicha legitimación venga reconocida de forma expresa en la ley.

Si atendemos a los antecedentes legislativos y a la realidad social del momento en tanto que criterios hermenéuticos de la norma jurídica a tener en cuenta (art. 3.1 del Código Civil), y revisamos la tramitación parlamentaria de esta ley, y su preámbulo, podemos apreciar que la voluntad del legislador al establecer esta limitación subjetiva de la norma fue la de excluir a las personas jurídicas para evitar que las empresas pudieran beneficiarse de esta herramienta procesal privilegiada, siendo esta limitación legal objeto de severas críticas por la doctrina.

Si bien las comunidades de propietarios no son personas jurídicas, en tanto que no tienen personalidad jurídica, pueden estar constituidas por comuneros que sean personas jurídicas, por lo que de la voluntad manifiesta del legislador de excluir a las personas jurídicas del ámbito subjetivo de esta Ley, no debería reconocerse legitimación activa a las comunidades de propietarios cuando estén integradas en su totalidad por personas jurídicas; sin perjuicio de que pueda acogerse a la modalidad genérica del interdicto de recobro de la posesión, en la que no existe limitación subjetiva alguna, y respecto de la cual la jurisprudencia ha venido reconociendo de forma pacífica la legitimación activa de las comunidades de propietarios (**SAP Pontevedra n.º 653/2008, de 2 de diciembre, ECLI:ES:APPO:2008:3401; SAP de Tenerife, n.º 262/2017, de 8 de junio, ECLI:ES:APTF:2017:826; y SAP Alicante n.º 154/2016, de 15 de junio, ECLI:ES:APA:2016:1914**).

Por el contrario, **si la comunidad de propietarios está integrada por comuneros que son personas físicas, creemos que sí debería reconocerse legitimación activa** a la comunidad de propietarios para interponer esta nueva modalidad de interdicto de recobro de la posesión de la vivienda ocupada de forma ilícita. Más aún, si tenemos en cuenta que, conforme a la doctrina del Tribunal Supremo respecto del ejercicio de acciones en comunidades de bienes (**SSTS, rec. 1626/1993, de 4 de junio de 1997, ECLI:ES:TS:1997:3953; STS n.º 448/2012, de 13 de julio, ECLI:ES:TS:2012:5288**), que estimamos aplicable al presente caso, todo comunero puede interponer por sí solo una acción comunitaria en beneficio del resto de comuneros cuando sea presumiblemente beneficiosa para los intereses de la comunidad, salvo que constara la oposición expresa de alguno de ellos.

Consecuencias de la insuficiencia de título aportado por la actora

Tal y como reza el preámbulo de la Ley 5/2018, de 11 de junio, no estamos ante un nuevo proceso de juicio verbal especial ad hoc sino ante una actualización del interdicto de recobro de la posesión previsto en el **artículo 250.1.4.º de la LEC**.

Uno de los requisitos de legitimación activa en esta nueva modalidad de interdicto es que el poseedor que reclama la vivienda despojada debe ser «propietario o poseedor legítimo por otro título» sobre la vivienda ocupada conforme a la nueva redacción del artículo 250.1.4.º de la LEC.

Se exige que el demandante ostente ius possiendi sobre la cosa, no siendo suficiente que se ostente el ius possessionis, a diferencia del régimen general del tradicional interdicto de recobro de la posesión, que sí protege al mero detentador o poseedor de hecho con fundamento en el **artículo 446 del CC**.

El nuevo artículo 437.3 bis de la LEC establece como requisito de procedibilidad de la demanda la obligación de acompañar a la demanda el título jurídico en que el actor funde su derecho de poseer. En consecuencia, y conforme a lo dispuesto en el artículo 403 de la LEC, el juzgado de oficio deberá inadmitir la demanda si no se aporta título alguno con el escrito de demanda.

Si se cumple con dicho requisito de procedibilidad, pero el juez considera que el título es insuficiente, dictará auto desestimatorio de la petición de entrega inmediata de la posesión.

La duda que se suscita es si este auto pone fin al proceso o solamente al incidente de desalojo inmediato y el juicio verbal prosigue, con la celebración del juicio si hay oposición a la demandada en los diez días que marca la ley, y cualquiera de las partes lo solicita, o el juez lo estima necesario. Y con sentencia sobre el fondo, si la parte actora ha demostrado el hecho de la posesión y del despojo.

Entendemos que en este caso este proceso sumario posesorio ha de desarrollarse y resolverse como cualquier otro de la misma clase, bastando para obtener la protección interdictal con pronunciamiento de sentencia condenatoria acreditar el hecho posesorio porque así lo dice tanto el artículo 446 del CC como el artículo 250.1.4.º párrafo primero de la LEC, que sigue vigente.

Asimismo, razones de economía procesal también aconsejan esta solución.

‖ Necesidad de abogado y procurador

El legislador de la **Ley 5/2018, de 11 de junio**, en relación a la ocupación ilegal, prevé en el **artículo 150.4 de la LEC** la obligación del juzgado de dar traslado a las Administraciones públicas competentes en materia de en materia de vivienda, asistencia social, evaluación e información de situaciones de necesidad social y atención inmediata a personas en situación o riesgo de exclusión social, de toda resolución judicial que contenga fijación de fecha de lanzamiento por si procediera su actuación. Este precepto es aplicable a todo tipo de procesos, también pues a los procesos de desahucio arrendaticios y a los procesos de ejecución hipotecaria.

> **A TENER EN CUENTA.** El art. 150.4 de la LEC ha sido modificado por la Ley 12/2023, de 24 de mayo, por el derecho a la vivienda, con entrada en vigor el 26 de mayo de 2023.

El legislador no ha previsto ninguna excepción respecto de la obligación de postulación procesal que prevé el **artículo 23 de la LEC** para este proceso de especial, por lo que debemos entender que ambas partes tienen la obligación de comparecer en este procedimiento representadas de abogado y procurador, al no encontrarnos en ninguna de las excepciones legales del art. 23.2 y 31.2 de la LEC.

Problemática del lanzamiento

El nuevo **artículo 441.5 de la LEC** establece que:

> «En los casos de los números 1.º, 2.º, 4.º y 7.º del apartado 1 del artículo 250, siempre que el inmueble objeto de la controversia constituya la vivienda habitual de la parte demandada, se informará a esta, en el decreto de admisión a trámite de la demanda, de la posibilidad de acudir a las Administraciones Públicas autonómicas y locales competentes en materia de vivienda, asistencia social, evaluación e información de situaciones de necesidad social y atención inmediata a personas en situación o riesgo de exclusión social. La información deberá comprender los datos exactos de identificación de dichas Administraciones y el modo de tomar contacto

con ellas, a efectos de que puedan apreciar la posible situación de vulnerabilidad de la parte demandada.

Sin perjuicio de lo dispuesto en el párrafo anterior, se comunicará inmediatamente y de oficio por el Juzgado la existencia del procedimiento a las Administraciones autonómicas y locales competentes en materia de vivienda, asistencia social, evaluación e información de situaciones de necesidad social y atención inmediata a personas en situación o riesgo de exclusión social, a fin de que puedan verificar la situación de vulnerabilidad y, de existir esta, presentar al Juzgado propuesta de alternativa de vivienda digna en alquiler social a proporcionar por la Administración competente para ello y propuesta de medidas de atención inmediata a adoptar igualmente por la Administración competente, así como de las posibles ayudas económicas y subvenciones de las que pueda ser beneficiaria la parte demandada.

En caso de que estas Administraciones Públicas confirmasen que el hogar afectado se encuentra en situación de vulnerabilidad económica y, en su caso, social, se notificará al órgano judicial a la mayor brevedad y en todo caso en el plazo máximo de diez días.

En los casos previstos por los apartados 6 y 7 del artículo 439, cuando la parte actora sea una gran tenedora de vivienda y hubiera presentado junto con la demanda documento acreditativo de la vulnerabilidad de la parte demandada, en el oficio a las Administraciones públicas competentes se hará constar esta circunstancia a efectos de que efectúen directamente, en el mismo plazo, la propuesta de medidas de atención inmediata a adoptar, así como de las posibles ayudas económicas y subvenciones de las que pueda ser beneficiaria la parte demandada y las causas, que, en su caso, han impedido su aplicación con anterioridad.

Recibida dicha comunicación o transcurrido el plazo, el letrado o letrada de la Administración de Justicia dará traslado a las partes para que en el plazo de cinco días puedan instar lo que a su derecho convenga, procediendo a suspender la fecha prevista para la celebración de la vista o para el lanzamiento, de ser necesaria tal suspensión por la inmediatez de las fechas».

Respecto de si debe otorgarse al ocupante condenado a entregar la vivienda el plazo del mes, y de hasta dos meses cuando exista motivo fundado, que prevé el **artículo 704.1 de la LEC**, existen dudas sobre la aplicabilidad de este precepto a este proceso especial, ya que es discutible que pueda considerarse la vivienda ocupada como «vivienda habitual» del demandado, conforme exige el precepto legal.

> **A TENER EN CUENTA.** Los arts. 441.5 y 704.1 de la LEC han sido modificados por la Ley 12/2023, de 24 de mayo, por el derecho a la vivienda con entrada en vigor el 26 de mayo de 2023.

Al efecto, debemos tener en cuenta que el concepto de vivienda habitual no depende de si la ocupación en la vivienda es lícita o ilícita, de buena fe o mala fe, sino del destino que el ocupante le da a la vivienda, esto es, si la vivienda ocupada constituye la morada del ocupante. Por el contrario, sí que será un elemento primordial a tener cuenta, la duración temporal de la ocupación, especialmente en aquellos casos en que ha transcurrido muy poco tiempo desde el acto de despojo. Habrá que estar pues al caso concreto.

RESOLUCIÓN RELEVANTE

Sentencia de la Audiencia Provincial de Barcelona n.º 632/2023, de 23 de octubre, ECLI:ES:APB:2023:10999

«Por la parte apelante se señala que la sentencia apelada no ha atendido al deber de comunicación a los servicios sociales y la necesidad de suspender el procedimiento que se contiene en el art. 441.5 LEC, pese a que la sentencia reconoce la situación de vulnerabilidad de la apelante si bien la conclusión a la que se llega es la de entender que ello debe comportar, no una suspensión del procedimiento, sino del lanzamiento.

En relación a este motivo de apelación cabe señalar que la regulación del art. 441.5 LEC vigente al tiempo de la iniciación del presente procedimiento únicamente preveía una posibilidad de suspensión (y con una duración máxima de tres meses en el caso de ser la parte actora una persona jurídica como aquí sucede), respecto de los juicios verbales previstos en el número 1.º del art. 250.1 LEC (desahucios por falta de pago o expiración de plazo con posible acumulación de acción de reclamación de rentas).

La posibilidad de suspensión en procedimientos como el aquí contemplado (de tutela de derecho real inscrito) y hasta la adopción de las medidas de atención necesarias en caso de ser la parte actora un gran tenedor fue introducida por la Ley 12/2023 de 24 de mayo que nada prevé en cuanto a la operativa de lo en ella previsto respecto de los procedimientos en trámite como el aquí contemplado.

De hecho, lo que sí se contempla en esta Ley 12/2023 son los efectos del régimen de suspensión de procedimientos y lanzamientos contenido en los arts. 1 y 1 bis del Real Decreto-ley 11/2020, de 31 de marzo, por el que se adoptan medidas urgentes complementarias en el ámbito social y económico para hacer frente al Covid-19 al establecer la forma como los mismos se pueden reanudar.

Es por ello que el régimen de suspensión operativo es el que se contiene en el Real Decreto Ley 11/2020 que permite la suspensión hasta el 31 de diciembre de 2023 de los lanzamientos para personas económicamente vulnerables sin alternativa habitacional en los supuestos de los apartados 2.º, 4.º y 7.º del artículo 250.1 de la Ley 1/2000, de 7 de enero, de Enjuiciamiento Civil, y en aquellos otros en los que el desahucio traiga causa de un procedimiento penal».

5.3. Juicio sumario de tutela de la posesión especial

Características generales

No se ha procedido a la creación de un nuevo proceso *ad hoc*, sino que se ha reformado el tradicional interdicto de recobrar la posesión, denominado **proceso de tutela sumaria de la posesión** y regulado en el art. 250.1.4.º de la LEC, creando una **submodalidad** del mismo:

«1. Se decidirán en juicio verbal, cualquiera que sea su cuantía, las demandas siguientes:

(...)

4.º Las que pretendan la tutela sumaria de la tenencia o de la posesión de una cosa o derecho por quien haya sido despojado de ellas o perturbado en su disfrute.

Podrán pedir la **inmediata recuperación de la plena posesión de una vivienda o parte de ella, siempre que se hayan visto privados de ella sin su consentimiento**, la persona física que sea propietaria o poseedora legítima por otro título, las entidades sin ánimo de lucro con derecho a poseerla y las entidades públicas propietarias o poseedoras legítimas de vivienda social».

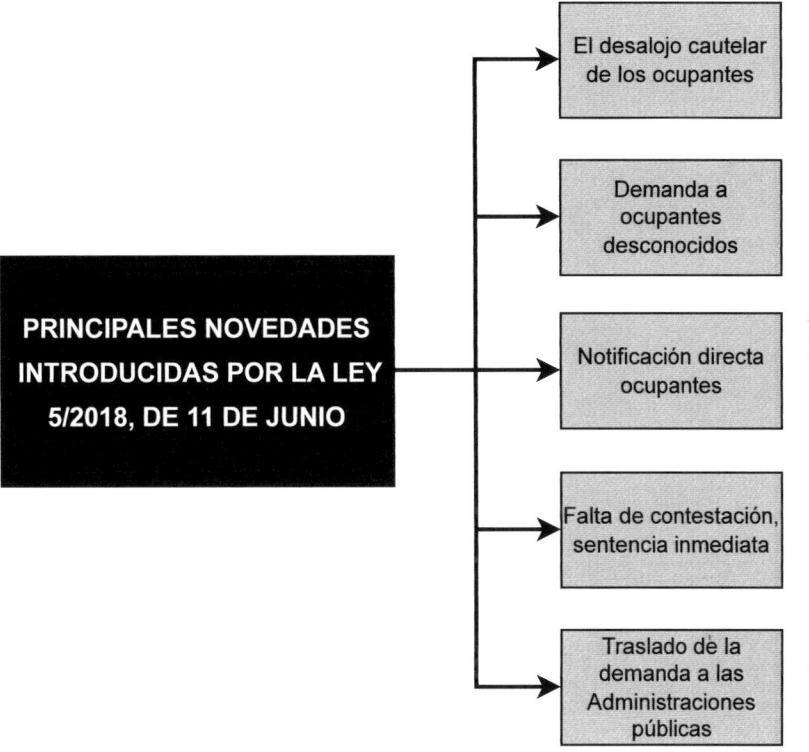

Así pues, la Ley 5/2018, de 11 de junio, reforma el artículo 250.1.4.°, adicionando una nueva tipología de proceso de tutela sumaria de la posesión desarrollado en los artículos 437, 441 y 444 de la misma Ley de Enjuiciamiento Civil, con la finalidad de conseguir una recuperación inmediata de la vivienda ocupada ilegalmente. Esto es, como novedad, **se introduce la posibilidad de un «incidente» muy rápido para conseguir la efectiva recuperación de la posesión sin esperar a la toma de posesión** en lo que pudiera parecer una suerte de proceso cautelar y monitorio por presentar características de ambos, pues parece destinado no a asegurar el resultado del procedimiento principal sino a adelantarlo, colocando al ocupante en una posición en la que o bien acredita en un breve plazo —cinco días— el título en virtud del cual ocupa la vivienda o bien es desalojado (**SAP de Murcia n.° 40/2021, de 2 de marzo, ECLI:ES:APMU:2021:376**).

Este proceso especial para la recuperación de la vivienda ocupada ilegalmente se caracteriza, tal y como indica el Tribunal Constitucional en **senten-**

cia n.° 32/2019, de 28 de febrero, ECLI:ES:TC:2019:32, por ser un proceso **sumario, de cognición limitada**, en el que el juez ha de resolver si procede acordar la inmediata recuperación de la posesión de una vivienda que solicita quien se ha visto privado de ella sin su consentimiento o tolerancia, con el consiguiente desalojo de los ocupantes.

Legitimación

La reforma de la LEC operada por esta ley mantiene la regulación del proceso de tutela sumaria de la posesión original del precepto, creando una submodalidad del proceso verbal para quienes estén legitimados para solicitar la inmediata recuperación de la plena posesión de una vivienda o parte de ella. No nos encontramos ante un proceso que pueda emprender cualquiera que se vea privado de su derecho de posesión, sino que se establecen determinados requisitos de procedibilidad:

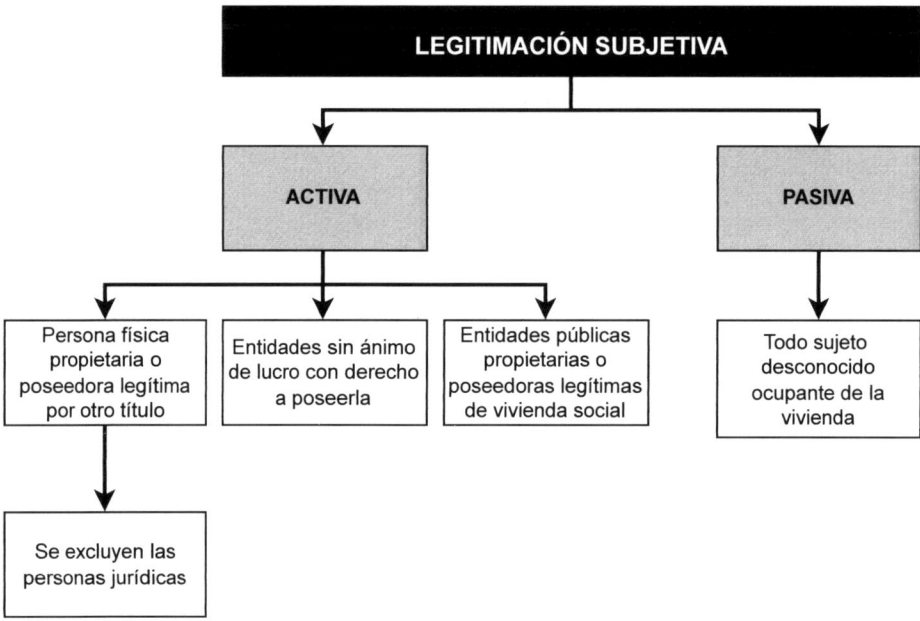

‖ Legitimación activa

De acuerdo con lo que establece el párrafo segundo del art. 250.1 4.° de la LEC, podrán pedir la inmediata recuperación de la plena posesión de una vivienda o parte de ella, siempre que se hayan visto privados de ella sin su consentimiento:

1. La **persona física** que sea **propietaria o poseedora legítima** por otro título.

2. Las **entidades sin ánimo de lucro con derecho a poseerla**.

3. Las **entidades públicas propietarias o poseedoras legítimas de vivienda social**.

Nos encontramos, por lo tanto, ante una limitación subjetiva, por lo que no podrá plantear esta clase de demanda cualquier sujeto, sino exclusivamente los que vienen detallados en el artículo.

Conforme a lo anterior, **quedan excluidas las personas jurídicas**. Al referirse a personas jurídicas ha de entenderse por tal todas aquellas sociedades constituidas conforme a la Ley de Sociedades de Capital, la Ley de Cooperativas o cualquier otra que legitime la creación de una sociedad.

CUESTIÓN

¿Qué debemos entender por entidades sin ánimo de lucro?

Por entidades sin ánimo de lucro, debe entenderse las constituidas conforme la Ley Orgánica 1/2002, de 22 de marzo, reguladora del Derecho de Asociación, y la Ley 49/2002, de 23 de diciembre, de régimen fiscal de las entidades sin fines lucrativos y de los incentivos fiscales al mecenazgo.

En este sentido, cabe advertir que **es necesario distinguir entre el ejercicio de la acción prevista en el párrafo primero del artículo 250.1.4.º de la LEC, es decir, el antiguo interdicto de recobrar la posesión (ahora tutela sumaria de la posesión), y el ejercicio del «incidente» de inmediata recuperación de la posesión adicionado al anterior en virtud de la Ley 5/2018, de 11 de junio**, que añade un párrafo segundo al numeral 4.º del apartado 1 del artículo 250:

> «4.º Las que pretendan la tutela sumaria de la tenencia o de la posesión de una cosa o derecho por quien haya sido despojado de ellas o perturbado en su disfrute.
>
> Podrán pedir la inmediata recuperación de la plena posesión de una vivienda o parte de ella, siempre que se hayan visto privados de ella sin su consentimiento, la persona física que sea propietaria o poseedora legítima por otro título, las entidades sin ánimo de lucro con derecho a poseerla y las entidades públicas propietarias o poseedoras legítimas de vivienda social».

Así, encontramos un pronunciamiento de la Audiencia Provincial de Murcia **(sentencia n.º 40/2021, de 2 de marzo, ECLI:ES:APMU:2021:376)** en el que, si bien, el juzgado de primera instancia desestima la demanda de la acción prevista en el artículo 250.1.4.º de la Ley de Enjuiciamiento Civil, de recobrar con carácter sumario la posesión, ejercitada por una entidad mercantil, basando dicha desestimación en que la actora carece de legitimación activa, al no ser ninguna de las personas o entidades a las que se refiere el párrafo segundo del citado artículo 250.1.4.º, **la audiencia entiende que la acción ejercitada es aquella del párrafo primero**, señalando el error del juzgador de instancia:

> «Pues bien, en este caso, como hemos venido a advertir en el fundamento anterior, es claro que la acción ejercitada en la demanda es la del párrafo primero del repetido artículo 250.1.4.º, es decir, la comentada acción de tutela sumara de la posesión (el antiguo interdicto de recobrar la posesión). Incluso, si hubiera alguna duda —que no la hay—, el Letrado de la demandante, al inicio de la vista del juicio, la despejó, haciendo hincapié en que la acción ejercitada es aquella del párrafo primero.

Pese a ello, la Juzgadora de instancia se atiene al párrafo segundo, por tanto, indebidamente, para negar la legitimación activa de la ahora apelante al no ser persona física, entidad sin ánimo de lucro ni entidad pública».

‖ Legitimación pasiva

En cuanto a la legitimación pasiva la nueva regulación en el artículo 437.3 bis de la LEC establece que:

«Cuando se solicitase en la demanda la recuperación de la posesión de una vivienda o parte de ella a la que se refiere el párrafo segundo del numeral 4. ° del apartado 1 del artículo 250, aquélla **podrá dirigirse genéricamente contra los desconocidos ocupantes de la misma, sin perjuicio de la notificación que de ella se realice a quien en concreto se encontrare en el inmueble al tiempo de llevar a cabo dicha notificación**. A la demanda se deberá acompañar el título en que el actor funde su derecho a poseer».

La reforma se anticipa a la problemática habitual de la sucesión de ocupantes distintos en la vivienda de ignorada identidad que entorpece y dilata la tramitación de estos procesos, previendo en su artículo 437.3 bis de la LEC la posibilidad de interponer la demanda contra los ignorados ocupantes cuando se desconozca su identidad, que serán identificados en el momento de notificar mediante el auxilio de las fuerzas y cuerpos de seguridad del estado si fuere preceptivo, así como dotando al auto de requerimiento de desalojo que se dictare de eficacia directa frente a cualquier ocupante de la vivienda.

Si bien, la jurisprudencia en el ámbito civil, tal y como ya hemos advertido anteriormente, ya venía considerando ajustado a derecho formular la demanda contra los ignorados ocupantes en aquellos supuestos en los que el demandante ignore la identidad de estos (entre otras, **SAP de Barcelona n.º 441/2009, de 8 de octubre, ECLI:ES:APB:2009:9896 y SAP de Barcelona n.º 990/2019, de 3 de octubre, ECLI:ES:APB:2019:11553**).

Así pues, **no cabrá la inadmisibilidad de la demanda por indeterminación de la identidad de los demandados**, sino que será el propio juzgado el que, cuando vaya a notificar la cédula de emplazamiento proceda a la identificación del ocupante, tal y como se desprende del art. 441.1 bis de la LEC:

«Cuando se trate de una demanda de recuperación de la posesión de una vivienda o parte de ella que se tramite según lo previsto en el artículo 250.1.4.º, la notificación se hará a quien se encuentre habitando aquélla. Se podrá hacer además a los ignorados ocupantes de la vivienda. A efectos de proceder a la identificación del receptor y demás ocupantes, quien realice el acto de comunicación podrá ir acompañado de los agentes de la autoridad (...)».

> **A TENER EN CUENTA.** El art. 441.1 bis de la LEC ha sido modificado por la Ley 12/2023, de 24 de mayo, por el derecho a la vivienda con entrada en vigor el 26 de mayo de 2023.

Se entregará la cédula de emplazamiento a la persona que se encontrara en la vivienda al tiempo de llevar a cabo esta comunicación, pero nada impide que, pese a que en el momento de la ejecución se encontrase una persona distinta, se lleve a cabo el lanzamiento de este nuevo ocupante.

Requisitos objetivos

Además de las referidas limitaciones subjetivas de la Ley 5/2018, de 11 de junio, también debemos tener en cuenta limitaciones de carácter objetivo inherentes a la naturaleza de todo proceso de juicio verbal de tutela sumaria de la posesión (artículo 250.1.4.º de la LEC):

|| Que la persona demandante sea propietaria o poseedora legítima

Se protege el **derecho de posesión** y no el de propiedad, razón por la cual el título posesorio no debe ser necesariamente el derecho de propiedad, pudiendo serlo cualquier otro, como, por ejemplo, el usufructo. No se protege la posesión de hecho, **siendo requisito indispensable ser titular de un derecho a poseer**.

No es suficiente pues con ostentar el *ius possessionis*, sino que se deberá ostentar además el *ius possidendi*.

Históricamente se ha limitado la protección interdictal a la situación de hecho consistente en la manifestación externa por parte de la persona del ejercicio de un poder o cualidad con apariencia de jurídico, y así continúa siendo para la modalidad tradicional del juicio verbal de tutela sumaria de la posesión regulada en el párrafo primero del artículo 250.1.4.º de la LEC.

Recordemos que el artículo 446 del Código Civil se refiere directamente a las acciones de protección de la posesión, es decir, que todo poseedor, también el mero detentador, tiene derecho a ser respetado en su posesión. En el caso de que fuera perturbado en la misma deberá ser amparado y restituido en dicha posesión por los medios y las leyes de procedimiento establecidas.

Es por ello por lo que **se exige** para esta nueva modalidad de interdicto posesorio como requisito de procedibilidad (artículo 437.3 bis de la LEC), **que se acompañe con la demanda el título en que el actor funde su derecho a poseer**.

La exigencia de un título jurídico legitimador de la posesión que se introduce tras la reforma, desborda el contenido clásico de estos procesos sumarios de recobrar la posesión, respecto de los cuales la jurisprudencia viene proclamando que tienen un ámbito limitado y una específica naturaleza limitado estrictamente a la posesión de mero hecho, con exclusión de las controversias sobre el dominio u otro derecho o calificación de título aducido por el poseedor, temas que requieren para su planteamiento y decisión los cauces de un juicio declarativo (**sentencia del Tribunal Supremo n.º 156/1979, de 21 de abril, ECLI:ES:TS:1979:5235**).

De tal manera que, en la modalidad tradicional del juicio de tutela sumaria de la posesión, la demanda prosperará siempre que concurran los requisitos de los arts. 250.4 y 439.1 de la LEC, esto es, hallarse el reclamante en la posesión o tenencia de la cosa, haber sido despojado de ella y presentarse la demanda antes del trascurso de un año desde la fecha del despojo.

Ahora, en la nueva modalidad de «recuperación inmediata», se exige, no solo la acreditación del despojo, es decir, la existencia de una posesión previa y la privación sin consentimiento por un tercero, sino la acreditación de un título legitimador de la posesión.

‖ Que el objeto de la pretensión sea una vivienda

No cabe, de acuerdo con la literalidad del precepto, el ejercicio de esta pretensión de recuperación inmediata respecto de fincas que no sean vivienda. No se podrán recuperar por tanto mediante estos procesos trasteros, garajes o locales de negocio.

No precisa la norma legal que haya de constituir la vivienda habitual del actor. Así pues, será suficiente con que el bien inmueble despojado sea objetivamente hábil para ser usado como vivienda.

‖ Que el demandante haya sido privado de la posesión sin ‖ consentimiento

Otro de los requisitos es que el demandante se haya visto despojado de la posesión contra su voluntad.

CUESTIÓN

¿Qué ocurrirá en aquellos supuestos en los que hubiera existido previamente por parte del demandante un consentimiento o un uso tolerado de la vivienda?

En estos supuestos no podría acudirse a este proceso pues no hay despojo posesorio, sino que debemos instar un proceso de desahucio por precario (artículo 250.1.2.° de la LEC).

RESOLUCIÓN RELEVANTE

Sentencia del Juzgado de Primera Instancia e Instrucción de Cornellà de Llobregat n.° 20/2020, de 14 de febrero, ECLI:ES:JPII:2020:139.

«Desde el punto de vista procedimental, establece el artículo 250.1 LEC, que se decidirán en juicio verbal, cualquiera que sea su cuantía, las demandas siguientes: 4.° Las que pretendan la tutela sumaria de la tenencia o de la posesión de una cosa o derecho por quien haya sido despojado de ellas o perturbado en su disfrute. Podrán pedir la inmediata recuperación de la plena posesión de una vivienda o parte de ella, siempre que se hayan visto privados de ella sin su consentimiento, la persona física que sea propietaria o poseedora legítima por otro título, las entidades sin ánimo de lucro con derecho a poseerla y las entidades públicas propietarias o poseedoras legítimas de vivienda social. Por su parte, el artículo 437.3.bis LEC (introducido en la Ley de Enjuiciamiento Civil por la Ley 5/2018, de 11 de junio), que cuando se solicitase en la demanda la recuperación de la posesión de una vivienda o parte de ella a la que se refiere el párrafo segundo del numeral 4.° del apartado 1 del artículo 250, aquélla podrá dirigirse genéricamente contra los desconocidos ocupantes de la misma, sin perjuicio de la notificación que de ella se realice a quien en concreto se encontrare en el inmueble al tiempo de llevar a cabo dicha notificación. A la demanda se deberá acompañar el título en que el actor funde su derecho a poseer. Finalmente el artículo

441.1.bis (también introducido en la Ley de Enjuiciamiento Civil por la Ley 5/2018, de 11 de junio), establece que cuando se trate de una demanda de recuperación de la posesión de una vivienda o parte de ella a que se refiere el párrafo segundo del numeral 4.º del apartado 1 del artículo 250, la notificación se hará a quien se encuentre habitando aquélla. Se podrá hacer además a los ignorados ocupantes de la vivienda. A efectos de proceder a la identificación del receptor y demás ocupantes, quien realice el acto de comunicación podrá ir acompañado de los agentes de la autoridad. Si ha sido posible la identificación del receptor o demás ocupantes, se dará traslado a los servicios públicos competentes en materia de política social por si procediera su actuación, siempre que se hubiera otorgado el consentimiento por los interesados. Si el demandante hubiera solicitado la inmediata entrega de la posesión de la vivienda, en el decreto de admisión de la demanda se requerirá a sus ocupantes para que aporten, en el plazo de cinco días desde la notificación de aquella, título que justifique su situación posesoria. Si no se aportara justificación suficiente, el tribunal ordenará mediante auto la inmediata entrega de la posesión de la vivienda al demandante, siempre que el título que se hubiere acompañado a la demanda fuere bastante para la acreditación de su derecho a poseer. Contra el auto que decida sobre el incidente no cabrá recurso alguno y se llevará a efecto contra cualquiera de los ocupantes que se encontraren en ese momento en la vivienda. En todo caso, en la misma resolución en que se acuerde la entrega de la posesión de la vivienda al demandante y el desalojo de los ocupantes, se ordenará comunicar tal circunstancia, siempre que se hubiera otorgado el consentimiento por los interesados, a los servicios públicos competentes en materia de política social, para que, en el plazo de siete días, puedan adoptar las medidas de protección que en su caso procedan».

Caducidad del procedimiento

Por lo que se refiere a los requisitos temporales para el ejercicio de esta acción sumaria, sigue vigente el artículo 439.1 de la LEC, que establece de manera taxativa que:

«No se admitirán las demandas que pretendan retener o recobrar la posesión si se interponen transcurrido el plazo de un año a contar desde el acto de la perturbación o el despojo».

Este precepto establece claramente el dies a quo de la caducidad del procedimiento, que **empieza a contarse desde el acto del despojo del ocupante, y no desde el momento en que el despojado hubiera tenido conocimiento de ello**. A este respecto se ha referido en numerosas ocasiones la jurisprudencia, véase entre otras las **SAP de Pontevedra n.º 27/2012, de 24 de enero, ECLI:ES:APPO:2012:68** o la **SAP de Albacete n.º 115/2014, de 14 de mayo, ECLI:ES:APAB:2014:523** que establece:

«Consecuencia de lo anterior es, por un lado que el referido plazo de caducidad pueda ser apreciado de oficio a "limine litis" —y, por supuesto, en sentencia si no se hubiera realizado inicialmente— por la inactividad de la parte interesada y el transcurso del tiempo legalmente establecido; y, por otro lado, que el inicio de su compto no se encuentra condicionado al conocimiento del hecho del despojo, sino que el 'dies a quo', como reza el precepto procesal antedicho, coincide con el propio acto de la perturbación (retener) o despojo (recobrar) de la posesión».

Este proceso sumario debe quedar reservado, por lo tanto, a los propietarios o titulares de un derecho de posesión sobre la vivienda ocupada que actúen de forma inmediata tras el acto del despojo, y que muestren de manera clara su firme negativa a permitir la ocupación, siéndoles exigible este «plus» de diligencia a quienes pretendan recobrar la posesión beneficiándose de la celeridad de este proceso, cuya sumariedad perjudica el principio de contradicción y el derecho de defensa del demandado.

El plazo de un año es consecuencia de que la posesión civil (recordemos: aquella que además de la posesión material de la cosa incluye la voluntad de hacerlo en concepto de dueño), tal y como señala el artículo 460 del Código Civil, se pierde al año.

En conclusión, el plazo para ejercitar la acción de recuperación de la posesión por esta vía procesal sumaria caduca al año de la pérdida de la posesión, es decir, una vez transcurrido un año desde que se produce el acto de despojo.

Véase en este sentido la interesante **sentencia de la Audiencia Provincial de Baleares n.º 9/2021, de 18 de enero, ECLI:ES:APIB:2021:13:**

> «El plazo para ejercitar dicha acción es el de 1 año según establece el artículo 439 de la L.E.C. que establece en su número 1: No se admitirán las demandas que pretendan retener o recobrar la posesión si se interponen transcurrido el plazo de un año a contar desde el acto de la perturbación o el despojo.
>
> (...)
>
> El requisito de interposición de la demanda en el plazo de 1 año desde que se produjo el acto de despojo, es un requisito de admisibilidad, y lo cierto es que la demanda fue admitida a trámite mediante Decreto de 9 de diciembre. En cualquier caso, entendemos que los hechos y fundamentos jurídicos contenidos en el escrito de demanda son más que suficientes para entender acreditado el cumplimiento de tal requisito, dando credibilidad a lo manifestado por la demandante, y que, se insiste, no ha sido cuestionado por la contraparte».

La intervención de los servicios sociales en el procedimiento

Se introduce por la D.A. única de esta Ley 5/2018, de 11 de junio, un deber de cooperación y coordinación entre las Administraciones públicas competentes en materia de asuntos sociales:

> «1. Las distintas Administraciones públicas, en el ámbito de sus respectivas competencias, incorporarán, en los protocolos y planes para garantizar políticas públicas en materia de vivienda, medidas ágiles de coordinación y cooperación, especialmente con los responsables de los servicios sociales en el ámbito autonómico y local, al objeto de prevenir situaciones de exclusión residencial y para que resulte eficaz la comunicación prevista en el apartado 4 del artículo 150 y en el apartado 1 bis del artículo 441 de

la Ley 1/2000, de 7 de enero, de Enjuiciamiento Civil, a fin de dar respuesta adecuada y lo más inmediata posible a aquellos casos de vulnerabilidad que se detecten en los procedimientos conducentes al lanzamiento de ocupantes de viviendas y que exigen actuaciones previas y coordinadas de las administraciones competentes.

2. Estos protocolos y planes garantizarán la creación de registros, al menos en el ámbito territorial de cada Comunidad Autónoma, que incorporen datos sobre el parque de viviendas sociales disponibles para atender a personas o familias en riesgo de exclusión».

Así pues, en el momento en que se admita la demanda y se identifique a cualquiera de los miembros ocupantes, la Ley 5/2018, de 11 de junio, ordena dar traslado a las Administraciones públicas competentes en materia de vivienda, asistencia social, evaluación e información de situaciones de necesidad social y atención inmediata a personas en situación o riesgo de exclusión social, por si procediera su actuación.

Intervendrán de igual modo las administraciones públicas en el caso de que el inmueble constituya vivienda habitual de la parte demandada.

A diferencia de lo que sucede en la nueva regulación del proceso de desahucio por impago de rentas u otras cantidades debidas por las modificaciones introducidas por el Real Decreto-ley 7/2019, de 1 de marzo, de medidas urgentes en materia de vivienda y alquiler, no se prevé aquí la suspensión temporal del proceso hasta que los servicios sociales adopten las medidas sociales oportunas; sin perjuicio de que pueda aplicarse por el letrado de la Administración de Justicia lo dispuesto en el art. 704 de la LEC.

A TENER EN CUENTA. El art. 150.4 y el art. 704 de la LEC han sido modificados por la Ley 12/2023, de 24 de mayo, por el derecho a la vivienda, con entrada en vigor el 26 de mayo de 2023.

RESOLUCIÓN RELEVANTE

Sentencia de la Audiencia Provincial de Barcelona n.º 311/2022, de 27 de junio, ECLI:ES:APB:2022:6326

«(...) la parte demandante acudió, no a un procedimiento ordinario al amparo del art 249,1, 6.º LEC, sino a un desahucio por expiración de plazo y reclamación de rentas.

En relación a esta acción que es la concretamente ejercitada y a la que se debe dar respuesta, cabe indicar que la misma (como todas las de desahucio) produce sus efectos no solo frente a los arrendatarios demandados (en este caso los herederos del arrendatario o personas que podían subrogarse en su posición que son las potencialmente llamadas a la subrogación en el contrato ante el fallecimiento del arrendatario y al amparo del art 16 LAU), sino también frente a quienes se encontraren en el inmueble y que trajeren su derecho a permanecer en él de la arrendataria conforme establece el art 704 LEC, ya que una sentencia de desahucio no solo surte efectos contra la persona específica que es arrendataria, sino frente a todas las personas que se encuentran en el inmueble por tolerancia de la misma y fundándose en el derecho de esta como arrendataria (traen causa de la misma - comparten la utilización con la arrendataria), ya que el fundamento de su presencia es la autorización dada por la arrendataria (y en base al derecho que el mismo ostenta), con lo que al desaparecer tal derecho, decae la base de su presencia y estancia en el inmueble.

Esta solución es la que motiva que en los procedimientos de desahucio, los efectos de la sentencia o decreto que le pone fin operen no solo frente al arrendatario demandado en el procedimiento, sino también frente a quienes con él conviven y comparten la utilización del bien arrendado, derivando el derecho de los mismos de estar en el inmueble de aquel que ostenta el arrendatario. Es por ello que, si este derecho queda sin efecto, no es necesario instar un procedimiento distinto de desahucio por precario en cuanto a todas y cada una de estas personas distintas del arrendatario que están en el inmueble por la autorización del mismo».

La eficacia de la resolución condenatoria frente a terceros ocupantes y ausencia de cosa juzgada

El otorgamiento de la eficacia frente a terceros de la resolución condenatoria que se obtenga en este proceso especial para la recuperación de la vivienda ocupada ilegalmente se lleva a cabo con el objetivo de evitar una de las tácticas que muchos ocupantes de viviendas ilegales venían realizando y que consistía en la práctica de que, una vez que los ocupantes eran identificados, estos abandonaran el inmueble y se sucedieran otros.

Así pues, se reconoce ahora que **no es impedimento para la posterior ejecución de la sentencia que en el momento de llevarse a cabo el lanzamiento se encuentren en la vivienda terceros ocupantes que no hayan sido parte en el proceso** (artículo 441.1 bis de la LEC):

«(...) Contra el auto que decida sobre el incidente no cabrá recurso alguno y se llevará a efecto contra cualquiera de los ocupantes que se encontraren en ese momento en la vivienda».

Por su parte, cabe advertir que la resolución **carecerá de eficacia de cosa juzgada** tal y como establece el art. 447.2 de la LEC:

«No producirán efectos de cosa juzgada las sentencias que pongan fin a los juicios verbales sobre tutela sumaria de la posesión ni las que decidan sobre la pretensión de desahucio o recuperación de finca, rústica o urbana, dada en arrendamiento, por impago de la renta o alquiler o por expiración legal o contractual del plazo, y sobre otras pretensiones de tutela que esta Ley califique como sumarias».

RESOLUCIÓN RELEVANTE

Sentencia de la Audiencia Provincial de Melilla n.º 73/2023, de 18 de octubre, ECLI:ES:APML:2023:138

«Esta postura es la mantenida por la doctrina de las distintas Audiencias Provinciales. Así, la de Madrid en sentencia de 10 de octubre de 2.022 establece que "partiendo del concepto amplio de precario admitido por la Jurisprudencia que, como ha quedado dicho, va más allá de la mera posesión consentida o tolerada del dueño, el juicio de precario contemplado en el artículo 250-1-2.º de la L.E.C. es un proceso declarativo especial como resulta del artículo 447 de la L.E.C. y no de naturaleza sumaria al no estar comprendido entre los procedimientos cuyas sentencias no producen el

efecto de cosa juzgada lo que autoriza a debatir en su seno cuestiones complejas y en concreto la confrontación entre los diversos títulos posesorios invocados por las partes en virtud de los cuales la actora pretende la recuperación de la posesión del inmueble y la demandada el derecho a mantenerse en la posesión.

Como tiene declarado esta sección en sentencia de fecha 1 de marzo de 2.022, entre otras, la pretensión tendente a la recuperación de la plena posesión de una finca urbana detentada en precario "...ha de decidirse, incuestionablemente, en el proceso declarativo especial contemplado en el número 2.º del artículo 250.1 de la vigente Ley de Enjuiciamiento Civil.

El proceso declarativo especial contemplado en el número 2.º del artículo 250.1 de la vigente Ley de Enjuiciamiento Civil, a diferencia de su inmediato antecedente el Juicio de Desahucio por Precario previsto en el artículo 1565-3.º de la derogada Ley de 1881, es un proceso plenario o de cognitio plena, y no de naturaleza sumaria, como, por otra parte, expresamente pone de manifiesto la propia Exposición de Motivos de la Ley Procesal vigente ("La experiencia de ineficacia, inseguridad jurídica y vicisitudes procesales excesivas aconseja, en cambio, no configurar como sumarios los procesos en que se aduzca, como fundamento de la pretensión de desahucio, una situación de precariedad: parece muy preferible que el proceso se desenvuelva con apertura a plenas alegaciones y prueba y finalice con plena efectividad...") y claramente se infiere de lo establecido en su artículo 447, que no contempla entre los supuestos especiales de sentencias que no producen efectos de cosa juzgada a las que pongan fin a los juicios verbales de desahucio en precario.

Esta circunstancia origina dos importantes diferencias en relación con la derogada normativa de la Ley de 1.881: En primer lugar, que el planteamiento de una cuestión compleja no determina la enervación de la acción deducida. Y, en segundo lugar, que la sentencia que recaiga produce plenamente todos los efectos propios de la cosa juzgada."

En el mismo sentido citar la sentencia de la Audiencia Provincial de Lugo de 15 de septiembre de 2.022, que recoge que "la L.E.C. de 2.000 suprimió el carácter de sumario del procedimiento de desahucio por precario, pues la sentencia que le pone término tiene plenos efectos de cosa juzgada, ya que no está incluida en el apartado segundo del art. 447 L.E.C." y que "al no tener carácter sumario, en este procedimiento podrán enjuiciarse las relaciones jurídicas que puedan alegarse como justificación de la posesión cuya recuperación se pretenda y la existencia de una situación posesoria que revista las características propias del precario, sin las limitaciones propias de un procedimiento sumario en cuanto a los medios de ataque y defensa (no se limitan los medios de prueba, a diferencia de los desahucios por impago de rentas), al tratarse de un procedimiento que, si bien limitado a ese objeto, tiene carácter plenario".

Citar también la sentencia de la Audiencia Provincial de Barcelona de 14 de julio de 2.022 en la que se puede leer que "en la actualidad, y nada menos que desde el siete de enero de dos mil uno, de acuerdo con el artículo 250.1.2.º de la Ley 1/2000, de 7 de enero, de Enjuiciamiento Civil, la acción de desahucio por precario únicamente puede ventilarse en el juicio verbal regulado en el Título III del Libro II de la Ley 1/2000, que es un juicio declarativo, sin limitación de alegación y prueba, y que por lo tanto admite la discusión y acreditación en el mismo de cualquier cuestión compleja que pueda ser opuesta por las partes".

En la misma línea la sentencia de la Audiencia Provincial de Málaga de 24 de junio de 2.022 que concluye que "tratándose de un juicio plenario no existe límite alguno respecto a las alegaciones de las partes en su defensa y si, en consecuencia, el Juez puede entrar a resolver sobre las mismas, no excluyéndose del mismo el conocimiento de las jurisprudencialmente llamadas "cuestiones complejas". No existe cognición limitada en el juicio verbal de precario, recuperación de la posesión de finca urbana amparada en el art. 250.1.2.º de la Ley de Enjuiciamiento Civil, pues en la regulación actual de dicho texto legal dicho juicio de desahucio ha dejado de ser sumario, para convertirse en juicio plenario, con fuerza de cosa juzgada, pudiendo ventilarse cuestiones de cierta complejidad, , ya que el art. 447.2 LEC no lo incluye entre los juicios verbales carentes de fuerza de cosa juzgada. Como consecuencia del carácter plenario del desahucio por precario, cabe discutir en su seno todas aquellas cuestiones que afecten o se refieran al título ocupacional que pueda esgrimir o alegar la parte demandada para justificar su situación posesoria, sin que pueda invocarse la existencia de complejidad que provoque la desestimación de la demanda. Se trata de juicio verbal por razón de la materia, y tiene naturaleza plena y no sumaria, pues, en definitiva, la ley actual no puede ser más clara cuando establece que el precario se tramita por la vía del juicio verbal, en dicho art. 250.1.2.º de la Ley de Enjuiciamiento Civil".

La Audiencia Provincial de Baleares en sentencia de 20 de junio de 2.022 también mantiene que siendo el juicio por precario un juicio plenario, no cabe alegar nos encontramos ante una cuestión compleja de cara a alegar la inadecuación de procedimiento, de modo que "en el marco del desahucio por precario, nada impide que se examinen las dos cuestiones antes apuntadas: la suficiencia y la subsistencia del título opuesto por el demandado, todo ello a los efectos de resolver sobre la posesión controvertida (que es lo que constituye el objeto de este procedimiento).

Esta misma posición es mantenida por la Audiencia Provincial de Cádiz en sentencia de 1 de marzo de 2.022, la de Tenerife en sentencia de 24 de marzo de 2.022, la de la Palmas en sentencia de 25 de marzo de 2.022, Salamanca, en sentencia de 4 de noviembre de 2.022 o la de Castellón, en sentencia de 11 de febrero de 2.022.

En consecuencia, no cabe sino coincidir con el acertado y más que fundado criterio del Juez de Instancia rechazando que exista inadecuación de procedimiento, debiendo dilucidarse en este procedimiento plenario el examen del supuesto título del demandado y cualquier otra cuestión "compleja" acerca del derecho a poseer, dejando constancia que una cosa es que una relación jurídica sea compleja y otra bien distinta, que el litigio a la vista de las alegaciones de las partes, las cuestiones jurídicas suscitadas y la prueba practicada, pueda ser complejo».

¿Cómo se tramita el nuevo juicio sumario de tutela de la posesión?

La tramitación del nuevo juicio sumario de tutela de la posesión especial se trata de un proceso de mayor sumariedad que el proceso de tutela general, contando con las siguientes especialidades:

‖ Contenido del escrito de demanda

| Título que legitime a la parte actora a poseer

Tal y como adelantábamos, es necesario que, de acuerdo con lo establecido en el art. 437.3 bis de la LEC, junto a la demanda se acompañe el título en el que el actor funde su derecho a poseer. Por título que funde su derecho a poseer debe de entenderse cualquiera que acredite su derecho de posesión, ya sea mediante documento público o privado. Será competencia del letrado de la Administración de Justicia, una vez reciba la demanda, examinar si se trata de un título suficiente y en principio válido para la acreditación del derecho a poseer la vivienda ocupada.

CUESTIÓN

¿Qué ocurrirá en el supuesto de que no se acompañase a la demanda dicho título?

En estos supuestos, entendemos que resultaría de aplicación lo dispuesto en el artículo 231 de la LEC, por lo que el letrado de la Administración de Justicia deberá conceder el pertinente trámite procesal de subsanación, tal y como acontece con cualquier defecto de índole formal y en el caso de que no se subsane por el demandante este defecto, se procederá a la inadmisión de la demanda, ya que estamos ante un requisito de admisibilidad de la demanda, al exigirlo expresamente el art. 437.3.bis de la LEC.

Posibilidad de incluir petición de inmediato desalojo de los ocupantes

De conformidad con lo dispuesto en el artículo 441.1 bis de la LEC, el demandante puede solicitar en la demanda la inmediata entrega de la posesión, lo que se conoce como «incidente de recobro inmediato de la posesión», en virtud del cual se requiere al demandado para que aporte en el plazo de 5 días hábiles el título jurídico que justifique su situación posesoria, y en caso de que no lo aportare, o de considerarse el mismo insuficiente, se dictará auto ordenando la inmediata entrega de la posesión de la vivienda al demandante.

Ocupantes de la vivienda como sujetos demandados

Señalábamos en el apartado relativo a la legitimación de este proceso, que de entre las especialidades que el mismo conlleva, una de las novedades era que **la demanda debe dirigirse contra los ocupantes del inmueble pese a desconocerse su identidad** (artículo 437.3 bis de la LEC).

CUESTIÓN

¿Qué ocurrirá a este respecto en los casos en los que, al no concurrir los requisitos del artículo 250.1.4 de la LEC para el ejercicio del incidente especial para la recuperación de la vivienda ocupada ilegalmente, se ejercite la acción de recuperación de la posesión en su modalidad ordinaria?

Si bien es cierto que si atendemos a la literalidad de la norma no sería posible dirigir la demanda genéricamente contra ocupantes desconocidos, la jurisprudencia, ha venido admitiendo demandas frente a ignorados ocupantes y su consecuente citación en sede de juicio verbal de desahucio (véase entre otras, la **sentencia n.° 289/2017 de 6 de junio, ECLI:ES:APB:2017:8659 dictada por la Audiencia Provincial de Barcelona**).

Emplazamiento y notificaciones

Admitida a trámite la demanda, se habrá de notificar y emplazar al demandado. El emplazamiento y las notificaciones se harán por lo tanto a quien se encuentre habitando la vivienda, pudiendo realizarlo también a los ignorados ocupantes de la misma.

El acto de notificación de la demanda se ejecutará por el funcionario de la oficina judicial —o en su caso por el procurador del actor, si así lo solicita—, mediante entrega de cédula de emplazamiento o citación al demandado o a la persona que se halle en la vivienda al tiempo de llevar a cabo dicha notificación, conforme a lo previsto en los artículos 155,161 y 441.1 de la LEC.

El nuevo artículo 441.1 bis de la LEC se estructura en cuatro párrafos. El primero de ellos establece expresamente que la demanda podrá ser notificada a los ocupantes de la vivienda y, en el caso de que estos no se identifiquen, a los ignorados ocupantes mediante edictos. La indeterminación inicial de la parte demandada debe ser completada con la identificación posterior de quien realice el acto de comunicación.

RESOLUCIÓN RELEVANTE

Sentencia de la Audiencia Provincial de Barcelona n.º 673/2023, de 24 de noviembre, ECLI:ES:APB:2023:11685

«La Ley 5/2018, de 11 de junio, aun siendo una ley procesal, no es ajena a la preocupación del legislador por hacer frente a las situaciones de especial vulnerabilidad social que puedan producirse como consecuencia del desalojo de viviendas judicialmente decretado. En tales supuestos la ley impone al órgano judicial el deber de comunicar esa situación (siempre con el consentimiento de los afectados) a los servicios públicos competentes en materia de política social, por si procediera su intervención protectora, desde el mismo momento en que, al notificarse la demanda para la recuperación de la posesión de la vivienda, haya sido posible la identificación de los ocupantes (primer párrafo del art. 441.1 bis LEC). Ese deber de comunicación a los servicios sociales a los mismos efectos (con el consentimiento de los afectados) se impone de nuevo al órgano judicial en caso de que estime la pretensión del actor y decrete el desalojo de los ocupantes de la vivienda (tercer párrafo del art. 441.1 bis LEC)».

CUESTIÓN

¿Qué ocurrirá en aquellos supuestos en los que el demandado ocupante se niegue a recibir la cédula de notificación de requerimiento y de emplazamiento, imposibilitando así que se produzca la garantista «notificación personal del demandado»?

El artículo 161.2 de la LEC, prevé específicamente que para el caso de dicha imposibilidad de notificación personal del demandado se produzca por la negativa de este a recibirla, esto es, tras la comprobación de que la vivienda está ocupada por el demandado (para el caso de que se desconozca el ocupante, deberá bastar el mero hecho de constatar que está ocupada), se entenderá bien realizada dicha notificación y deberá producir plenos efectos.

La notificación es personal, entregándose la citación (artículos 155.1 y 161 de la LEC) al ocupante que fuere hallado en la vivienda al tiempo de practicarse el acto de comunicación procesal por el funcionario de la oficina judicial, que podrá acudir acompañado de los agentes de la autoridad a los efectos de identificación del receptor de la notificación y demás ocupantes (párrafo primero del artículo 441.1 bis de la LEC). La entrega de la notificación se documentará mediante diligencia que será firmada por el funcionario que la efectúe y por la persona a quien se haga, cuya identidad se hará constar (artículo 161.1 de la LEC).

De este modo, la indeterminación inicial sobre la identidad del demandado —que no sobre su paradero— en el proceso para la recuperación de la posesión de la vivienda resulta superada por la ulterior identificación personal al practicarse la notificación de la demanda y el consiguiente emplazamiento. Solo en el caso de que el ocupante de la vivienda se niegue a recibir la notificación o no quiera firmar la diligencia acreditativa de la entrega procederá efectuar la comunicación por medio del tablón de anuncios de la oficina judicial, previa advertencia de tal extremo al interesado, lo que asimismo se hará constar en la diligencia —artículos 161.2 y 164 de la LEC— **(STC n.º 32/2019, de 28 de febrero, ECLI:ES:TC:2019:32).**

Solicitud de entrega inmediata de la posesión

La medida estrella de la reforma procesal de la Ley 5/2018, de 11 de julio, es el **incidente de entrega inmediata de la posesión**, de manera simultánea al traslado de la demanda para su contestación en el plazo de los diez días.

Recordemos que nos encontramos ante un proceso de mayor sumariedad que la modalidad de tutela general previsto en el art. 250.1.4.º, primer párrafo, de la LEC, contemplándose ahora un trámite especial de incidente previo a la contestación a la demanda. Se trata de un incidente de un proceso sumario toda vez que **no siempre se produce, sino que es necesario que lo solicite la parte actora en su escrito de demanda y que únicamente podrá ser planteado por las personas específicamente contempladas en dicho artículo tal y como se ha expuesto anteriormente.**

El juzgado entregará dos cédulas de citación de manera simultánea:

- Una **cédula de requerimiento de entrega del título legitimador de la posesión del ocupante.**
- Una **cédula de emplazamiento para que conteste a la demanda.**

Dicho requerimiento (de entrega del título legitimador de la posesión del ocupante) es un incidente de previo pronunciamiento que se desarrolla del siguiente modo: en primer lugar, solamente tiene lugar en el caso de que la parte actora lo solicitara en la demanda. Es decir, es necesario que en la propia demanda se solicite de forma expresa la entrega inmediata de la posesión por los ocupantes. En el decreto de admisión de la demanda, el letrado de la Administración de Justicia requerirá a los ocupantes para que en el plazo de 5 días desde la notificación aporten justificación suficiente de su derecho a poseer. De este modo, para facilitar la defensa del demandado se establece este plazo para que justifiquen la posesión y evitar la condena a la entrega de la vivienda al demandante.

Nos encontramos pues ante dos plazos distintos, uno para aportar el título posesorio (5 días), y otro para contestar a la demanda (10 días), que consisten en actuaciones procesales simultáneas y autónomas.

Tras este plazo de 5 días hábiles, pueden suceder tres cosas: que se aporte título por los ocupantes que se considere suficiente por el tribunal, que no se aporte título suficiente, o bien que no se aporte título suficiente dentro de los 5 días, pero sí se conteste a la demanda dentro del plazo de 10 días:

Supuestos en los que no se aporta título suficiente por parte de los ocupantes

En el caso de que no se aporte título suficiente por parte de los ocupantes, el juez ordenará mediante auto irrecurrible la entrega inmediata de la posesión de la vivienda a la parte actora, siempre que el título que acompañara a la demanda fuera bastante para acreditar derecho a poseer. Se ponderan en este punto dos circunstancias, la primera de ellas, la suficiente justificación posesoria, y la segunda, que el título del demandante sea bastante para acreditar su derecho a poseer.

De este modo, el juzgado, aunque los ocupantes no aporten título ha de valorar la suficiencia del aportado con la demanda para obtener la tutela judicial solicitada. En el caso de juzgar suficiente los títulos aportados, dictará auto acordando y ordenando el desalojo forzoso de los ocupantes, incluso en el caso de que no hubieran podido ser identificados en la diligencia de entrega de la demanda.

Sin embargo, si no considera suficiente la acreditación del título del actor aportado con la demanda, se denegará mediante auto el desalojo inmediato solicitado.

En este incidente, el demandado aportará la documentación de que quiera valerse para fundar su derecho. Será el juez el que concluya si la documentación aportada por la demandada es justificación suficiente.

Conforme a lo dispuesto en el art. 437.3 bis in fine acompañar a la demanda el título con el que la parte actora justifique su demanda es un requisito necesario de admisibilidad, y ha sido el letrado de la Administración de Justicia el que ha examinado el mismo para dictar el decreto de admisión. Sin embargo, ahora será el juez el encargado de determinar si es suficiente la documentación aportada para acordar la entrega inmediata de la posesión de la vivienda al demandante.

En el caso de que el título aportado por el actor sea considerado suficiente, el auto que acuerde la inmediata entrega de la posesión de la vivienda al demandante será ejecutable contra cualquiera de los ocupantes que en ese momento se encuentren en la vivienda. Se anticipa por lo tanto la tutela pretendida a este momento.

Por lo que se refiere a la espera de la ejecución dentro de lo previsto para todo tipo de resoluciones judiciales (los 20 días previstos por el art. 548 de la LEC) el artículo 441 no dice nada al respecto. Sin embargo, atendiendo a lo establecido en el artículo 444.1 bis, que regula que en el momento de sentencia condenatoria no habrá que esperar estos 20 días, parece oportuno entender que dentro de este incidente lo lógico es que se permita la ejecución sin necesidad de esperar este plazo de 20 días del art. 548 de la LEC.

Continuará el procedimiento con la fase de contestación a la demanda, pero habiendo restituido la posesión de la vivienda a la parte actora. Parece complicado encontrarnos en el caso de que una vez un juez haya decidido mediante auto irrecurrible que el título posesorio es suficiente para acreditar la posesión por la parte actora, con posterioridad decida lo contrario, pero no puede ser descartado, toda vez que no se ha oído las alegaciones del demandado.

El anterior problema únicamente se dará en el caso de que se conteste a la demanda, toda vez que de acuerdo con lo que dispone el art. 444.1.bis de la LEC, si el demandado no contesta la demanda, se dictará inmediatamente sentencia estimatoria, toda vez que el actor ha aportado título suficiente para justificar su derecho a poseer, y el demandado no se ha opuesto.

Supuestos en los que se aporte justificación suficiente por parte de los ocupantes

En el caso de que la parte demandada aportara alguna clase de documento o justificación de la situación posesoria dentro del plazo de los cinco días, el procedimiento continuará sus trámites, como todo proceso de juicio verbal. No se podrá esgrimir por los demandados en este momento procesal falta de título del actor, sino que únicamente se permite la aportación de título que fundamente su derecho de poseer.

Se dictaría entonces auto desestimando la pretensión incidental sin condena en costas al no estar previsto en la ley, sin recurso, y ordenando la continuación del procedimiento.

Supuestos en los que no se aporte justificación dentro del plazo de los cinco días, pero sí se formule escrito de oposición a la demanda dentro del plazo establecido al efecto.

El procedimiento continuará sus trámites, como todo proceso de juicio verbal, hasta que se dicte sentencia que, en el caso de que sea desestimatoria, deberá restituirse la posesión al demandado absuelto.

Oposición a la demanda

La sumariedad de este tipo de proceso la encontramos también en la limitación legal de las causas de oposición. En este tipo de procesos, según se establece en el art. 444.1 bis de la LEC, la oposición **sólo podrá fundarse en cualquiera de estos dos motivos**:

1. La existencia de título suficiente frente al actor para poseer la vivienda.

2. La falta de título para poseer por parte del actor.

Se encuadra el objeto de la controversia en acreditar el despojo, la posesión legítima del actor y la ausencia de título justificativo de la posesión del demandado. Se limitan las alegaciones que puede realizar el demandado, pues únicamente podrá alegar en su defensa que posee justo título para poseer la vivienda y que el actor no prueba que en el momento del despojo estuviera poseyendo el inmueble. Por lo que se refiere a la práctica de la prueba, también se encuentra limitada ya que las pruebas admisibles deberán estar relacionadas con estos dos hechos controvertidos.

En esta línea, resulta altamente ilustrativa la **sentencia de la Audiencia Provincial de Barcelona n.º 368/2020, de 25 de septiembre, ECLI:ES:APB:2020:8416**, que señala:

> «(...) el artículo 444.1 bis de la LEC determina que la oposición del demandado podrá fundarse exclusivamente en la existencia de título suficiente frente al actor para poseer la vivienda o en la falta de título por parte del actor.
>
> De dichos preceptos se deduce que los requisitos que determinan la legitimación activa son:
>
> a) Desde el plano subjetivo: 1.º ser una persona física que sea propietaria o poseedora legítima por otro título de la vivienda, o 2.º ser una entidad

sin ánimo de lucro con derecho a poseer la vivienda, o 3.º ser una entidad pública propietaria o poseedora legítima de vivienda social.

b) Desde el plano objetivo: Haber sido privado, sin prestar consentimiento, de la posesión de la vivienda».

CUESTIÓN

¿Y qué pasa si el demandado no contesta a la demanda?

De acuerdo con el art. 444.1 bis de la LEC, si el demandado no contestara en el plazo legal, se procederá de inmediato a dictar sentencia y al lanzamiento. En el caso de que no compareciera el demandado, seguirá estando declarado en rebeldía con los efectos jurídicos del art. 496 de la LEC, no eximiendo a la parte actora de probar los hechos alegados.

El procedimiento seguirá su curso y las notificaciones se realizarán mediante la publicación de edictos en el tablón de anuncios del juzgado.

La sentencia y su ejecución

El procedimiento se sustanciará por los cauces del juicio verbal. La sentencia que se dicte, de acuerdo con el artículo 447.2 de la LEC, **carecerá de efectos de cosa juzgada**.

Recordemos que tanto el auto del incidente de recobro inmediato de la posesión como la sentencia son **eficaces frente a cualquiera que sea el ocupante de la vivienda, aunque no haya sido parte demandada** —art. 441.1 bis de la LEC—.

Esta sentencia es **recurrible en apelación**, aunque fuere condenatoria al desalojo, a diferencia de lo previsto para el auto de condena al desalojo forzoso en el caso del incidente de recobro inmediato de la posesión que es irrecurrible.

Respecto a la ejecución de la sentencia, supone otra de las grandes novedades de esta nueva regulación. La sentencia condenatoria firme puede ser ejecutada a instancia de la parte actora sin necesidad de respetar el tiempo de espera de los veinte días que marca el art. 548 de la LEC, de acuerdo con el art. 444.1 bis de la LEC.

En lo que se refiere al lanzamiento, hay que tener en cuenta lo previsto en el art. 704 de la LEC, es decir, atender a lo dispuesto acerca de la consideración de vivienda habitual de los ocupantes, y el otorgamiento por el letrado de la Administración de Justicia del plazo de hasta dos meses para el desalojo voluntario del demandado.

6.
DESAHUCIO POR IMPAGO DE RENTAS AL ARRENDADOR POR LA CRISIS DEL COVID-19

La Organización Mundial de la Salud, el 11 de marzo de 2020, elevó la situación de emergencia de la salud pública ocasionada por la COVID-19 a pandemia internacional.

En nuestro país para hacer frente a dicha situación fue preciso adoptar medidas que resultaran eficaces para poder controlar la propagación de la enfermedad, como el decreto de un (primer) estado de alarma el 14 de marzo de 2020, que sería prorrogado en diferentes ocasiones. En este sentido, el 25 de octubre de 2020 entraba en vigor el Real Decreto 926/2020, de 25 de octubre, por el que, de nuevo, se declaraba el estado de alarma en nuestro país, siendo prorrogada su vigencia hasta las 00:00 horas del día 9 de mayo de 2021, en virtud del Real Decreto 956/2020, de 3 de noviembre.

Pero la referida pandemia no solo supuso una crisis sanitaria, sino que ha provocado una profunda crisis global, económica y social por lo que ante esa situación fue necesario que desde el principio de la pandemia se adoptaran otras medidas en distintos ámbitos, en particular de carácter económico y social, cuya eficacia fue condicionada al tiempo durante el que estuviera vigente el estado de alarma, que ha perdido su eficacia el pasado 9 de mayo del año 2021.

Sin embargo, en lo que aquí nos concierne, esto es, la **posibilidad de la suspensión de los desahucios en situaciones de vulnerabilidad, introducida a tenor de la publicación del Real Decreto 11/2020, de 31 de marzo, por el que se adoptan medidas urgentes complementarias en el ámbito social económico para hacer frente al COVID-19,** ha sido modificada y prorrogada **hasta el 31 de diciembre de 2024,** por el Real Decreto-ley 8/2023, de 27 de diciembre.

Suspensión del procedimiento de desahucio y de los lanzamientos para hogares vulnerables sin alternativa habitacional

Desde el 2 de abril de 2020 (entrada en vigor del Real Decreto 11/2020, de 31 de marzo, por el que se adoptan medidas urgentes complementarias en el ámbito social y económico para hacer frente al COVID-19) hasta el 31 de diciembre de 2024 (Real Decreto-ley 8/2023, de 27 de diciembre), en todos los juicios verbales que versen sobre **reclamaciones de renta o cantidades debidas por el arrendatario, o la expiración del plazo de duración de contratos sujetos a la LAU 94** (Ley 29/1994, de 24 de noviembre), que pretendan recuperar la posesión de la finca, se haya suspendido o no previamente el proceso en los términos establecidos en el apartado 5 del artículo 441 de dicha ley, la persona arrendataria podrá instar un **incidente de suspensión extraordinaria del desahucio o lanzamiento ante el juzgado por encontrarse en una situación de vulnerabilidad económica que le imposibilite encontrar una alternativa habitacional para sí y para las personas con las que conviva** conforme a lo señalado en el art. 1 del Real Decreto-ley 11/2020, de 31 de marzo.

CUESTIONES

1. ¿Podremos ejercitar el incidente de suspensión pese a que no se haya celebrado la vista o incluso antes de que esta haya sido señalada por no haber transcurrido el plazo de diez días a que se refiere el apartado 5 del artículo 438 de la LEC?

Sí. El apartado quinto del artículo 438 de la LEC nos dice que el arrendatario, en aquellos supuestos en los que en la demanda se ejercite la pretensión de desahucio por falta de pago de rentas o cantidades debidas, tras la admisión, y previamente a la vista, será requerido para que, en el plazo de **diez días**, desaloje el inmueble, pague al actor o, en caso de pretender la enervación, pague la totalidad de lo que deba o ponga a disposición de aquel en el tribunal o notarialmente el importe de las cantidades reclamadas en la demanda y el de las que adeude en el momento de dicho pago enervador del desahucio; o en otro caso comparezca ante éste y alegue sucintamente, formulando oposición, las razones por las que, a su entender, no debe, en todo o en parte, la cantidad reclamada o las circunstancias relativas a la procedencia de la enervación. Sin embargo, **no será necesario esperar para instar este incidente de suspensión a la comparecencia ante el tribunal, sino que podremos ejercitarlo en cualquier momento, sin necesidad de que tengamos fecha de señalamiento para la vista o haya transcurrido el trámite del plazo al que hemos hecho referencia.**

A TENER EN CUENTA. El Real Decreto-ley 6/2023, de 19 de diciembre, con entrada en vigor el 20 de marzo de 2024, modifica el artículo 440 de la LEC trasladando los apartados 2.º, 3.º, 4.º y 5.º al contenido del artículo 438 de la LEC.

2. ¿Cuándo dejarán de surtir efecto estas medidas de suspensión?

Estas medidas de suspensión han sido establecidas con carácter extraordinario y temporal por lo que, de conformidad con lo previsto en el Real Decreto-ley 8/2023, de 27 diciembre, dejarán de surtir efecto desde el 31 de diciembre de 2024.

Ya hemos adelantado que para que opere la suspensión a la que hemos hecho referencia, es necesario que la persona arrendataria se encuentre en situación de vulnerabilidad económica, pero **¿cuáles son los parámetros utilizados para considerar que una persona se encuentra en situación de vulnerabilidad económica?**

De conformidad con lo dispuesto en el artículo 5 del Real Decreto-ley 11/2020, de 31 de marzo, a los efectos de la obtención de moratorias, ayudas u otras medidas en relación con la renta arrendaticia de la vivienda habitual reguladas en el presente real decreto-ley, requerirán la concurrencia conjunta de los siguientes requisitos:

a) Que la persona que esté obligada a pagar la renta de alquiler pase a estar en situación de desempleo, Expediente Temporal de Regulación de Empleo (ERTE), o haya reducido su jornada por motivo de cuidados, en caso de ser empresario, u otras circunstancias similares que supongan una pérdida sustancial de ingresos, no alcanzando por ello el conjunto de los ingresos de los miembros de la unidad familiar, en el mes anterior a la solicitud de la moratoria:

- **Con carácter general**, el límite de tres veces el indicador público de renta de efectos múltiples mensual (en adelante IPREM).

- Este límite se incrementará en 0,1 veces el IPREM **por cada hijo a cargo en la unidad familiar**. El incremento aplicable por hijo a cargo será de 0,15 veces el IPREM **por cada hijo en el caso de unidad familiar monoparental**.

- Este límite se incrementará en 0,1 veces el IPREM por cada persona mayor de 65 años miembro de la unidad familiar.

- En caso de que alguno de los miembros de la unidad familiar tenga declarada **discapacidad igual o superior al 33 por ciento, situación de dependencia o enfermedad que le incapacite acreditadamente de forma permanente para realizar una actividad laboral**, el límite previsto en el subapartado i) será de cuatro veces el IPREM, sin perjuicio de los incrementos acumulados por hijo a cargo.

- En el caso de que la persona obligada a pagar la renta arrendaticia sea persona con **parálisis cerebral, con enfermedad mental, o con discapacidad intelectual, con un grado de discapacidad reconocido igual o superior al 33 por ciento, o persona con discapacidad física o sensorial, con un grado de discapacidad reconocida igual o superior al 65 por ciento, así como en los casos de enfermedad grave que incapacite acreditadamente, a la persona o a su cuidador, para realizar una actividad laboral**, el límite previsto en el subapartado i) será de cinco veces el IPREM.

b) Que la **renta arrendaticia, más los gastos y suministros básicos**, resulte superior o igual al 35 por cien de los **ingresos netos** que perciba el conjunto de los miembros de la unidad familiar.

> **CUESTIÓN**
>
> **¿Qué se entenderá por gastos y suministros básicos?**
>
> El importe del coste de los suministros de electricidad, gas, gasoil para calefacción, agua corriente, de los servicios de telecomunicación fija y móvil, y las posibles contribuciones a la comunidad de propietarios, todos ellos de la vivienda habitual que corresponda satisfacer al arrendatario.

Así pues, para que proceda la suspensión, y a efectos acreditativos de la concurrencia de las circunstancias antedichas en el arrendatario, **deberá presentarse la siguiente documentación**:

a) En caso de **situación legal de desempleo**, mediante certificado expedido por la entidad gestora de las prestaciones, en el que figure la cuantía mensual percibida en concepto de prestaciones o subsidios por desempleo.

b) En caso de **cese de actividad de los trabajadores por cuenta propia**, mediante certificado expedido por la Agencia Estatal de la Administración Tributaria o el órgano competente de la comunidad autónoma, en su caso, sobre la base de la declaración de cese de actividad declarada por el interesado.

c) **Número de personas que habitan en la vivienda habitual**:

– Libro de familia o documento acreditativo de pareja de hecho.

– Certificado de empadronamiento relativo a las personas empadronadas en la vivienda, con referencia al momento de la presentación de los documentos acreditativos y a los seis meses anteriores.

– Declaración de discapacidad, de dependencia o de incapacidad permanente para realizar una actividad laboral.

d) **Titularidad de los bienes**: nota simple del servicio de índices del Registro de la Propiedad de todos los miembros de la unidad familiar.

e) **Declaración responsable** del deudor o deudores relativa al cumplimiento de los requisitos exigidos para considerarse sin recursos económicos suficientes según este real decreto-ley.

Respecto a la **tramitación prevista para el incidente de suspensión**, una vez presentada la documentación referida, el letrado de la Administración de Justicia dará traslado de dicha acreditación al **demandante**, quien en el plazo máximo de diez días podrá acreditar ante el juzgado, por los mismos medios, **encontrarse igualmente en la situación de vulnerabilidad económica** descrita en la letra a) del artículo 5 del Real Decreto-ley 8/2021, de 4 de mayo —arriba transcrita— o en riesgo de situarse en ella, en caso de que se adopte la medida de suspensión del lanzamiento.

Una vez presentados los anteriores escritos, el letrado de la Administración de Justicia deberá trasladar inmediatamente a los servicios sociales competentes toda la documentación y solicitará a dichos servicios informe, que deberá ser emitido en el plazo máximo de diez días, en el que se valore la situación de vulnerabilidad del arrendatario y, en su caso, del arrendador, y se identifiquen las medidas a aplicar por la Administración competente.

El juez, a la vista de la documentación presentada y del informe de servicios sociales, dictará un **auto en el que acordará la suspensión del lanzamiento** si se considera acreditada la situación de vulnerabilidad económica y, en su caso, que no debe prevalecer la vulnerabilidad del arrendador. **Si no se acreditara la vulnerabilidad por el arrendatario o bien debiera prevalecer la situación de vulnerabilidad del arrendador acordará la continuación del procedimiento.**

Asimismo, cabe advertir que, una vez haya sido acreditada la vulnerabilidad, el legislador establece la obligatoriedad de que antes de la finalización del plazo máximo de suspensión, las Administraciones públicas competentes adopten las medidas indicadas en el informe emitido por los servicios sociales o cualesquiera otras medidas que consideren adecuadas para satisfacer la necesidad habitacional de la persona en situación de vulnerabilidad con el fin de garantizar su acceso a una vivienda digna. Una vez **aplicadas dichas medidas la Administración competente habrá de comunicarlo inmediatamente al Tribunal**, y el letrado de la Administración de Justicia deberá dictar en el plazo máximo de tres días decreto acordando el **levantamiento de la suspensión** del procedimiento.

CUESTIÓN

Para que el tribunal lleve a efecto la comunicación a los servicios sociales a la que hemos hecho referencia, ¿será necesario el consentimiento de los interesados?

No, a los efectos previstos en el artículo 150.4 de la Ley 1/2000, de 7 de enero, de Enjuiciamiento Civil, se entenderá que concurre el consentimiento de la persona arrendataria por la mera presentación de la solicitud de suspensión. Asimismo, se entenderá igualmente que concurre el consentimiento del arrendador para hacer la comunicación prevenida en este artículo por la mera presentación del escrito alegando su situación de vulnerabilidad económica.

Suspensión durante el estado de alarma del procedimiento de desahucio y de los lanzamientos para personas económicamente vulnerables sin alternativa habitacional: vía civil y penal

El Real Decreto-ley 8/2023, de 27 de diciembre, modifica el Real Decreto-ley 11/2020, de 31 de marzo, por el que se adoptan medidas urgentes complementarias en el ámbito social y económico para hacer frente al CO-VID-19, en su artículo 1 bis, en relación con la suspensión hasta el 31 de diciembre de 2024 del **procedimiento de desahucio y de los lanzamientos para personas económicamente vulnerables sin alternativa habitacional en los supuestos de los apartados 2.º, 4.º y 7.º del artículo 250.1 de la Ley 1/2000, de 7 de enero, de Enjuiciamiento Civil, y en aquellos otros en los que el desahucio traiga causa de un procedimiento penal**, en los que el juez tendrá la facultad de suspender el lanzamiento hasta la fecha en que hayan transcurridos 3 meses desde la finalización del estado de alarma.

> **A TENER EN CUENTA**. Estas medidas de suspensión que se establecen con carácter extraordinario y temporal **dejarán de surtir efecto en todo caso el 31/12/2024**.

¿Qué circunstancias han de concurrir para la suspensión del lanzamiento?

– Que se trate de viviendas que pertenezcan a personas jurídicas, o de viviendas que pertenezcan a personas físicas y estas sean titulares de más de diez viviendas.

– Que las personas que las habitan sin título se encuentren en situación de vulnerabilidad económica por encontrarse en alguna de las situaciones descritas en la letra a) del artículo 5 del Real Decreto 11/2020, de 31 de marzo (en este sentido, y a efectos de evitar ser repetitivos, nos remitimos al apartado anterior donde se hace referencia a los parámetros utilizados para considerar que una persona se encuentra en situación de vulnerabilidad económica). Este extremo deberá ser acreditado mediante la presentación de los documentos a los que también hemos hecho referencia en el apartado anterior y constan expresamente referidos en el artículo 6 del Real Decreto 11/2020, de 31 de marzo.

– Que la persona que habite la vivienda sin título tenga consideración de persona dependiente de conformidad con lo dispuesto en el apartado 2.º del artículo 2 de la Ley 39/2006, de 14 de diciembre, de Promoción de la Autonomía Personal y Atención a las personas en situación de dependencia, sea víctima de violencia sobre la mujer o tenga a su cargo, conviviendo en la misma vivienda, alguna persona dependiente o menor de edad.

> **CUESTIÓN**
>
> **¿Qué debemos entender por dependencia?**
>
> El estado de carácter permanente en que se encuentran las personas que, por razones derivadas de la edad, la enfermedad o la discapacidad, y ligadas a la falta o a la pérdida de autonomía física, mental, intelectual o sensorial, precisan de la atención de otra u otras personas o ayudas importantes para realizar actividades básicas de la vida diaria o, en el caso de las personas con discapacidad intelectual o enfermedad mental, de otros apoyos para su autonomía personal.

Tras la presentación de los documentos previstos en el artículo 6 del Real Decreto 11/2020, de 31 de marzo, el letrado de la Administración de Justicia dará traslado de dicha acreditación al demandante o denunciante.

Asimismo, este dará traslado inmediato a los servicios sociales competentes toda la documentación y solicitará a dichos servicios informe, que deberá ser emitido en el plazo máximo de quince días, en el que se valore la situación de vulnerabilidad de la persona o personas que hayan fijado en el inmueble su vivienda, y se identifiquen las medidas a aplicar por la administración competente.

Acreditada la situación de vulnerabilidad de la persona que habite en la vivienda y ponderadas por el juez todas las demás circunstancias concurrentes, este dictará auto acordando, en su caso, la suspensión por el tiempo que reste hasta el 31/12/2024. En este sentido, cabe advertir que el juez tomará la **decisión** sobre si procede la suspensión del lanzamiento, o no, previa valoración ponderada y proporcional del caso concreto, **teniendo en cuenta, entre otras que procedan, las siguientes circunstancias**:

a) Las circunstancias relativas a si la entrada o permanencia en el inmueble está motivada por una situación de extrema necesidad. Al efecto de analizar el estado de necesidad se valorará adecuadamente el informe de los servicios sociales emitido.

b) Las circunstancias relativas a la cooperación de los habitantes de la vivienda con las autoridades competentes en la búsqueda de soluciones para una alternativa habitacional que garantizara su derecho a una vivienda digna.

Durante el plazo máximo de suspensión fijado, las administraciones públicas competentes deberán, en caso de quedar constatada la vulnerabilidad económica, adoptar las medidas indicadas en el informe de servicios sociales u otras que consideren adecuadas para satisfacer la necesidad habitacional de la persona en situación de vulnerabilidad que garanticen su acceso a una vivienda digna. Una vez adoptadas dichas medidas, la Administración competente habrá de comunicarlo inmediatamente al tribunal competente, y el juez deberá dictar en el plazo máximo de tres días auto acordando el levantamiento de la suspensión del procedimiento y el correspondiente lanzamiento.

CUESTIÓN

Para que el tribunal lleve a efecto la comunicación a los servicios sociales a la que hemos hecho referencia, ¿será necesario el consentimiento?

No, al igual que ocurría en el punto anterior, a los efectos previstos en el artículo 150.4 de la Ley 1/2000, de 7 de enero, de Enjuiciamiento Civil, se entenderá que concurre el consentimiento de la persona demandada por la mera presentación de su solicitud de suspensión.

Supuestos en los que en ningún caso procederá la suspensión analizada

− Cuando se haya producido en un inmueble de propiedad de una persona física, si en dicho inmueble tiene su domicilio habitual o segunda residencia debidamente acreditada, sin perjuicio del número de viviendas de las que sea propietario.

− Cuando se haya producido en un inmueble de propiedad de una persona física o jurídica que lo tenga cedido por cualquier título válido en derecho a una persona física que tuviere en él su domicilio habitual o segunda residencia debidamente acreditada.

− Cuando la entrada o permanencia en el inmueble se haya producido mediando intimidación o violencia sobre las personas.

− Cuando existan indicios racionales de que la vivienda se esté utilizando para la realización de actividades ilícitas.

– Cuando la entrada o permanencia se haya producido en inmuebles de titularidad pública o privada destinados a vivienda social y ya se hubiera asignado la vivienda a un solicitante por parte de la administración o entidad que gestione dicha vivienda.

– Cuando la entrada en la vivienda se haya producido con posterioridad al 2 de abril de 2020 (fecha de entrada en vigor del Real Decreto- ley 11/2020 de 31 de marzo).

Reanudación de procedimientos de desahucio y lanzamientos por la parte actora que sea gran tenedora

La **Ley 12/2023, de 24 de mayo, por el derecho a la vivienda** en su disposición transitoria tercera se refiere a la **reanudación de los procedimientos suspendidos en virtud de los arts. 1 y 1 bis del Real Decreto-ley 11/2020, de 31 de marzo**. En este sentido dispone que, tras la entrada en vigor de esta ley de vivienda, y a partir del 31 de diciembre de 2024, los procedimientos de desahucio y los lanzamientos que se encuentren suspendidos, cuando la parte actora sea una gran tenedora de vivienda solo se reanudarán a petición expresa de la misma si acredita que se ha sometido al procedimiento de conciliación o intermediación.

> **CUESTIÓN**
>
> **¿Qué se entiende por gran tenedora de vivienda?**
>
> Gran tenedor es la persona física o jurídica que sea titular de más de diez inmuebles urbanos de uso residencial o una superficie construida de más de 1.500 m2 de uso residencial, excluyendo en todo caso garajes y trasteros. Esta definición podrá ser particularizada en la declaración de entornos de mercado residencial tensionado hasta aquellos titulares de cinco o más inmuebles urbanos de uso residencial ubicados en dicho ámbito, cuando así sea motivado por la comunidad autónoma en la correspondiente memoria justificativa.
>
> *Preámbulo de la Ley 12/2023, de 24 de mayo, por el derecho a la vivienda.*
>
> *«En este contexto, se entiende la definición de carácter general del concepto de «gran tenedor», como la persona física o jurídica que sea titular de más de diez inmuebles urbanos, excluyendo garajes y trasteros, o una superficie construida de más de 1.500 m2, en los términos ya recogidos en el Real Decreto-ley 11/2020, de 31 de marzo, por el que se adoptan medidas urgentes complementarias en el ámbito social y económico para hacer frente al COVID-19, acotándose en el texto de la ley a aquellos inmuebles y superficie que sea de uso residencial. Si bien, se especifica que tal definición general podrá ser particularizada en la declaración de entornos de mercado residencial tensionado, pudiendo alcanzar a titulares de cinco o más inmuebles urbanos de uso residencial que estén ubicados en dichos entornos».*

Este requisito, de haberse sometido a conciliación o intermediación, podrá acreditarse:

– Mediante declaración responsable de la parte actora de que ha acudido a los servicios de conciliación o intermediación. Esta conciliación debe realizarse en un plazo máximo de 5 meses de antelación a la presentación de la solicitud de reanudación del tratamiento o alzamiento de la suspensión, sin que hubiera sido atendida o se hubieran iniciado los trámites correspondientes en el plazo de **dos meses** desde que presentó su solicitud.

- Presentación de documento acreditativo de los servicios competentes que indique el resultado del procedimiento de conciliación o intermediación. En el mismo se hará constar la identidad de las partes, el objeto de la controversia y si alguna de las partes ha rehusado participar en el procedimiento, en su caso. Este documento no podrá tener una vigencia **superior a 3 meses**.

> **A TENER EN CUENTA.** En caso de que la parte ejecutante sea una entidad pública de vivienda el requisito de conciliación o intermediación se podrá sustituir por la previa concurrencia de la acción de los servicios específicos de intermediación de la propia entidad.

Prórroga extraordinaria de los contratos de arrendamiento de vivienda habitual

El artículo 2 del Real Decreto-ley 11/2020, de 31 de marzo, tenía previsto que, si nos encontrábamos ante un contrato destinado al arrendamiento de vivienda habitual sujeto a la Ley 29/1994, de 24 de noviembre, de Arrendamientos Urbanos, si este o cualesquiera de sus prórrogas –obligatoria o tácita– hubiese finalizado o finalizara en el periodo comprendido entre el 2 de abril de 2020 (entrada en vigor del RD-ley) y el 28 de febrero de 2022, podría aplicarse, **previa solicitud del arrendatario, una prórroga extraordinaria del plazo del contrato de arrendamiento por un periodo máximo de seis meses**, durante los cuales se seguirían aplicando los términos y condiciones establecidos para el contrato en vigor **debiendo haber sido aceptada por el arrendador, salvo en dos circunstancias:**

- Que se hubiesen fijado otros términos o condiciones por acuerdo entre las partes.
- Que el arrendador hubiera comunicado en los plazos y condiciones establecidos en el artículo 9.3 de la Ley 29/1994, de 24 de noviembre, de Arrendamientos Urbanos, la necesidad de ocupar la vivienda arrendada para destinarla a vivienda permanente para sí o sus familiares en primer grado de consanguinidad o por adopción o para su cónyuge en los supuestos de sentencia firme de separación, divorcio o nulidad matrimonial.

Este precepto preveía la prórroga hasta el 28 de febrero de 2022 no siendo modificado dicho plazo. Sin embargo debemos tener en cuenta que el art. 71 del Real Decreto-ley 20/2022, de 27 de diciembre, de medidas de respuesta a las consecuencias económicas y sociales de la Guerra de Ucrania y de apoyo a la reconstrucción de la isla de La Palma y a otras situaciones de vulnerabilidad, señaló, en los mismo términos descritos anteriormente que, desde su entrada en vigor el 28/12/2022 y hasta el 30 de junio de 2023, podría aplicarse, previa solicitud del arrendatario, una prórroga extraordinaria del plazo del contrato de arrendamiento de seis meses, desde la fecha de finalización.

CUESTIÓN

Durante el plazo de prórroga, ¿podía actualizarse la renta?

Sí, la renta podía actualizarse durante esta prórroga extraordinaria con sujeción a las limitaciones establecidas en el art. 46 del Real Decreto-ley 6/2022, de 29 de marzo.

Moratoria de la deuda arrendaticia en caso de grandes tenedores y empresas o entidades públicas de vivienda

El art. 4 Real Decreto-ley 11/2020, de 31 de marzo, tenía previsto que la persona arrendataria de un contrato de vivienda habitual suscrito al amparo de la LAU que se encontrara en situación de vulnerabilidad económica, podía solicitar de la persona arrendadora cuando esta era una empresa o entidad pública de vivienda o un gran tenedor, hasta el 28 de febrero de 2022, el aplazamiento temporal y extraordinario en el pago de la renta.

ANEXO I.
CASOS PRÁCTICOS

Caso práctico | Cesión de vivienda entre familiares y posibilidad de desahucio

PLANTEAMIENTO

Una mujer cede a su hijo casado una vivienda para que se instale y fije allí su domicilio familiar. Al tiempo, tienen una hija y finalmente se divorcian, quedando atribuido el uso de la vivienda familiar a la nuera y su nieta. ¿Puede presentar una demanda de desahucio por precario contra su exnuera?

RESPUESTA

Sí, podrá entablar demanda de desahucio por precario frente a su exnuera.

En el caso de que se trate de terceros propietarios que ceden el inmueble por razón de matrimonio, sin que exista relación contractual entre el propietario y los cónyuges, la jurisprudencia viene excluyendo la figura del comodato, y lo califica como mero precario, facultando al propietario para que reclame la restitución de la posesión.

En esta línea, es altamente ilustrativa la **sentencia de la Audiencia Provincial de Madrid n.º 272/2020, de 2 de julio, ECLI:ES:APM:2020:7637**, cuando señala que:

> «(...) la jurisprudencia del Tribunal Supremo (v.gr. sentencia de 28 de febrero de 2.017; recurso 264/2015) ha definido el precario como ' una situación de hecho que implica la utilización gratuita de un bien ajeno, cuya posesión jurídica no nos corresponde, aunque nos hallemos en la tenencia del mismo y por tanto la falta de título que justifique el goce de la posesión, ya porque no se haya tenido nunca, ya porque habiéndola tenido se pierda o también porque nos otorgue una situación de preferencia, respecto a un poseedor de peor derecho' (sentencias 110/2013, 28 de febrero ; 557/2013, 19 de septiembre ; 545/2014, de 1 de octubre)».

Es importante señalar, además, que esta cuestión debe de ser resuelta desde el punto de vista del derecho de propiedad, y no del derecho de familia. Las consecuencias del divorcio de la pareja no deben afectar a los derechos de los terceros. A este respecto, se pronuncia la **sentencia del Tribunal Supremo n.º 861/2009, de 18 de enero de 2010, ECLI:ES:TS:2010:776**) cuando establece que:

> «Cuando se trate de terceros propietarios que han cedido el inmueble por razón del matrimonio, salvo que exista un contrato que legitime el uso de la vivienda, la relación entre los cónyuges y el propietario es la de un precario. Debe enfocarse el tema desde el punto de vista del derecho de propiedad y no del derecho de familia, porque las consecuencias del divorcio/separación no tienen que ver con los terceros propietarios (...)».

La **STS n.º 443/2010, de 14 de julio, ECLI:ES:TS:2010:3886**, establece que la atribución de la vivienda por sentencia dictada en el ámbito de un proceso de familia no puede constituir un título jurídico hábil para justificar la posesión, ni permite reconocer una protección mayor que al legítimo poseedor:

> «En definitiva, la atribución del uso de la vivienda por dictada en el ámbito de un procedimiento de familia no puede constituir un título jurídico hábil para justificar la posesión que resulte oponible a terceros ajenos a las relaciones surgidas por el matrimonio y por el procedimiento matrimonial, ni permite reconocer al beneficiario una posición jurídica y una protección posesoria de vigor jurídico superior al que la situación de precario proporciona a la familia,

pues ello entrañaría subvenir necesidades familiares, desde luego muy dignas de protección, con cargo a extraños al vínculo matrimonial y titulares de un derecho que posibilita la cesión del uso de la vivienda».

Tal y como señala la **STS n.º 859/2009, de 14 de enero de 2010,** ECLI:ES:TS:2010:1894:

> «(…) el derecho de uso a la vivienda familiar concedido mediante sentencia no es un derecho real, sino un derecho de carácter familiar, cuya titularidad corresponde en todo caso al cónyuge a quien se atribuye la custodia o a aquel que se estima, no habiendo hijos, que ostenta un interés más necesitado de protección (así se ha estimado en la RDGRN de 14 de mayo de 2009). Desde el punto de vista patrimonial, el derecho al uso de la vivienda concedido mediante sentencia judicial a un cónyuge no titular no impone más restricciones que la limitación de disponer impuesta al otro cónyuge, la cual se cifra en la necesidad de obtener el consentimiento del cónyuge titular del derecho de uso (o, en su defecto, autorización judicial) para cualesquiera actos que puedan ser calificados como actos de disposición de la vivienda. Esta limitación es oponible a terceros y por ello es inscribible en el Registro de la Propiedad (RDGRN de 10 de octubre de 2008).
>
> (…)
>
> Estas situaciones contrastan con aquellas en las cuales los cónyuges ocupan en precario una vivienda, en virtud de una posesión simplemente tolerada por la condescendencia del propietario. En este caso, pese a la adjudicación del uso a uno de ellos en aplicación del artículo 96 CC no se puede obtener frente a un tercero una protección posesoria de vigor jurídico superior al que el hecho del precario proporcionaba a los cónyuges(…)».

Concluye el Tribunal Supremo en su **STS n.º 279/2016, de 28 de abril,** ECLI:ES:TS:2016:1890, que: «(…) la atribución de la vivienda que vienen ocupando la hija del matrimonio y su madre que ostenta la guarda y custodia corre el riesgo de resultar inútil, puesto que sus propietarios pueden recuperarla mediante el ejercicio de la acción de desahucio por precario, a la que están legitimados por la inexistencia de contrato con la ocupante de la misma (…)».

Por lo tanto, toda vez que se ceda una vivienda sin contraprestación ni fijación de plazo por su titular, pero para un uso determinado, esto es para ser utilizada como domicilio conyugal o familiar, nos encontramos ante un contrato de comodato, por lo que al cesar el uso pactado por la ruptura matrimonial, se extingue el contrato de comodato, y el poseedor de la vivienda deviene en precarista, cuyo uso puede ser cesado en cualquier momento por quien ostente un derecho de posesión sobre la misma, con independencia de que al ex cónyuge o ex pareja ocupante se le haya atribuido el uso de la vivienda por sentencia firme o convenio regulador

Caso práctico | Utilización en exclusiva de una vivienda por un coheredero y desahucio

PLANTEAMIENTO

Una mujer reside en una vivienda que le ha sido cedida por sus padres. Tiene tres hermanos. Los padres fallecen sin testamento y no establecen como deben ser repartidos sus bienes. ¿Podrán los hermanos echar de la vivienda a la mujer?

RESPUESTA

El TS ha declarado la viabilidad del desahucio por precario entre coherederos mientras la herencia permanece indivisa, y uno de ellos se encuentra en posesión exclusiva del bien, siempre que se actúe en beneficio de la comunidad hereditaria.

Es importante comenzar señalando que, al haber muerto los padres sin hacer reparto de los bienes, todos los hermanos se convierten en copropietarios de los bienes, por lo que, en principio, en el caso de que los coherederos quieran desalojarlo podrán hacerlo mediante un juicio de desahucio por precario.

A este respecto se ha pronunciado en numerosas ocasiones el TS en sentencias como la de **STS n.° 68/2012, de 28 de febrero, ECLI:ES:TS:2012:1309** o la de **STS n.° 501/2013, de 29 de julio, ECLI:ES:TS:2013:6651**, donde establece que en el caso de que un coheredero se encuentre disfrutando de una vivienda perteneciente a una herencia que todavía no se ha dividido, el resto de los coherederos pueden entablar una demanda de desahucio de precario frente al ocupante si este se niega a su desalojo.

El TS en su **sentencia n.° 501/2013, de 29 de julio, ECLI:ES:TS:2013:6651**, antes citada, establece que el hecho de ser un coheredero no te da derecho a poseer con carácter exclusivo de un bien que pertenece a la masa hereditaria:

> «(…) el supuesto en cuestión se encuadra metodológicamente en el ámbito de la protección posesoria de las cosas comunes de la herencia durante el periodo de indivisión de la misma artículos 445 y 450 del Código Civil de forma que, aunque se admite la coposesión, y su tutela, ello no autoriza a ningún coheredero a que posea con carácter exclusivo un bien que pertenece pro- indiviso a la comunidad hereditaria. Lo actuado en este sentido comporta una clara extralimitación objetiva del derecho de posesión del coheredero y como tal un perjuicio o despojo injustificado para el resto de los coherederos».

De acuerdo con lo que ha establecido el TS en su **auto de 22 de febrero de 2017, rec. 318/2016, ECLI:ES:TS:2017:1217A**:

> «(…) cuando se ejercita el desahucio por precario por la comunidad hereditaria frente a un coheredero que ocupa de modo exclusivo un bien de la herencia, siendo así que la Sala Primera tiene dicho que cabe el desahucio por precario entre coherederos, sobre un bien de la herencia sin dividir: «Cabe la acción de desahucio contra aquel coheredero que está poseyendo en exclusiva un bien que forma parte del patrimonio hereditario del causante, sin título acreditado» y esto incluso cuando existe un consentimiento o cesión permitida por el causante: «El uso por cesión de un causante, por sí solo, no constituye comodato, es mera tolerancia.» (STS n.° 74/2014 de 14/02/2014, recurso 39 / 2012, que cita la n.° 501/2013 de 29/07/2013, recurso n.° 970/2011, y la n.° 106/2012 de 28/02/2013, recurso n.° 312 / 2010) (…)».

También la **STS n.º 178/2021, de 29 de marzo, ECLI:ES:TS:2021:1239**, se pronuncia en este sentido:

> «A partir de la sentencia del pleno 547/2010, de 16 de septiembre, **es jurisprudencia consolidada el reconocimiento del ejercicio de la acción de desahucio por precario entre coherederos y en beneficio de la comunidad.** Esta doctrina se fundamenta en la idea de que, durante el período de indivisión que precede a la partición, todos los coherederos tienen título para poseer como consecuencia de su participación en la comunidad hereditaria, pero ese título no ampara una posesión en exclusiva y excluyente de un bien común por un coheredero.
>
> (...)
>
> Esta jurisprudencia requiere, por el propio fundamento por el que en estas hipótesis se reconoce la acción de desahucio, que subsista la **situación de indivisión previa a la partición** y que la acción se ejercite en beneficio de la comunidad. Además, es evidente que la aplicación de esta jurisprudencia requiere también que el coheredero contra el que se ejercita la acción de desahucio posea en su mera condición de coheredero, porque si su posesión está amparada por un título que le autoriza a poseer en exclusiva un bien, aunque no se haya realizado la partición, no se encontrará en situación de precario ni podrá prosperar la acción de desahucio por precario».

Por lo tanto, **hasta que no se produce la partición de la herencia no se puede poseer de manera exclusiva un bien**, ya que estamos ante una comunidad de bienes en la que conforme a lo dispuesto en el art. 394 del CC: «Cada partícipe podrá servirse de las cosas comunes, siempre que disponga de ellas conforme a su destino y de manera que no perjudique el interés de la comunidad, ni impida a los copartícipes utilizarlas según su derecho».

La Audiencia Provincial de Tarragona es clara en su **sentencia n.º 610/2023, de 21 de diciembre, ECLI:ES:APT:2023:1708**, al señalar que:

> «En consecuencia, si un comunero usa la cosa común respetando los límites del artículo 394 CC, el otro o los otros comuneros no pueden impedírselo por el mero hecho de que aquél la use él sólo, o de que —teniendo, por ejemplo, todos ellos cuotas iguales (art. 393.II CC)—, aquél la use más el otro u otros. El mero hecho de que el referido uso de la cosa común sea el único, o de que sea proporcionalmente mayor que la propia cuota, no justifica el ejercicio por el otro u otros comuneros de remedios procesales para poner fin al mismo (reivindicatoria, desahucio, interdictos), ni lo convierte en un uso ilícito que justifique una acción de resarcimiento, ni en un uso sin causa que permita fundar una acción de enriquecimiento injusto.
>
> 2. Los límites, establecidos por el artículo 394 CC, de que el uso por cada comunero de la cosa común sea "conforme a su destino" y de que no "impida a los copartícipes utilizarla según su derecho", no plantean problemas difíciles de interpretación jurídica. Ese "destino" de la cosa común (que podrá ser más de uno) será el pactado expresa o tácitamente por los comuneros, o el que sea conforme a la naturaleza de la cosa o, por utilizar palabras del artículo 1695.2.ª CC, a la "costumbre de la tierra". Y —como han dejado establecido las Sentencias de esa Sala 78/1987, de 18 de febrero , 764/1996, de 2 octubre (Rec. 3440/1992), y 354/1999, de 30 abril (Rec. 3339/1994), y reiterado las ya mencionadas Sentencias de 7 de mayo de 2007 y 9 de diciembre de 2015— es sin duda contrario a derecho que un comunero utilice la cosa común de un modo excluyente: que impida el ejercicio por el otro u otro de los partícipes de

su igual facultad de uso solidario; que, en palabras del artículo 1695.2.ª CC , "impida el uso a que tienen derecho sus compañeros".

3. Mayores dificultades interpretativas plantea el límite de que el uso por cada partícipe de la cosa común "no perjudique el interés de la comunidad": las dificultades propias de cohonestar la facultad de uso solidario ex artículo 394 CC con lo dispuesto en el primer párrafo del artículo 398 CC, a cuyo tenor: "Para la administración y mejor disfrute de la cosa común serán obligatorios los acuerdos de la mayoría de los partícipes".

Ciertamente, hay que partir de la afirmación de que el ejercicio por un partícipe de la facultad de uso solidario de la cosa común que le reconoce el artículo 394 CC no está condicionado a que exista un previo acuerdo de la mayoría de comuneros, conforme al artículo 398 CC, que así lo autorice. Si pudiera deducirse lo contrario de algunos razonamientos de las antiguas Sentencias de esta Sala 61/1965, de 11 de enero, y 913/1988, de 30 de noviembre, no representarían desde hace años la doctrina jurisprudencial

Con base en la natural presunción de que el "interés de la comunidad" coincide con el interés de la mayoría (de cuotas) de los comuneros —de que la mayoría es el intérprete del interés de la comunidad—, puede aceptarse la tesis que deberá presumirse ilícito el uso por un comunero de la cosa común que contravenga una previa reglamentación específica del uso de la cosa común acordada por la mayoría. Pero para añadir de inmediato que la exclusión por la mayoría de la facultad de uso solidario, estableciendo por ejemplo un uso por turnos o por zonas, sólo será admisible —y. no implicará vulneración del artículo 394 CC—, cuando y mientras venga claramente exigida (por el destino de la cosa o) por el "interés de la comunidad", por darse una situación de hecho como la descrita por la ya mencionada Sentencia de 23 de marzo de 1991, a cuyo tenor:

"Si bien el artículo 394 CC no condiciona el uso de la cosa común por cada condueño nada más que a que dicho uso no impida a los copartícipes usarla según su derecho, lo que, en principio, implica un uso solidario y no en función de la cuota indivisa de casa uno, ello no puede entenderse de modo absoluto y para todo supuesto, sino que será siempre que lo permita la naturaleza de la cosa común, lo que no ocurre, cuando, como en el caso a que se refiere este recurso, se trate de vivienda o chalé, pues el uso indiscriminado y promiscuo por todos los condueños (que además están enemistados), aunque sea con carácter temporal hasta que se lleve a efecto la disolución de la comunidad, supondría la creación de una previsible fuente de conflictos y discordias"».

Caso práctico | La transacción judicial como solución al desahucio por impago de rentas

PLANTEAMIENTO

Un propietario con un inmueble arrendado quiere desalojar al inquilino que arrienda el inmueble, con motivo de la falta de pago de las últimas mensualidades. ¿Cómo funciona la transacción judicial como solución al desahucio por impago de rentas?

RESPUESTA

Los juicios por desahucio por falta de pago de las rentas pueden solucionarse por una transacción judicial en la que el demandante-arrendador, se comprometa a condonar al arrendatario todo, o parte de la deuda y de las costas, condicionándolo al desalojo voluntario de la finca, dentro del plazo que indique el arrendador (art. 437.3 de la LEC).

Hay que tener en cuenta lo preceptuado por el 21.3 de la LEC que dice: «Si el allanamiento resultase del compromiso con efectos de transacción previsto en el apartado 3 del artículo 437 para los juicios de desahucio por falta de pago de rentas o cantidades debidas, o por expiración legal o contractual del plazo, la resolución que homologue la transacción declarará que, de no cumplirse con el plazo del desalojo establecido en la transacción, esta quedará sin efecto, y que se llevará a cabo el lanzamiento sin más trámite y sin notificación alguna al condenado, en el día y hora fijadas en la citación si esta es de fecha posterior, o en el día y hora que se señale en dicha resolución».

En la resolución que homologue la transacción, o en la sentencia de condena por allanamiento, en previsión a que no se verifique por el arrendatario el desalojo voluntario en el plazo señalado, se fijará con carácter subsidiario día y hora en que tendrá lugar, en su caso, el lanzamiento directo del demandado, que se llevará a cabo sin necesidad de ulteriores trámites en un plazo no superior a 15 días desde la finalización del periodo voluntario (art. 447.1 de la LEC).

En cuanto a los **efectos que tiene la transacción judicial**, hay que decir que contiene una condición resolutoria legal que consiste en el desalojo en el plazo fijado, con lo que, de no producirse la condición, la transacción quedaría sin efecto, únicamente respecto a la reclamación de rentas y costas (si también se habían condonado), por lo que el actor podría posteriormente ejercitar la acción de reclamación de rentas y costas.

Por tanto, la aceptación de la condonación de las deudas supone automáticamente el allanamiento respecto al desahucio, de modo que, **si no se produce el desalojo del inmueble** en la fecha fijada por el actor, el lanzamiento se producirá sin más trámites, ni notificación al condenado, en el día y hora fijadas en la citación si esta es de fecha posterior, o en el día y hora que señale la resolución que homologó la transacción.

Caso práctico | ¿Es posible oponerse al desahucio por falta de pago y subsidiariamente que se tenga por enervada la acción?

PLANTEAMIENTO

El arrendador ejercita una acción de desahucio por falta de pago de las cantidades debidas por la arrendataria, así como acumulada una pretensión de condena a abonar la demandada la totalidad de las cantidades adeudadas. La arrendataria se opone a la demanda ya que considera que no debe las cantidades que se le reclaman, no obstante, para el supuesto de que su pretensión no fuera atendida, consigna para pago, con carácter subsidiario, la cantidad postulada en la demanda, considerando la posibilidad de enervar la acción.

En caso de que no se estime la oposición de la parte demanda ¿es posible admitirse la enervación de la acción solicitada de manera subsidiaria?

RESPUESTA

En este caso la respuesta debe ser afirmativa. Sobre esta materia se ha pronunciado el Tribunal Supremo en su **sentencia n.º 811/2021, de 29 de noviembre, ECLI:ES:TS:2021:4344**. En cuanto a las posibilidades de actuación de la parte demandada debemos tener en cuenta que:

Señala el art. 22.4 de la LEC «Los procesos de desahucio de finca urbana o rústica por falta de pago de las rentas o cantidades debidas por el arrendatario terminarán mediante decreto dictado al efecto por el letrado de la Administración de Justicia si, requerido aquél en los términos previstos en el apartado 5 del artículo 438 [apartado 3 del artículo 440 hasta el 20/03/2024], paga al actor o pone a su disposición en el Tribunal o notarialmente, dentro del plazo conferido en el requerimiento, el importe de las cantidades reclamadas en la demanda y el de las que adeude en el momento de dicho pago enervador del desahucio. Si el demandante se opusiera a la enervación por no cumplirse los anteriores requisitos, se citará a las partes a la vista prevenida en el artículo 443 de esta Ley, tras la cual el Juez dictará sentencia por la que declarará enervada la acción o, en otro caso, estimará la demanda habiendo lugar al desahucio (...)».

A lo añade el art. 438.5 de la LEC que «En los casos de demandas en las que se ejercite la pretensión de desahucio por falta de pago de rentas o cantidades debidas, acumulando o no la pretensión de condena al pago de las mismas, el letrado o letrada de la Administración de Justicia, tras la admisión, y previamente a la vista que se señale, requerirá a la persona demandada para que, en el plazo de diez días, desaloje el inmueble, pague al actor o, en caso de pretender la enervación, pague la totalidad de lo que deba o ponga a disposición de aquel en el tribunal o notarialmente el importe de las cantidades reclamadas en la demanda y el de las que adeude en el momento de dicho pago enervador del desahucio; o en otro caso comparezca ante éste y alegue sucintamente, formulando oposición, las razones por las que, a su entender, no debe, en todo o en parte, la cantidad reclamada o las circunstancias relativas a la procedencia de la enervación. (....)».

A TENER EN CUENTA. El Real Decreto-ley 6/2023, de 19 de diciembre, con entrada en vigor el 20 de marzo de 2024 modifica, entre otros, los artículos 438 y 440 de la LEC. Con esta reforma, se traslada el contenido de los apartados 3 y siguientes del artículo 440 al contenido del artículo 438.

Pues bien, en el caso que nos ocupa, la arrendataria consignó la cantidad reclamada en la demanda; no obstante, en el ejercicio de su derecho de defensa, se opuso a que debiera la suma reclamada. Entiende el tribunal que supondría una limitación del derecho de defensa de la parte arrendataria que se le obligue a elegir entre oponerse o consignar y, por lo tanto, vedándole la oportunidad de negar la deuda tal y como es pretendida por el demandante y que, al mismo tiempo, consignar para el supuesto de su oposición no fuera estimada y, de esta forma, mantener la vigencia del vínculo arrendaticio concertado.

Caso práctico | Desahucio. Burofax no entregado, pero del que se ha dejado aviso. ¿Puede considerarse requerimiento fehaciente?

PLANTEAMIENTO

El arrendador interpone demanda de desahucio por falta de pago y reclamación de cantidad frente al arrendatario, el cual se opuso a la demanda alegando que cabía la enervación puesto que no había recibido requerimiento fehaciente y lo suficientemente formal para jugarse la situación de posible enervación. Sin embargo, en el proceso consta que la parte demandante ha aportado un burofax en el que se realiza el requerimiento de pago. El demandado alega que el burofax no ha sido entregado y en él se pone con letra impresa que se ha dejado aviso, y que por lo tanto no puede entenderse como requerimiento fehaciente a los efectos el art. 22.4 de la LEC.

La cuestión que se plantea en este supuesto es si el burofax no entregado, pero del que se ha dejado aviso al demandado, puede considerarse requerimiento fehaciente y por tanto puede evitar la enervación de la acción.

RESPUESTA

Para dar solución a esta cuestión acudiremos a lo señalado por la **sentencia del Tribunal Supremo n.º 493/2022, de 22 de junio, ECLI:ES:TS:2022:2462** en la cual el alto tribunal señala que no ofrece duda que el burofax es un instrumento idóneo para que el requerimiento de pago de la renta se lleve a efecto de manera fehaciente a través de un medio que permita dejar constancia de su realización.

La cuestión que se debate en este caso es si la forma en que se practicó el requerimiento es bastante para que el arrendatario tenga acceso a su contenido, cuando consta como «no entregado» y «dejado aviso». El alto tribunal señala que no puede avalarse una conducta obstativa, contraria a los postulados de la buena fe, consistente en evitar las consecuencias legales de un acto jurídico.

Afirma que «Como ha dicho el Tribunal Constitucional no se produce indefensión cuando la omisión o frustración de los actos de comunicación procesal tienen su causa en la falta de diligencia del afectado en la defensa de sus derechos e intereses, bien porque se ha colocado al margen del proceso mediante una actitud pasiva, bien cuando resulte probado que poseía un conocimiento extraprocesal de la existencia del litigio en el que no fue personalmente emplazado (sentencias del Tribunal Constitucional núm. 149/2002, de 15 de julio, 6/2003, de 20 de enero, 55/2003, de 24 de marzo, 90/2003, de 19 de mayo, 191/2003, de 27 de octubre, 43/2006, de 13 febrero, 161/2006, de 22 de mayo, y 93/2009, de 20 de abril)».

En definitiva, en cuanto al requerimiento fehaciente conforme al art. 22 de la LEC, la no recepción por causa imputable al arrendatario no impide que desencadene su eficacia y sin que exija una reiteración de su práctica para desencadenar eficacia jurídica, cuando quedó a su disposición mediante el correspondiente aviso. Cuestión distinta es que se demostrase que el arrendatario no pudo acceder a su contenido.

Es interesante traer a colación la **sentencia de la Audiencia Provincial de Barcelona n.º 876/2019, de 15 de julio, ECLI:ES:APB:2019:9611**, que señala:

> «(...) Como declara la sentencia de esta Sala de 26 de marzo de 2009 (rec. 1507/2004), la enervación del desahucio no se configura tanto como un derecho cuanto como una oportunidad del arrendatario para evitar el desahucio por

falta de pago, porque al arrendador no le es indiferente el momento en que se le pague la renta estipulada '.

Dicho criterio se reitera en la Sentencia n.° 508/2015 de TS, Sala 1.ª, de lo Civil, 22 de Septiembre de 2015, que aludiendo a la anterior, insiste en los requisitos del requerimiento de pago a fin de impedir la enervación, y la STS 558/2015, de 13 de octubre en el mismo sentido.

Los requerimientos excluyentes de la enervación cumplen en el presente caso con las previsiones antedichas.

Pues debe entenderse requerido por un medio fehaciente conforme al art. 22.4 LEC , cuando el burofax se ha dirigido a los arrendatarios y se ha demostrado que ha llegado a su destino, en la vivienda en la que tienen su domicilio (vivienda arrendada) y habiendo dejado aviso en la misma —documentos 3 y 4 de la demanda—, y aunque no sea en forma directa al arrendatario pero pudiendo éste tomar conocimiento de modo normal y estando a su alcance, sin la concurrencia de impedimentos acreditados que lo obstaculicen».

Caso práctico | La errónea tramitación como precario del juicio del art. 250.1.7.º de la LEC

PLANTEAMIENTO

Un propietario ejercita la acción para la efectividad de los derechos reales inscritos recogida en el art. 250.1.7.º de la LEC, pero por error el decreto de admisión de la demanda entiende por presentada demanda de juicio verbal de desahucio por precario, siguiéndose la tramitación por este último procedimiento. Al dictarse sentencia se subsana el error y se desestima la demanda por no cumplirse los requisitos exigidos en el art. 439.2 de la LEC, que exige que se acompañe a la demanda una certificación literal del registro de la propiedad que acredite expresamente la vigencia, sin contradicción alguna, del asiento que legitima la demandante. ¿Puede el demandante presentar recurso alegando la tramitación errónea?

RESPUESTA

No, la Audiencia Provincial de Palma de Mallorca en su **sentencia n.º 149/2017, de 16 de mayo, ECLI:ES:APIB:2017:817**, ha resuelto en un asunto similar que no procede estimar el recurso.

En el supuesto la parte actora presentó recurso por tres motivos:

- La contradicción del órgano judicial que, a pesar de haber seguido la tramitación como un desahucio por precario, sin advertir la causa de inadmisión por la que ahora desestima la demanda, ahora dicta sentencia admitiendo una excepción procesal que aprecia de oficio y sin dar traslado a las partes.

- La falta del requisito del art. 439.2 de la LEC es subsanable, y no se ha dado esta posibilidad a la actora vulnerando su derecho a la tutela judicial efectiva.

- Al solicitarse en la demanda el desalojo de la vivienda la pretensión debió prosperar, resultando injusta la sentencia.

La audiencia entiende que, dado que el proceso para la protección de los derechos reales inscritos está destinado a proteger de forma rápida y sumaria al titular de los derechos inscritos en el registro de la propiedad, y se basa en la presunción de que los derechos reales inscritos existen y pertenecen a su titular, es un proceso eminentemente documental, y que atendiendo a su naturaleza y a que no tiene efectos de cosa juzgada, debe rechazarse el recurso.

Destaca también la audiencia que la parte actora no alego nada sobre el error en la admisión ni en la posterior tramitación, recordando que «(...) no puede sostener una alegación constitucional de indefensión quien, con su propio comportamiento omisivo o falta de diligencia, es el causante de la limitación de los medios de defensa en que haya podido incurrir (SSTC 11-3, 13-5 y 17-6-1987, 23 y 28-10-1986, 12-2 y 8-7-1987, entre otras muchas)».

Concluye la mentada sentencia que procede desestimar el recurso, y que nada obsta a la actora a que presente un nuevo procedimiento con arreglo a las prescripciones legales.

Caso práctico | Posibilidad de acumular acciones en el desahucio y consecuencias de la indebida acumulación

PLANTEAMIENTO

Cuando se presenta una demanda de desahucio, ¿pueden acumularse otras acciones? Si se plantease una acumulación incorrecta de acciones, ¿se rechazarían todas las pretensiones o se mantendría el procedimiento en cuanto a la petición principal de desahucio?

RESPUESTA

El art. 437 de la LEC, regula distintas excepciones a la regla general de no acumulación en los juicios verbales, permitiendo la acumulación de las acciones en reclamación de rentas o cantidades análogas vencidas y no pagadas, cuando se trate de juicios de desahucios de finca por falta de pago o por expiración legal o contractual del plazo, con independencia de la cantidad que se reclame.

También se recoge la posibilidad de acumular las acciones ejercitadas contra el fiador o avalista solidario previo requerimiento de pago no satisfecho.

Los tribunales han declarado en numerosas ocasiones, como por ejemplo en la **SAP de Barcelona n.º 654/2018, de 5 de noviembre, ECLI:ES:APB:2018:10700**, que la acumulación incorrecta de acciones no impide entrar en el examen de la principal, o la formulada en procedimiento adecuado, debiendo rechazarse exclusivamente el pronunciamiento sobre las demás acciones acumuladas indebidamente, sin que ello permita la no acogida global de la demanda, por cuanto el principio de congruencia del artículo 218 de la Ley 1/2000, de 7 de enero, impone el decidir sobre las pretensiones deducidas oportunamente en el pleito, que se enmarquen dentro del ámbito de su naturaleza.

Es interesante mencionar la **sentencia de la Audiencia Provincial de Asturias n.º 449/2019, de 10 de diciembre, ECLI:ES:APO:2019:4472:**

> «Y, en cuanto a las costas, el juzgador de instancia no hizo expresa declaración. Mantiene la recurrente que, caso de entenderse enervada la acción, deberían imponerse a la arrendataria por así establecerlo el art. 22.5 de la LEC. En realidad la sentencia de primer grado ni siquiera realiza un pronunciamiento expreso sobre esa enervación, lo que ninguna de las partes denuncia en esta fase de apelación. Esta omisión encuentra una explicación en la incorrecta acumulación de acciones de desahucio por vencimiento del plazo y por falta de pago que se había realizado en la demanda, incorrección ya puesta de manifiesto por esta Sala en Autos de 22 de Febrero y 17 de Abril de 2.019 o por la Sección Quinta de esta Audiencia en Auto de 11 de Febrero de igual año, recaídos ante el ejercicio de iguales acciones por parte de la misma demandante. Al plantearse simultáneamente y como acción principal la resolutoria por vencimiento del plazo, se imposibilitaba en la práctica la enervación de la acción con las consecuencias establecidas en los arts. 22 y 440 de la LEC, pues aún cuando la arrendataria realizase el pago, el desahucio no quedaba enervado ni se ponía fin al procedimiento, ya que restaba el análisis de la acción que se decía era la principal. Esta inadecuada acumulación llevada a cabo por la actora, que no **impide analizar la cuestión planteada** en el recurso al quedar centrada ya en una sola de las acciones entabladas, no puede perjudicar los derechos que asisten a la demandada en cuanto a la posibilidad de pagar lo reclamado y dejar sin efecto el desahucio pretendido de contrario, aunque propiamente, por

las razones dichas, no se esté ante un caso de enervación. De este modo no resulta de aplicación la previsión que en materia de costas establece el citado art. 22.5 de la LEC; menos aún si se tiene en cuenta que la acción principal interpuesta por la Cofradía fue desestimada, y esa desestimación adquirió firmeza».

Caso práctico | Desahucio por precario en comunidad postganancial frente a la posesión exclusiva de un cotitular

PLANTEAMIENTO

«A» y «B» son un matrimonio que adquirieron una vivienda para su sociedad de gananciales. Luego de su divorcio, y sin haberse liquidado la sociedad de gananciales, «B» se casó con «C» y fijaron su residencia en la vivienda mencionada. «B» fallece dejando testamento otorgado en favor de «C», nombrándola legataria de todos sus bienes. Ante esta situación, «A» demanda a «C» con el fundamento de que esta última estaba ocupando la vivienda en situación de precario y solicita que se lleve a cabo desahucio —por precario—.

¿Tiene legitimación «A» para ejercitar una acción de desahucio por precario frente a «C», por poseer exclusivamente la vivienda?

RESPUESTA

Sí. El Tribunal Supremo responde detalladamente a esta cuestión en la **sentencia n.º 691/2020, de 21 de diciembre, ECLI:ES:TS:2020:4385**, al señalar que:

> «si algún heredero, hace uso exclusivo de algún bien, al no tener título que ampare su posesión, se coloca como precarista siendo viable la acción ejercitada, más esa concepción en modo alguno puede comportar la inexistencia del derecho a coposeer como lógica emanación del derecho de propiedad, no encontrándonos, ante una posesión sin título, sino ante un posible abuso en el ejercicio del derecho, exceso que queda determinado por el uso en exclusiva de un concreto bien, necesariamente comporta el implícito derecho a poseer en cuestión por parte de los coherederos».

Es interesante tener en consideración de que la institución del precario no se regula de manera específica en nuestro ordenamiento jurídico y no es sino la jurisprudencia la que lo ha definido como «una situación de hecho que implica la utilización gratuita de un bien ajeno, cuya posesión jurídica no nos corresponde, aunque nos hallemos en la tenencia del mismo y por tanto la falta de título que justifique el goce de la posesión, ya porque no se haya tenido nunca, ya porque habiéndola tenido se pierda o también porque nos otorgue una situación de preferencia, respecto a un poseedor de peor derecho».

Los coherederos pueden servirse de las cosas comunes, pero lo que no puede ocurrir es que se excluya a los demás partícipes de la comunidad hereditaria para utilizar con exclusividad, en este caso, el inmueble, ya que sería ilegítimo.

Pero ¿qué ocurre si no está liquidada la sociedad de gananciales? El Tribunal Supremo es firme al sentenciar que:

> «(...) resulta necesario proceder a la previa liquidación de la sociedad de gananciales (devenida en comunidad postganancial tras su disolución por divorcio) para determinar el caudal hereditario.
> Disuelta la sociedad de gananciales, pero no liquidada, no corresponde a los cónyuges, o sus herederos, individualmente una cuota indivisa en todos y cada uno de los bienes gananciales, sino que la participación de aquellos se predica globalmente respecto de la masa ganancial en cuanto patrimonio separado colectivo. Únicamente cuando concluyan las operaciones encaminadas a su

liquidación, aquella cuota sobre aquella masa patrimonial, será sustituida por las titularidades singulares y concretas que a cada uno de los ex cónyuges o sus herederos se adjudique en la liquidación. Por tanto, con carácter general, para determinar el haber hereditario, es necesaria la previa liquidación de la sociedad de gananciales (incluidas las relaciones crédito-deuda entre los bienes comunes y los privativos), pues solo después de tal liquidación es posible determinar el caudal partible».

Por lo tanto, «C» deberá dejar la vivienda «libre y expedita, con apercibimiento de lanzamiento», sin que eso signifique que la demandante «A» pueda ocupar exclusivamente la vivienda en cuestión, pues emprender la acción de desahucio frente a un coheredero o comunero en provecho exclusivo contravendría el fundamento de dicha acción, ya que estaría incurriendo en la misma situación de posesión exclusiva de la vivienda que se viene a cuestionar.

Caso práctico | Litisconsorcio pasivo necesario en un desahucio por precario

PLANTEAMIENTO

«A», «B» y «C» conviven en la vivienda propiedad de «D» desde hace 7 años.

«D» había permitido el uso de la vivienda a «A» durante todo ese tiempo, por mera tolerancia sin percibir renta alguna.

«A» se va de la referida vivienda quedando conviviendo en ella «B» y «C», pero «D» les requiere para la devolución de la misma mediante burofax.

«B» y «C» hacen caso omiso al burofax y no abandonan la vivienda propiedad de «D».

Como consecuencia de todo lo anterior «D» interpone demanda de desahucio por precario contra «A».

¿Debería «D» haber dirigido la demanda también contra «B» y «C»?

RESPUESTA

En primer lugar, es doctrina en nuestro derecho procesal civil que el demandante es dueño de la acción y está facultado para dirigirla contra quien tenga por conveniente, bajo su responsabilidad.

Así, la Audiencia Provincial de Barcelona en su **sentencia n.º 247/2022, de 26 de mayo, ECLI:ES:APB:2022:6577**, señala al respecto:

> «(...) en el ámbito procesal civil las partes disponen del objeto del proceso, en el sentido de ejercitarlo o renunciarlo a su voluntad, comenzando respecto al demandante con la libertad de accionar, y después de iniciado el proceso con el poder de disposición sobre la pretensión, renunciándola o transigiendo. Y en íntima relación con tal principio, figuran los de justicia rogada, y de aportación de parte, el primero en cuanto que el actor determina la iniciación del proceso ("ne procedat iudex ex officio" y "nemo iudex sine actore"), y puede desistir; y el segundo en cuanto significa la asunción por cada parte de los elementos de alegación, petición, y prueba, que vinculan al juez dentro del margen de la pretensión y de su oposición».

Si bien, no puede admitirse el dictado de resoluciones judiciales sin la intervención en el procedimiento de las personas que resulten directamente afectadas por su ejecución, ya que de este modo se estaría vulnerando el derecho fundamental a la tutela judicial efectiva, ya que se estaría pasando por alto el derecho a la defensa y a la práctica de los medios de prueba pertinente.

Por lo tanto, y a la vista de todo lo anterior, «D» no puede dirigir la demanda de desahucio únicamente contra «A», que además ya no reside en la vivienda, sino contra todos los ocupantes de la vivienda, «D» en este caso no puede elegir dirigir su demanda contra unos ocupantes y contra otros no, si estos son conocidos.

Así, **la Audiencia Provincial de Alicante en su sentencia n.º 330/2023, de 8 de junio, ECLI:ES:APA:2023:1543**, señala que en casos como el que aquí se analiza:

> «(...) resulta imprescindible la estimación de la excepción de litisconsorcio pasivo, aunque sea calificado como "impropio", cuando, como en este caso, la relación jurídica se manifiesta como inescindible de forma patente o palmaria».

En caso muy similar, en un juicio de desahucio por precario que se dirigió contra ignorados ocupantes de una vivienda, el que se opuso un ocupante que era un antiguo deudor hipotecario y que alegó la excepción de litisconsorcio pasivo necesario por no dirigirse la demanda contra su esposa que también era deudora hipotecaria, el Tribunal Supremo en su **sentencia n.º 719/2021, de 25 de octubre, ECLI:ES:TS:2021:3873**:

> «Litisconsorcio pasivo necesario en un juicio de desahucio por precario. Estimación».

Finalmente, también cabe mencionar la **sentencia del Tribunal Supremo n.º 384/2015, de 30 de junio, ECLI:ES:TS:2015:2739**, que apunta que para que se dé la figura de litisconsorcio pasivo necesario se exigen que se den de manera conjunta los siguientes requisitos:

– Nexo común entre presentes y ausentes que configura una comunidad de riesgo procesal.

– Que el anterior riesgo, sea indivisible, homogéneo y paritario.

– Que el ausente del proceso no haya prestado conformidad a la pretensión del actor.

Asimismo, la mencionada sentencia añade:

> «(...) la característica del litisconsorcio pasivo necesario, que provoca la extensión de la cosa juzgada, es que se trate de la misma relación jurídico-material sobre la que se produce la declaración, pues, si no es así, si los efectos a terceros se producen con carácter reflejo, por una simple conexión o porque la relación material sobre la que se produce la declaración le afecta simplemente con carácter prejudicial, entonces la intervención del tercero en el litigio podrá ser voluntaria o adhesiva, más no forzosa>
>
> (...)
>
> Así lo impone la naturaleza de la relación jurídica establecida entre las partes de la que traiga causa el litigio, y el principio general de derecho que establece que nadie pueda ser condenado sin ser oído, hoy de rango constitucional en virtud del art. 24 CE».

ANEXO II.
FORMULARIOS

Demanda de desahucio por precario

AL JUZGADO DE PRIMERA INSTANCIA DE
[LOCALIDAD] QUE POR TURNO CORRESPONDA

Don/Doña [NOMBRE_PROCURADOR_CLIENTE], procurador/a de los tribunales y de **Don/Doña** [NOMBRE_CLIENTE], mayor de edad, con domicilio en [DOMICILIO], según acredito mediante copia de la escritura de apoderamiento que debidamente bastanteada acompaño con el ruego de su devolución por necesitarlo para otros usos, y bajo la dirección letrada de Don/Doña [NOMBRE_ABOGADO_CLIENTE], con número de colegiado [NÚMERO_COLEGIADO_ABOGADO_CLIENTE], ante el juzgado comparezco y, como mejor proceda en derecho, DIGO:

En la representación que ostento formulo **DEMANDA DE JUICIO DECLARATIVO VERBAL DE DESAHUCIO POR PRECARIO**, en relación con el piso sito en [LOCALIDAD] de esta ciudad, contra don/doña [NOMBRE_PARTE_CONTRARIA] provisto de DNI [NIF_CIF_DNI_PARTE_CONTRARIA], con domicilio en [LOCALIDAD], y con número de teléfono/fax [NÚMERO], a fin de que, previos los trámites legales correspondientes, se dicte sentencia estimatoria de los pedimentos del suplico, en base a los siguientes,

HECHOS

PRIMERO.- Mi mandante es propietario/a de la vivienda sita en [LOCALIDAD] [DESCRIPCION].

A efectos acreditativos de las manifestaciones referidas se acompaña como **documento n.º** [NÚMERO] copia de la escritura de propiedad. Nota simple del Registro de la Propiedad correspondiente como **documento n.º** [NÚMERO] y como documento n.º [NÚMERO], recibo del pago del Impuesto sobre Bienes Inmuebles de la vivienda.

SEGUNDO.- La parte demandada viene ocupando la finca anteriormente citada desde el [DÍA][MES][AÑO], sin título ni pago alguno por el disfrute de ésta en calidad de precarista, con el consentimiento de la parte actora.

Mi mandante requirió notarialmente a la parte demandada para que en el plazo de un mes devolviera la posesión de la finca.

Se acompaña como **documento n.º** [NÚMERO] el citado requerimiento notarial.

TERCERO.- La parte demandada ha hecho caso omiso al requerimiento antes citado, siguiendo ocupando la vivienda en la actualidad, por lo que esta parte se ha visto en la necesidad de emprender las acciones judiciales oportunas para la recuperación de la finca, viéndose obligada a interponer la presente demanda.

CUARTO.- El valor catastral de la finca asciende a [CANTIDAD_EN_LETRA] euros ([CANTIDAD] €), como se acredita con el último recibo del Impuesto sobre Bienes Inmuebles, acompañado al presente escrito y referido en el hecho primero como **documento n.º** [NÚMERO].

QUINTO.- A los efectos de lo señalado en el art. 439.6 de la LEC esta parte señala que el inmueble [CONSTITUYE/NO CONSTITUYE] vivienda habitual de la persona ocupante. Así mismo señala que en esta parte [CONCURRE/NO CONCURRE] la condición de gran tenedor **(1)**

A los anteriores hechos son de aplicación los siguientes,

FUNDAMENTOS DE DERECHO

I.- JURISDICCIÓN Y COMPETENCIA

En cuanto a la jurisdicción, son de aplicación los artículos 21 y siguientes de la Ley Orgánica del Poder Judicial, resultando competente, objetiva y territorialmente el Juzgado al que me dirijo de conformidad con lo previsto en los artículos 45 y 52.1.7.º de la Ley de Enjuiciamiento Civil.

II.- CAPACIDAD Y LEGITIMACIÓN

Las partes tienen la capacidad suficiente conforme al artículo 6 y siguientes de la Ley de Enjuiciamiento Civil.

La legitimación activa corresponde a mi representado/a en calidad de propietario/a del inmueble objeto del presente litigio, correspondiendo a la demandada la legitimación pasiva al ostentar esta la posesión material del bien.

III.- REPRESENTACIÓN

Las partes deberán comparecer por medio de procurador y asistidas de letrado de conformidad con lo previsto en los artículos 23 y 31 de la LEC.

IV.- PROCEDIMIENTO

Corresponde la tramitación del presente procedimiento por los cauces del juicio verbal de conformidad con lo establecido en el artículo 250.1.2.º de la Ley de Enjuiciamiento Civil:

> «Se decidirán en juicio verbal, cualquiera que sea su cuantía, las demandas siguientes:
> 2.º Las que pretendan la recuperación de la plena posesión de una finca rústica o urbana, cedida en precario, por el dueño, usufructuario o cualquier otra persona con derecho a poseer dicha finca».

En este sentido, resultarán de aplicación las normas previstas en los artículos 437 (2) y siguientes de la Ley de Enjuiciamiento Civil, en cuanto preceptos reguladores del juicio verbal.

V.- CUANTÍA

De conformidad con lo dispuestos en el apartado 2.º del artículo 251 de la LEC, se fija la cuantía de esta demanda en la cantidad de [CANTIDAD EN LETRAS] euros,([CANTIDAD EN NÚMERO] €), al ser este el valor del inmueble otorgado en virtud del importe señalado en el recibo de IBI adjunto al presente escrito de demanda.

VI.- FONDO DEL ASUNTO

La posesión y sus especies que se encuentra regulada en el artículo 430 y siguientes del Código Civil.

Hay que tener en cuenta el precario como «(...) "una situación de hecho que implica la utilización gratuita de un bien ajeno, cuya posesión jurídica no nos corresponde, aunque nos hallemos en la tenencia del mismo y por tanto la falta de título que justifique el goce de la posesión, ya porque no se haya tenido nunca, ya porque habiéndola tenido se pierda o también porque nos otorgue una situación de preferencia, respecto a un poseedor de peor derecho" (sentencias 110/2013, 28 de febrero; 557/2013, 19 de septiembre; 545/2014, de 1 de octubre)». **Sentencia del Tribunal Supremo, núm. 134/2017, de 28 de febrero. ECLI:ES:TS:2017:706.**

El propietario está legitimado para reclamar la plena posesión de la vivienda de la que es titular desde el momento en el que propietario patentiza su deseo de que dicha situación llegue a término. En este sentido se ha pronunciado el Tribunal Supremo en la **sentencia n.º 326/1997, de 21 de abril, ECLI:ES:TS:1997:2781** en la cual establece:

> «(...) configura ineludiblemente una situación de precario a la que legítimamente el propietario pretende poner fin, ejercitando para ello la acción de que dispone como propietario, al margen de la buena o mala fe del demandado, **pues lo cierto es que su posesión, tolerada en el momento inicial, y por tanto justa, deja de serlo y se convierte en injustificada desde el momento en que el propietario patentiza su deseo de que dicha situación llegue a término.** "Se vuelve, pues, a hacer supuesto de la cuestión cuando se afirma en el motivo que no hay detentación injusta y que nace de relaciones jurídicas y profesionales, pues nada se ha demostrado al efecto y pervive la afirmación fáctica de la Audiencia, no destruida adecuadamente, de que solo hubo tolerancia y precario, con posesión injustificada desde que el propietario patentiza su deseo de que la situación llegue a término. También afirma la Audiencia que "no se plantean serias dudas de identificación"; y ello es cierto, ya que reconocida por el recurrente la propiedad del actor, el enclave de lo reclamado en local mas amplio, sin acreditarse que existan otros poseedores, no cabe duda racional ni para una ni para la otra parte de que se reivindica lo que se ocupa, sin posibilidad de confusionismo, al no existir ni otros ocupantes ni otros propietarios, aparte de que el problema de la identificación es cuestión de hecho por implicar un juicio comparativo confiado al tribunal de instancia (en este último sentido: S. de 3 de noviembre de 1989; en general: SS de 12-11-64, 19-4-66, 9-6-82, 22-12-83 y 15-3-86)».

VI.- *IURA NOVIT CURIA*

En todo lo no invocado resulta de aplicación el principio *iura novit curia*, plasmado en el párrafo segundo del punto primero del artículo 218 de la Ley de Enjuiciamiento Civil, en virtud del cual serán aplicables las demás normas que sean de pertinente, especial o general aplicación, y que el juzgador podrá tener en cuenta de oficio sin necesidad de que hayan sido previamente alegados o invocados por alguna de las partes intervinientes.

VIII.- COSTAS

Le deberán ser impuestas a la parte adversa en virtud del artículo 394 de la Ley de Enjuiciamiento Civil, máxime existiendo un requerimiento previo.

Por lo expuesto,

SUPLICO AL JUZGADO:

Que tenga por presentado el presente escrito junto con sus copias y documentos que se adjuntan, se sirva admitirlo y señale día y hora para la celebración del juicio con citación de las partes, y, tras los trámites legales pertinentes, se dicte sentencia por la que, estimando la demanda, se declare haber lugar al desahucio interesado, condenando al/a la demandado/a a desalojar la vivienda descrita en el presente escrito, dejándola libre y expedita a disposición de la parte actora, bajo apercibimiento que tendrá lugar el lanzamiento, imponiéndole las costas del presente procedimiento.

Es de justicia que pido en [LOCALIDAD], a [DÍA] de [MES] de [AÑO].

[FIRMA_ABOGADO] [FIRMA_PROCURADOR]

OTROSÍ DIGO: Siendo intención de esta parte cumplir con todos los requisitos legales, a tenor de lo previsto en el artículo 231 de la Ley de Enjuiciamiento Civil, se solicita se le diere traslado de cualquier defecto que adoleciere la presente demanda, para la inmediata subsanación de la misma.

SUPLICO AL JUZGADO:

Tenga por efectuada la anterior manifestación a los efectos oportunos.

Por ser de justicia, fecha y lugar *ut supra*.

[FIRMA_ABOGADO] [FIRMA_PROCURADOR]

---

(1) Debe tenerse en cuenta que el art. 439 de la LEC ha sido modificado por la Ley 12/2023, de 24 de mayo, por el derecho a la vivienda que introduce dos nuevos apartados 6 y 7 que recogen nuevas especificaciones que debe contener la demanda para que se admita. Así la demanda debe determinar:
- Si el inmueble constituye vivienda habitual de la persona ocupante.
- Si concurre en el demandante la condición de gran tenedor. En este caso debe señalar si la parte demandada se encuentra en situación de vulnerabilidad económica.
- Si concurren las condiciones de gran tenedor, vivienda habitual y persona en situación de vulnerabilidad económica deberá acreditar el demandante que se ha sometido al procedimiento de conciliación o intermediación.

(2) El RD-ley 6/2023, de 19 de diciembre, modifica el artículo 437 de la LEC con entrada en vigor el 20/03/2024. Se añade la posibilidad de obtener los impresos a cumplimentar en la sede judicial electrónica.

Recurso de apelación contra sentencia de desahucio por precario

Procedimiento: [DESCRIPCIÓN]

Autos: [NÚMERO]

Sentencia: [NÚMERO]

A LA AUDIENCIA PROVINCIAL DE [PROVINCIA] **(1)**

Don/Doña [NOMBRE_PROCURADOR_CLIENTE], procurador/a de los tribunales, en nombre y representación de **don/doña** [NOMBRE_CLIENTE], con domicilio en C/ [CALLE], n.º [NÚMERO], CP [CODIGO_POSTAL], [LOCALIDAD], [PROVINCIA] y provisto de DNI [NÚMERO], tal y como está acreditado en los autos de referencia y, bajo la dirección letrada de Don/Doña [NOMBRE_ABOGADO_CLIENTE], colegiado/a número [NÚMERO], ICA [LOCALIDAD], ante la Audiencia comparezco y como mejor proceda en derecho, **DIGO**:

Que, siguiendo instrucciones de mi mandante por medio del presente escrito y de conformidad con lo dispuesto en el artículo 458 de la Ley de Enjuiciamiento Civil vengo a formular **RECURSO DE APELACIÓN** contra la sentencia n.º [NÚMERO], dictada en fecha [FECHA] y notificada a esta parte el día [DÍA] de [MES] de [AÑO], por resultar gravemente lesiva para los intereses de mi representado y todo ello con base en las siguientes,

ALEGACIONES

PREVIA.- Se presenta este recurso conforme a los arts. 458 y siguientes de la LEC frente a la sentencia n.º [NÚMERO] dictada por el Juzgado de Primera Instancia n.º [NUMERO] de [LOCALIDAD] el [FECHA]. Siendo notificada a esta parte en fecha [FECHA] se interpone el recurso dentro del plazo establecido en el art. 458 de la LEC.

PRIMERA.- MOTIVOS DE APELACIÓN

La sentencia dictada en primera instancia condenó a mi mandante a abandonar la vivienda sita en [DIRECCIÓN] al considerar que se encontraba en situación de precario.

La sentencia incurre en error en la valoración de la prueba.

Mi mandante no se encontraba en situación de precario, sino que el mismo tiene protegida su posesión por tener la condición de arrendador y no concurrir en él ninguna de las causas que determinan la extinción del contrato. Tal y como se alegó en la primera instancia durante [NÚMERO] años, Don/Doña [NOMBRE_PARTE_CONTRARIA] permitió a mi mandante vivir en la vivienda de su propiedad, con el único requisito de que [DESCRIPCION].

Tiempo después, en [FECHA], se pactó verbalmente una renta mensual, abonada religiosamente los primeros días de cada mes en el domicilio de Don/Doña [NOMBRE_PARTE_CONTRARIA], por lo que estaríamos ante un contrato de arrendamiento formalizado verbalmente. De esta forma [DESCRIPCION] **(2)**.

La documental valorada en la primera instancia constata la relación de arrendamiento existente entre mi mandante y el demandante, siendo valorada erróneamente por la primera instancia ya que esta justifica [DESCRIPCION].

SEGUNDO.- PRUEBA

[DESCRIPCION_PRUEBA SOLICITADA] documento que no pudo aportarse en la primera instancia debido a [MOTIVO] **(3) (4)**.

El Tribunal Supremo ha reconocido la posibilidad de solicitar el ejercicio de la prueba en segunda instancia en su **sentencia n.º 659/2022, de 11 de octubre, ECLI:ES:TS:2022:3616** que señala:

> «En principio, cuando los hechos sobre los que versan las pruebas propuestas resultan relevantes para los intereses de una parte litigante, deben ser propuestas en primera instancia y, caso de no ser admitidas (y tras la interposición del correspondiente recurso de reposición), debe solicitarse la práctica de tales pruebas en el escrito de interposición del recurso de apelación (art. 460.2.1.º LEC), contra cuya denegación cabe recurso de reposición. La denegación de la prueba en segunda instancia, en caso de haber causado indefensión, puede ser, a su vez, objeto de un motivo de recurso extraordinario por infracción procesal específico».

A las anteriores alegaciones resultan de aplicación los siguientes,

Por lo expuesto,

SUPLICO A LA AUDIENCIA:

Que tenga por presentado este escrito, con sus copias y documentos que se acompañan, se sirva admitirlo y en su virtud tenga por formulado RECURSO DE APELACIÓN contra la sentencia [NUMERO] de fecha [FECHA] dictada por el Juzgado de Primera Instancia n.º [NUMERO] de [LOCALIDAD] y, previos los trámites legales oportunos, dicte resolución por la que, estimando este recurso de apelación, revoque la sentencia de [FECHA], recaída en los autos [DESCRIPCIÓN] seguidos ante el Juzgado de Primera Instancia n.º [NÚMERO] de [LOCALIDAD], declarando ajustadas a derecho las pretensiones de este recurso, con condena en costas a la parte contraria.

Por ser justicia que pido en [LOCALIDAD], a [DÍA] de [MES] de [AÑO]

[FIRMA_ABOGADO] [FIRMA_PROCURADOR]

PRIMER OTROSÍ DIGO: de conformidad con el apartado tercero de la disposición adicional 15.ª Ley Orgánica del Poder Judicial esta parte ha consignado la cantidad de 50 euros en concepto de depósito, como se acredita mediante la copia del justificante de ingreso que aportamos como documento núm. [NÚMERO].

SUPLICO A LA AUDIENCIA:

Tenga por efectuada la anterior manifestación a los efectos oportunos.

Por ser de justicia, fecha y lugar *ut supra*.

[FIRMA_ABOGADO] [FIRMA_PROCURADOR]

SEGUNDO OTROSÍ DIGO: siendo intención de esta parte cumplir con todos los requisitos legales, a tenor de lo previsto en el artículo 231 de la Ley de Enjuiciamiento Civil, se solicita se le diere traslado de cualquier defecto que adoleciere la presente demanda, para la inmediata subsanación de la misma.

SUPLICO A LA AUDIENCIA:

Tenga por efectuada la anterior manifestación a los efectos oportunos.

Es justicia que pido en el lugar y fecha ut supra.

[FIRMA_ABOGADO] [FIRMA_PROCURADOR]

---

(1) El RD-ley 6/2023, de 19 de diciembre, modifica el artículo 458 de la LEC con entrada en vigor el 20/03/2024. Conforme a esta modificación, el recurso de apelación se interpondrá directa-

mente ante el tribunal competente para conocer del mismo en el plazo de veinte días desde la notificación de la resolución impugnada, debiendo acompañarse copia de dicha resolución. Hasta la entrada en vigor de la reforma, el precepto se sigue aplicando de acuerdo con su versión anterior, a saber: «1. El recurso de apelación se interpondrá ante el tribunal que haya dictado la resolución que se impugne dentro del plazo de veinte días contados desde el día siguiente a la notificación de aquélla».

(2) Concretar la relación contractual de las partes lo máximo posible.

(3) El artículo 270 de la LEC establece los motivos que facultan para aportar nuevos documentos.

«1.º Ser de fecha posterior a la demanda o a la contestación o, en su caso, a la audiencia previa al juicio, siempre que no se hubiesen podido confeccionar ni obtener con anterioridad a dichos momentos procesales.

2.º Tratarse de documentos, medios o instrumentos anteriores a la demanda o contestación o, en su caso, a la audiencia previa al juicio, cuando la parte que los presente justifique no haber tenido antes conocimiento de su existencia.

3.º No haber sido posible obtener con anterioridad los documentos, medios o instrumentos, por causas que no sean imputables a la parte, siempre que haya hecho oportunamente la designación a que se refiere el apartado 2 del artículo 265, o en su caso, el anuncio al que se refiere el número 4.º del apartado primero del artículo 265 de la presente Ley».

(4) El artículo 460 de la LEC establece taxativamente las pruebas que pueden solicitarse. En función del caso concreto la fórmula sería:

[DESCRIPCION_PRUEBA_SOLICITADA] [MOTIVO QUE RECOGE EL ART. 460 LEC]

Contestación a demanda de desahucio por precario alegando reconducción tácita de contrato

Procedimiento: Juicio verbal

Autos: [NÚMERO]

AL JUZGADO DE PRIMERA INSTANCIA
NÚMERO [NÚMERO] DE [LOCALIDAD]

Don/Doña [NOMBRE_PROCURADOR/A], procurador/a de los tribunales, colegiado/a n.º [NÚMERO_COLEGIADO_PROCURADOR_CLIENTE] en nombre y representación de **don/doña** [NOMBRE], mayor de edad, con DNI/NIE/NIF núm. [NÚMERO] y domicilio en C/ [CALLE], n.º [NÚMERO], CP [CODIGO_POSTAL], [LOCALIDAD], [PROVINCIA] según acredito por medio de [escritura de poder que se acompaña como documento n.º [NÚMERO] / poder APUD ACTA], bajo la dirección letrada de don/doña [NOMBRE], colegiado/a número [NÚMERO] ICA [LOCALIDAD], ante el juzgado comparezco y, como mejor proceda en derecho,

DIGO

En la representación que ostento, en virtud de lo establecido en los arts. 438 y concordantes de la Ley de Enjuiciamiento Civil, procedo a interponer **CONTESTACIÓN A LA DEMANDA DE DESAHUCIO POR PRECARIO** interpuesta por don/doña [NOMBRE_PARTE_CONTRARIA], y todo ello con base en los siguientes,

HECHOS

PREVIO.- Se niegan todos y cada uno de los alegados en la demanda salvo aquellos expresamente admitidos en el presente **(1)**.

PRIMERO.- Conformes con el correlativo de la adversa, pues la misma es la propietaria del inmueble que ocupa mi mandante.

SEGUNDO.- Disconformes con lo expresado de adverso en el correlativo [DESCRIPCION], toda vez que entre las partes se subscribió en su día contrato de arrendamiento, el cual se ha prorrogado tácitamente al no efectuar requerimiento alguno la parte hoy actora.

A efectos acreditativos de las manifestaciones arriba referidas se aporta como **documento n.º** [NÚMERO] copia del referido contrato de arrendamiento suscrito entre las partes.

TERCERO.- Por parte de mi mandante se ha venido pagando la renta mensual, hasta hace tres meses, en los que su fortuna ha ido a peor, por lo que no ha podido abonarla, si bien cabría la opción de enervar la opción de desahucio por impago, posibilidad a la que mi mandante quiere acogerse. A los anteriores hechos les son de aplicación los siguientes,

FUNDAMENTOS DE DERECHO

PREVIO.- EXCEPCIÓN POR INADECUACIÓN DE PROCEDIMIENTO

Si bien esta parte manifiesta conformidad con el correlativo con respecto a la tramitación por los cauces del juicio verbal, **EXPRESAMOS DISCONFORMIDAD** en tanto en cuanto **NO CABE EL EJERCICIO DE LA ACCIÓN DE PRECARIO**, alegando expresamente la **INADECUACIÓN DE PROCEDIMIENTO**, en virtud de lo expuesto en el apartado 1.4.º del artículo 416 de la LEC, al entender que el procedimiento a seguir debería ser el de desahucio por impago, en lugar del desahucio por precario.

I.- JURISDICCIÓN Y COMPETENCIA

Conformes con el correlativo, al ser de aplicación lo estipulado en los artículos 21 y siguientes de la LOPJ, así como lo establecido en al artículo 36 de la LEC, es competente el Juzgado al que me dirijo de conformidad con lo dispuesto en los artículos 45 y siguientes de la LEC, así como el art. 52.1.7.º de la LEC.

II.- CAPACIDAD Y LEGITIMACIÓN

Conforme con el correlativo al poseer ambas partes capacidad y legitimación suficiente de conformidad con lo estipulado en los arts. 6, 10 y concordantes de la LEC.

III.- REPRESENTACIÓN

Conformes con el correlativo, las partes deberán comparecer por medio de procurador y asistidas de letrado, de conformidad con lo expuestos en los arts. 23 y 31 de la LEC.

IV.- CUANTÍA

Conformes con la cuantía señalada de adverso.

V.- PROCEDIMIENTO

Disconformes con la adversa ya que entiende esta parte que existiendo un contrato de alquiler en el que se han incumplido unas cuotas el procedimiento que corresponde es el juicio verbal previsto en el art. 250.1.1.º de la LEC «Las que versen sobre reclamación de cantidades por impago de rentas y cantidades debidas y las que, igualmente, con fundamento en el impago de la renta o cantidades debidas por el arrendatario, o en la expiración del plazo fijado contractual o legalmente, pretendan que el dueño, usufructuario o cualquier otra persona con derecho a poseer una finca rústica o urbana, dada en arrendamiento, ordinario o financiero o en aparcería, recuperen la posesión de dicha finca».

VI.- FONDO DEL ASUNTO

Disconforme en este aspecto con la parte actora, puesto que [DESCRIPCION].

Habiéndose celebrado un contrato de arrendamiento entre las partes y no notificando el demandante su voluntad de no continuar con el mismo, en virtud del art. 1566 del CC debemos entender que se ha producido la tácita reconducción del arrendamiento.

Art. 1566 del CC

«Si al terminar el contrato, permanece el arrendatario disfrutando quince días de la cosa arrendada con aquiescencia del arrendador, se entiende que hay tácita reconducción por el tiempo que establecen los artículos 1577 y 1581, a menos que haya precedido requerimiento».

En cuanto a los requisitos que deben concurrir para entender la tácita reconducción, los cuales se cumplen en este supuesto, la **sentencia de la Audiencia Provincial de Ávila n.º 297/2022, de 18 de octubre, ECLI:ES:APAV:2022:402** señala:

«Así, pues, es doctrina comúnmente admitida que, según el artículo 1.566 del código civil, los requisitos, para que pueda entenderse producida la tácita reconducción, cuyo fundamento se encuentra en la presunción legal del consentimiento del arrendador en la continuación del contrato, son tres:

A.- Que, al terminar el contrato, permanezca la parte arrendataria quince días disfrutando de la cosa arrendada.

B.- Que el disfrute por la parte arrendataria, en el plazo de quince días, lo sea con la aquiescencia de la parte arrendadora, entendiéndose destruido el consentimiento de la parte arrendadora por cualquier hecho que evidencie la voluntad contraria a la continuación en el arrendamiento.

C.- Que no haya precedido requerimiento.

En este sentido, la sentencia de la sala primera de lo civil del tribunal supremo de fecha veintiséis del mes de septiembre del año 2.018 afirma que "la tácita reconducción a que se refiere el artículo 1.566 del código civil da lugar en realidad a un nuevo contrato de arrendamiento que se perfecciona por el consentimiento tácito de los contratantes; consentimiento que se entiende producido por la permanencia del arrendatario en el disfrute de la cosa arrendada por el término de quince días una vez finalizada la vigencia temporal del contrato, y ello con la aquiescencia del arrendador que deja pasar dicho plazo desde la extinción sin requerir al arrendatario a fin de que proceda a la devolución de la posesión del inmueble. Se entiende que el citado artículo 1.566 del código civil da por concluso el contrato primitivo de arrendamiento ('si, al terminar el contrato", dice textualmente) y por nacido otro en el que se mantienen los pactos que rigieron la anterior relación contractual, salvo el plazo de duración que lógicamente no ha de coincidir, salvo casos especiales, con el inicialmente previsto que, sin duda, podría resultar excesivamente largo para tenerlo en cuenta en un pacto de carácter tácito. De lo dispuesto por el artículo 1.581 del código civil, al que se remite a estos efectos el artículo1.566, se desprende la duración a que ha de referirse la "reconducción", pues este artículo, para el caso en que no se fije duración al arrendamiento, acude al criterio lógico de la fijación de la renta ("se entiende hecho por años cuando se ha fijado un alquiler anual, por meses cuando es mensual, por días cuando es diario")».

En el caso que nos ocupa, no ha habido oposición a la continuación, una vez expirado el plazo inicial del contrato, no hay exclusión contractual de la reconducción, y la acción únicamente se ha producido tras el impago por parte de mi mandante de las últimas rentas, ante lo que cabría, de conformidad con lo normado en el artículo 22 de la LEC, la posibilidad de enervación de la acción, siempre y cuando se hubiera interpuesto de la forma correcta, como sería la de desahucio por impago.

VII.- PERTINENCIA DE LA CELEBRACIÓN DE VISTA

De conformidad con lo estipulado en el artículo 438 de la LEC (2), interesa esta parte la celebración de la vista al entender que las dudas planteadas no se centran únicamente en cuestiones meramente jurídicas, siendo necesaria la celebración de la misma a los efectos de proceder a [DESCRIPCION]

VIII.- *IURA NOVIT CURIA*

En todo lo no invocado resulta de aplicación el principio *iura novit curia*, plasmado en el párrafo segundo del punto primero del artículo 218 de la Ley de Enjuiciamiento Civil, en virtud del cual serán aplicables las demás normas que sean de pertinente, especial o general aplicación, y que el juzgador podrá tener en cuenta de oficio sin necesidad de que hayan sido previamente alegadas o invocadas por alguna de las partes intervinientes.

IX.- COSTAS

De conformidad con el artículo 394 de la LEC, las costas deberás ser impuestas a la parte demandante.

Por lo expuesto,

SUPLICO AL JUZGADO:

Que tenga por presentado este escrito, con sus copias y documentos que la acompañan, se sirva admitirlo, les de la tramitación legal pertinente y tenga por formulada **CONTESTACIÓN DEMANDA DE DESAHUCIO POR PRECARIO** interpuesta contra mi mandante por la representación de don/doña [NOMBRE_PARTE_CONTRARIA], y en su día, y previos los trámites oportunos, entre los que se interesa la celebración de vista para la práctica de prueba, se sirva dictar sentencia por la que, **desestimando íntegramente la demanda, se absuelva a mi mandante de todos los pedimentos contenidos en el suplico de la misma.**

Todo ello con expresa imposición en costas a la parte demandante.

Por ser justicia que pido en, [LUGAR] a [DÍA] de [MES] de [AÑO].

[FIRMA_ABOGADO] [FIRMA_PROCURADOR]

PRIMER OTROSÍ DIGO: siendo intención de esta parte cumplir con todos los requisitos legales, a tenor de lo previsto en el artículo 231 de la Ley de Enjuiciamiento Civil, se solicita se le diere traslado de cualquier defecto que adeleciere la presente contestación a la demanda, para la inmediata subsanación de la misma.

Por ello,

SUPLICO AL JUZGADO:

Que tenga por efectuada la anterior manifestación a los efectos oportunos.

Por ser de justicia, fecha y lugar *ut supra*.

[FIRMA_ABOGADO] [FIRMA_PROCURADOR]

---

(1) Expresar en los hechos si existe conformidad o disconformidad con lo alegado de adverso, en este caso en la demanda rectora.

(2) El RD-ley 6/2023, de 19 de diciembre, modifica el artículo 438 de la LEC con entrada en vigor el 20/03/2024. A partir de dicha fecha, verá su contenido ampliado con los apartados 3 y siguientes del artículo 440 de la LEC. El extracto mostrado en este formulario constituye la versión vigente desde esa fecha.

Demanda de tutela sumaria de la posesión según las novedades de la Ley 5/2018, sobre ocupación ilegal de viviendas

AL JUZGADO DE PRIMERA INSTANCIA DE [LUGAR]

Don/Doña [NOMBRE_PROCURADOR_CLIENTE], procurador/a de los tribunales y de **don/doña** [NOMBRE_CLIENTE], mayor de edad, con domicilio en [LUGAR], según acredito mediante copia de la escritura de apoderamiento que debidamente acompaño con el ruego de su devolución por necesitarlo para otros usos, y bajo la dirección letrada de don/doña [NOMBRE_ABOGADO_CLIENTE], con número de colegiado/a [NÚMERO_COLEGIADO_ABOGADO_CLIENTE], ante el juzgado comparezco y, como mejor proceda en derecho,

DIGO

En la representación que ostento formulo **DEMANDA DE JUICIO DECLARATIVO VERBAL DE TUTELA SUMARIA DE LA POSESIÓN**, en relación con la vivienda sita en [LUGAR], de esta ciudad, contra don/doña [NOMBRE_PARTE_CONTRARIA], provisto/a de DNI [NIF_CIF_DNI_PARTE_CONTRARIA] [IGNORADOS OCUPANTES] **(1)**, con domicilio en [LUGAR] de conformidad con los siguientes,

HECHOS

PRIMERO.- Mi mandante es propietario/a de la vivienda sita en [LUGAR].

Se acompaña como documento n.º [NÚMERO] copia de la escritura de propiedad y como documento n.º [NÚMERO] nota simple del Registro de la Propiedad de [LOCALIDAD] correspondiente.

Asimismo, se acompaña recibo del pago del impuesto sobre bienes inmuebles de la vivienda como documento n.º [NÚMERO].

SEGUNDO.- La demandada viene ocupando la finca anteriormente citada desde el [DIA] de [MES] de [AÑO], sin título ni pago alguno por el disfrute de ésta **(2)**.

Mi mandante requirió notarialmente a la parte demandada para que en el plazo de un mes devolviera la posesión de la finca.

A efectos acreditativos de las manifestaciones antedichas se acompaña como documento n.º [NÚMERO] el citado requerimiento notarial.

TERCERO.- La parte demandada ha hecho caso omiso al requerimiento antes citado y continúa ocupando la vivienda en la actualidad, por lo que esta parte se ve en la necesidad de emprender las acciones judiciales oportunas para la recuperación de la finca.

CUARTO.- El valor catastral de la finca asciende a [NÚMERO] euros, como se acredita con el último recibo del impuesto sobre bienes inmuebles, adjunto a la presente en el hecho primero como documento n.º [NÚMERO].

QUINTO.- A los efectos de lo señalado en el art. 439.6 de la LEC esta parte señala que el inmueble [CONSTITUYE/NO CONSTITUYE] vivienda habitual de la persona ocupante. Así mismo señala que en esta parte [CONCURRE/NO CONCURRE] la condición de gran tenedor **(3)**.

A los anteriores hechos son de aplicación los siguientes,

FUNDAMENTOS DE DERECHO

I.- JURISDICCIÓN

Es competente para conocer de este asunto la jurisdicción civil, conforme a lo dispuesto en el artículo 21.1 de la Ley Orgánica del Poder Judicial y el artículo 36.1 de la Ley de Enjuiciamiento Civil.

II.- COMPETENCIA

En relación con la competencia objetiva el artículo 45 de la LEC.

En cuanto a la competencia territorial, en virtud del artículo 52.1.1.º de la LEC, corresponde su conocimiento a los jueces de primera instancia del lugar en que se halle la finca.

III.- LEGITIMACIÓN

La legitimación activa corresponde a mi representado en calidad de propietario de la vivienda cuya recuperación se pretende **(4)**.

La legitimación pasiva corresponde al demando, en calidad de ocupante de la vivienda **(1)**.

IV.- PROCEDIMIENTO

En cuanto a la tramitación, se hará mediante juicio verbal, en virtud del artículo 250.1.4.º de la Ley de Enjuiciamiento Civil, que establece que se tramitarán por los cauces del juicio verbal.

V.- CUANTÍA

De conformidad con lo dispuesto en el apartado 2.º del artículo 251 de la LEC, se fija la cuantía de esta demanda en la cantidad de [CANTIDAD EN LETRAS] euros, [CANTIDAD EN NÚMERO] €, al ser este el valor del inmueble otorgado en virtud del importe señalado en el recibo del IBI adjunto al presente escrito de demanda.

VI.- FONDO DEL ASUNTO

Se insta la tutela sumaria de la tenencia o de la posesión ex art. 250.1.4.º de la LEC, respecto de la misma, frente a [NOMBRE_PARTE_CONTRARIA]/[SUS IGNORADOS OCUPANTES], quienes lo hacen sin título que ampare dicha ocupación, ni pago de contraprestación por la misma. Siendo este el procedimiento adecuado conforme reconoce la jurisprudencia menor, en este sentido se manifiesta la **sentencia de la Audiencia Provincial de Barcelona n.º 472/2020, de 22 de julio, ECLI:ES:APB:2020:6842**:

> «Conforme al art. 250.1.4 LEC (en relación con los arts. 437 ap. 3 bis, 441 ap. 1 bis y 444 apartado 1 bis de la LEC), "1. Se decidirán en juicio verbal, cualquiera que sea su cuantía, las demandas siguientes: 4.º Las que pretendan la tutela sumaria de la tenencia o de la posesión de una cosa o derecho por quien haya sido despojado de ellas o perturbado en su disfrute. Podrán pedir la inmediata recuperación de la plena posesión de una vivienda o parte de ella, siempre que se hayan visto privados de ella sin su consentimiento, la persona física que sea propietaria o poseedora legítima por otro título, las entidades sin ánimo de lucro con derecho a poseerla y las entidades públicas propietarias o poseedoras legítimas de vivienda social". Las principales novedades de esta reforma procesal son: el desalojo cautelar de los ocupantes de la vivienda, la posibilidad expresamente prevista de presentación de la demanda contra ocupantes de identidad desconocida, la posibilidad de notificación a los ocupantes, pese a desconocer su identidad, en el caso de no aportar el título jurídico que legitime la ocupación en el plazo de 5 días, se ordenará mediante auto la

inmediata entrega de la posesión de la vivienda al demandante, y el traslado de la demanda a los Servicios Sociales para evitar situaciones de exclusión social.

Tras la declaración de constitucionalidad de la Ley 5/2018, de 11 de junio , de modificación de la Ley 1/2000, de 7 de enero, de Enjuiciamiento Civil, en relación con la ocupación de viviendas ilegales, entendiendo el TC (S Pleno 28-02-2019) que "la decisión judicial de proceder al desalojo de los ocupantes que puede adoptarse en el proceso sumario para la recuperación de la posesión de la vivienda instituido por la Ley 5/2018 no constituye una violación del derecho a la inviolabilidad del domicilio garantizado"».

Se cumplen asimismo en el concreto caso los requisitos objetivos, conforme al art. 250.1.4.º de la **LEC**:

- 1. Que la persona demandante sea propietaria o poseedora real legítima (no se protege la posesión de hecho, siendo requisito indispensable ser titular de un derecho a poseer, *ius possidendi*).

- 2. Que el objeto de la pretensión sea una vivienda.

- 3. Que el demandante haya sido privado de la posesión sin consentimiento (se haya visto despojado de la posesión contra su voluntad).

Desde el punto de vista temporal (caducidad del procedimiento) el artículo 439.1 de la LEC establece: «No se admitirán las demandas que pretendan retener o recobrar la posesión si se interponen transcurrido el plazo de un año a contar desde el acto de la perturbación o el despojo». Plazo de caducidad, que se inicia (dies a quo) con el acto del despojo habiéndose producido este en fecha indicada en el hecho segundo del presente escrito de demanda.

Con relación a los requisitos exigidos para el éxito de las acciones de tutela sumaria de la posesión se ha pronunciado el Tribunal Supremo en el **auto, rec. n.º 2970/2019, de 22 de septiembre de 2021, ECLI:ES:TS:2021:11914A** que señala:

«9.- Requisitos para el éxito de las acciones de tutela sumaria de la posesión. Partiendo de la anterior caracterización resultante de la jurisprudencia de esta sala, es doctrina extendida y reiterada entre las Audiencias la que señala que son requisitos para la prosperabilidad de las acciones para la tutela sumaria de la posesión los siguientes:

(i) que el actor (o su causante) se halle en la posesión o en la tenencia de la cosa o derecho, entendida como situación de hecho ostensible, al margen de toda consideración sobre el título jurídico que pudiera ampararla; debe quedar establecida la concreta delimitación del ámbito material de lo poseído;

(ii) que el actor haya sido inquietado o perturbado, o haya sido despojado de dicha posesión o tenencia;

(iii) que la acción se dirija contra el causante del despojo, bien por haberlo realizado materialmente, bien por haberlo ordenado; y

(iv) que la demanda se interponga antes de haber transcurrido un año desde el acto obstativo a la posesión de la cosa, plazo que se considera de caducidad (arts. 439.1LEC y 460 4.º CC)».

VII.- COSTAS

Deben ser impuestas al demandado de conformidad con el artículo 394 de la LEC.

Por todo ello,

SUPLICO AL JUZGADO:

Que teniendo por presentado el presente escrito junto con sus copias y documentos que se adjuntan, se sirva admitirlo, y, tras los trámites legales pertinentes se dicte sentencia de conformidad con el art. 444.1 bis de la LEC por la que se declare haber lugar al desahucio interesado, condenando al/a la demandado/a a desalojar la vivienda descrita en el presente escrito, dejándola libre y expedita a disposición de la parte actora, bajo apercibimiento de que tendrá lugar el lanzamiento, imponiéndole las costas del presente procedimiento **(5)**.

Es justicia que pido en [LOCALIDAD], a [DIA] de [MES] de [AÑO].

[FIRMA_ABOGADO] [FIRMA_PROCURADOR]

OTROSÍ DIGO PRIMERO: siendo intención de esta parte cumplir con todos los requisitos legales, a tenor de lo previsto en el artículo 231 de la LEC, se solicita se le diere traslado de cualquier defecto que adoleciere la presente demanda, para la inmediata subsanación de la misma.

SUPLICO AL JUZGADO:

Que tenga por realizada la anterior manifestación.

[FIRMA_ABOGADO] [FIRMA_PROCURADOR]

OTROSÍ DIGO SEGUNDO: Tal y como se establece en el párrafo segundo del art. 441.1 bis de la LEC: «Cuando se trate de una demanda de recuperación de la posesión de una vivienda o parte de ella que se tramite según lo previsto en el artículo 250.1.4.º, la notificación se hará a quien se encuentre habitando aquélla. Se podrá hacer además a los ignorados ocupantes de la vivienda. A efectos de proceder a la identificación del receptor y demás ocupantes, quien realice el acto de comunicación podrá ir acompañado de los agentes de la autoridad.

Si el demandante hubiera solicitado la inmediata entrega de la posesión de la vivienda, en el decreto de admisión a trámite de la demanda se requerirá a sus ocupantes para que aporten, en el plazo de cinco días desde la notificación de aquella, título que justifique su situación posesoria.

Si no se aportara justificación suficiente, el tribunal ordenará mediante auto el desalojo de los ocupantes y la inmediata entrega de la posesión de la vivienda al demandante, siempre que el título que se hubiere acompañado a la demanda fuere bastante para la acreditación de su derecho a poseer y sin perjuicio de lo establecido en los apartados 5, 6 y 7 de este mismo artículo si ha sido posible la identificación del receptor de la notificación o demás ocupantes de la vivienda (...)».

SUPLICO AL JUZGADO:

Tenga por efectuada la anterior manifestación a los efectos oportunos, y por solicitada la inmediata entrega de la posesión de la vivienda, procediendo a requerir a los demandados para que aporten título que justifique su situación, y en caso de no hacerlo en el plazo de 5 días, se ordene por auto la inmediata entrega de la posesión de la vivienda al demandante.

Por ser de justicia, fecha y lugar *ut supra*.

[FIRMA_ABOGADO] [FIRMA_PROCURADOR]

---

(1) En virtud del art. 437.3 bis de la LEC introducido por la reforma llevada a cabo a través de la Ley 5/2018 la demanda podrá dirigirse genéricamente contra los desconocidos ocupantes de la misma, sin perjuicio de la notificación que de ella se realice a quien en concreto se encontrare en el inmueble al tiempo de llevar a cabo dicha notificación. Y sobre la notificación el 441.1 bis dispone que «(...) se hará a quien se encuentre habitando aquélla. Se podrá hacer

además a los ignorados ocupantes de la vivienda. A efectos de proceder a la identificación del receptor y demás ocupantes, quien realice el acto de comunicación podrá ir acompañado de los agentes de la autoridad».

(2) Para la recuperación inmediata de la posesión tras la presentación de la demanda es fundamental que el título que se hubiere acompañado a la demanda fuere bastante para la acreditación de su derecho a poseer, como exige el párrafo tercero del art. 441.1 bis de la LEC introducido por la Ley 5/2018: «Si no se aportara justificación suficiente, el tribunal ordenará mediante auto el desalojo de los ocupantes y la inmediata entrega de la posesión de la vivienda al demandante, siempre que el título que se hubiere acompañado a la demanda fuere bastante para la acreditación de su derecho a poseer y sin perjuicio de lo establecido en los apartados 5, 6 y 7 de este mismo artículo si ha sido posible la identificación del receptor de la notificación o demás ocupantes de la vivienda».

(3) Debe tenerse en cuenta que el art. 439 de la LEC ha sido modificado por la Ley por el derecho a la vivienda que introduce dos nuevos apartados 6 y 7 que recogen nuevas especificaciones que debe contener la demanda para que se admita. Así la demanda debe determinar:
- Si el inmueble constituye vivienda habitual de la persona ocupante.
- Si concurre en el demandante la condición de gran tenedor. En este caso debe señalar también si la parte demandada se encuentra en situación de vulnerabilidad económica.
- Si concurre las condiciones de gran tenedor, vivienda habitual y persona en situación de vulnerabilidad económica deberá acreditar el demandante que se ha sometido al procedimiento de conciliación o intermediación.

(4) El artículo 250.1.4.º de la LEC establece que podrán pedir esta tutela sumaria: la persona física que sea propietaria o poseedora legítima por otro título, las entidades sin ánimo de lucro con derecho a poseerla y las entidades públicas propietarias o poseedoras legítimas de vivienda social.

(5) La reforma por la Ley 5/2018 introduce a la LEC el art. 444.1 bis, en cuya virtud en los procesos de tutela sumaria de la posesión «(...) si el demandado o demandados no contestaran a la demanda en el plazo legalmente previsto, se procederá de inmediato a dictar sentencia. La oposición del demandado podrá fundarse exclusivamente en la existencia de título suficiente frente al actor para poseer la vivienda o en la falta de título por parte del actor(...)».

Demanda de desahucio por arrendatario contra subarrendatario por falta de pago de la renta de local

AL JUZGADO DE PRIMERA INSTANCIA DE [LUGAR]

Don/Doña [NOMBRE_PROCURADOR_CLIENTE], procurador/a de los tribunales y de **don/doña** [NOMBRE_CLIENTE], en virtud de [PODER APUD ACTA/PODER NOTARIAL] a mi favor conferido, bajo la dirección letrada de don/doña [NOMBRE_ABOGADO_CLIENTE] colegiado/a número [NÚMERO] por el ICA de [LUGAR], ante el juzgado comparezco y, como mejor proceda en derecho,

DIGO

Mediante la presente interpongo **DEMANDA DE DESAHUCIO** por impago de rentas contra don/doña [NOMBRE_PARTE_COTRARIA] con DNI [NÚMERO] y domicilio en [ESPECFICAR] y todo ello con relación a los siguientes,

HECHOS

PRIMERO.- Mi mandante es arrendatario del local comercial situado en la C/[CALLE] de esta ciudad, según acredito mediante contrato de alquiler suscrito entre mi mandante y don/doña [NOMBRE] propietario del inmueble en fecha [FECHA], que presento como documento n.º [NÚMERO].

SEGUNDO.- En fecha [FECHA] el arrendatario firmó un contrato de subarrendamiento para uso distinto de vivienda con don/doña [NOMBRE_PARTE_CONTRARIA], tal y como consta en el documento n.º [NÚMERO] que adjunto al presente escrito.

La renta estipulada ascendía a [CANTIDAD] euros mensuales que se debían abonar dentro de los diez primeros días de cada mes.

La fianza que en ese momento se entregó ascendía al importe de [CANTIDAD] euros.

En la actualidad la renta vigente es de [CANTIDAD] euros.

TERCERO.- El demandado no ha efectuado el pago de [NÚMERO_MENSUALIDADES], concretamente los meses de [MESES].

Se adjunta como documento n.º [NÚMERO] extracto bancario en donde no se observa ingreso alguno desde el mes de [ÚLTIMO MES DE PAGO].

Lo impagado asciende en este momento a [CANTIDAD] euros, resultado de multiplicar la renta mensual vigente por el número de meses [NUMERO_MENSUALIDADES] que no se han liquidado, y [CANTIDAD] euros en concepto de cantidades asimiladas por [CONCEPTO].

CUARTO.- Esta parte ha de poner en conocimiento del juzgado que el demandado fue requerido de pago con [PLAZO] de antelación a la interposición de la demanda, como acredita [TIPO_REQUERIMIENTO_EFECTUADO] cuya copia se acompaña como documento n.º [NÚMERO].

A pesar de los mentados requerimientos tendentes a evitar la vía judicial, así como de múltiples comunicaciones verbales al efecto, finalmente nos vemos obligados a acudir al juzgado en defensa de los derechos de mi representado, reclamando la cantidad de [CANTIDAD] euros.

QUINTO.- A los efectos de lo señalado en el art. 439.6 de la LEC esta parte señala que el inmueble no constituye vivienda habitual de la persona ocupante. Así mismo señala que en esta parte [CONCURRE/NO CONCURRE] la condición de gran tenedor (1).

A los anteriores hechos le son de aplicación los siguientes,

FUNDAMENTOS DE DERECHO

I.- JURISDICCIÓN Y COMPETENCIA

Los artículos 21 y 22 de la Ley Orgánica del Poder Judicial y 36 de la Ley de Enjuiciamiento Civil declaran que la jurisdicción competente en esta materia es la española, y los artículos 45 y 52.1.7.º de la Ley de Enjuiciamiento Civil atribuyen la competencia al Juzgado de Primera Instancia al que nos dirigimos por encontrarse el local comercial dentro de la zona de su jurisdicción.

II.- PROCEDIMIENTO

El artículo 437.4.3.ª en concordancia con el art. 71.2 de la Ley de Enjuiciamiento Civil permite la acumulación por el cauce del juicio verbal de acciones de reclamación de rentas o cantidades análogas vencidas y no pagadas, cualquiera que sea la cantidad reclamada, cuando se trate de juicios de desahucio del local comercial por falta de pago.

De la ejecución directa si se dicta sentencia estimatoria o auto o decreto que ponga fin al procedimiento. El artículo 549.3 de la LEC (2) permite solicitar en la demanda la ejecución directa del lanzamiento, y a tal fin en la resolución que se dicte citando a juicio se señalará ya día y hora exacta para tal actuación, que se llevará a efecto en tal fecha.

III.- LEGITIMACIÓN Y POSTULACIÓN

La activa corresponde al arrendatario del inmueble y la pasiva al subarrendatario que no paga la renta en aplicación del artículo 10 de la Ley de Enjuiciamiento Civil por ser ambos los titulares de la relación jurídica de la que deriva la deuda.

Los artículos 23 y 31 del mismo texto legal exigen la intervención de procurador y abogado.

IV.- CUANTÍA

Se fija la cuantía del presente procedimiento en [CANTIDAD] euros, en aplicación del artículo 251.9.º de la LEC.

V.- ENERVACIÓN

No procede enervar la acción al haberse reclamado hace treinta días el pago de las rentas entonces adeudadas, documento n.º [NÚMERO] sin que se hayan hecho efectivas. (Artículo 22.4 de la LEC). (3)

VI.- FONDO DEL ASUNTO

El Código Civil establece en su art. 1555 que el arrendatario está obligado a pagar el precio del arrendamiento en los términos convenidos, recogiendo el art. 1569 del CC la posibilidad de desahuciar judicialmente en el caso de la falta de pago. Así mismo la Ley de Arrendamientos Urbanos establece la posibilidad de resolver el contrato por el incumplimiento de las obligaciones y concretamente por el impago de la renta y de cualquiera de las cantidades cuyo pago haya asumido o corresponda al arrendatario.

La legitimación de esta parte, aun no siendo propietario del inmueble, se basa en su condición de arrendador tal y como han reconocido los tribunales en resoluciones como la **sentencia de la Audiencia Provincial de Barcelona n.º 220/2020, de 21 de abril, ECLI:ES:APB:2020:2403**:

> «En los procedimientos de desahucio por falta de pago de las rentas y de reclamación de las mismas no se precisa, para entenderse legitimado activamen-

te, la titularidad del dominio sobre la finca. Ello se desprende del art. 250.1.1. de la Ley de Enjuiciamiento Civil (LEC) " Las que versen sobre reclamación de cantidades por impago de rentas y cantidades debidas y las que, igualmente, con fundamento en el impago de la renta o cantidades debidas por el arrendatario, o en la expiración del plazo fijado contractual o legalmente, pretendan que el dueño, usufructuario o cualquier otra persona con derecho a poseer una finca rústica o urbana dada en arrendamiento, ordinario o financiero o en aparcería, recuperen la posesión de dicha finca". De ello se infiere que no se precisa ser el titular dominical para arrendar ya que, en realidad, es un acto de pura administración (no de disposición) que puede realizar el propietario de la vivienda o no. En este sentido, el hecho de que la demandante no haya acreditado su afirmación sobre la titularidad de la finca arrendada no resulta relevante pues lo relevante, a los efectos de legitimación del presente procedimiento, es si el mismo otorgó el contrato de arrendamiento. 7. De ahí que la legitimación activa en los juicios de desahucio por falta de pago corresponda, en realidad, al arrendador, es decir, al firmante del contrato, pues el art. 1257 del Código Civil (CC) el contrato despliega sus efectos sobre los firmantes del contrato, lo que, asimismo, también se infiere dl art. 27 de la LAU».

VII.- COSTAS

En aplicación del artículo 394 de la Ley de Enjuiciamiento Civil las costas deben imponerse a la otra parte.

Por lo expuesto,

SUPLICO AL JUZGADO:

Teniendo por presentado este escrito, junto con los documentos y copias que acompañan, se sirva en admitirlos, me tenga por parte en la representación que ostento de don/doña [NOMBRE_CLIENTE] y por interpuesta **DEMANDA DE JUICIO VERBAL DE DESAHUCIO** por impagos de rentas frente a don/doña [NOMBRE_PARTE_CONTRARIA], y previos los trámites legales oportunos se dicte sentencia, por la que, estimando íntegramente la demanda, declare resuelto el contrato de subarrendamiento suscrito entre los litigantes, en relación al local descrito en el cuerpo de este escrito y se condene a don/doña [NOMBRE] a la restitución de la posesión objeto de la finca de arriendo en el plazo legal y con apercibimiento de que se procederá a su lanzamiento a su costa si no lleva a cabo el desalojo en plazo legal.

Por ser de justicia, en [CIUDAD] a [DIA] de [MES] de [AÑO]

[FIRMA_ABOGADO] [FIRMA_PROCURADOR]

PRIMER OTROSÍ DIGO: De conformidad con lo dispuesto en los artículos 437 y 549.3 de la LEC, se proceda al señalamiento del lanzamiento en el requerimiento judicial, toda vez que, de conformidad con los citados preceptos, esta parte interesa la ejecución en la propia demanda de desahucio, estableciéndose que dicha comunicación en el requerimiento será suficiente para la ejecución directa de la sentencia sin necesidad de ningún otro trámite para proceder al lanzamiento en el día y hora exacta señalados en la propia sentencia o en la fecha que se hubiere fijado al ordenar la citación al demandado.

SUPLICO AL JUZGADO:

De conformidad con lo anterior, tenga por interesada en la presente demanda que se tenga por solicitada la ejecución del lanzamiento en la fecha y hora que se fije por el Juzgado, a los efectos señalados anteriormente.

Por ser de justicia, fecha y lugar *ut supra*.

[FIRMA_ABOGADO] [FIRMA_PROCURADOR]

SEGUNDO OTROSÍ DIGO: Siendo intención de esta parte cumplir con todos los requisitos legales, a tenor de lo previsto en el artículo 231 de la Ley de Enjuiciamiento Civil, se solicita se le diere traslado de cualquier defecto que adoleciere la presente demanda, para la inmediata subsanación de la misma.

SUPLICO AL JUZGADO:

Tenga por efectuada la anterior manifestación a los efectos oportunos

Por ser de justicia, fecha y lugar *ut supra*.

[FIRMA_ABOGADO] [FIRMA_PROCURADOR]

---

(1) Debe tenerse en cuenta que el art. 439 de la LEC ha sido modificado por la Ley 12/2023, de 24 de mayo, por el derecho a la vivienda, que introduce dos nuevos apartados 6 y 7 que recogen nuevas especificaciones que debe contener la demanda para que se admita. Así la demanda debe determinar:
- Si el inmueble constituye vivienda habitual de la persona ocupante.
- Si concurre en el demandante la condición de gran tenedor. En este caso debe señalar si la parte demandada se encuentra en situación de vulnerabilidad económica.
- Si concurren las condiciones de gran tenedor, vivienda habitual y persona en situación de vulnerabilidad económica deberá acreditar el demandante que se ha sometido al procedimiento de conciliación o intermediación.
(2) El RD-ley 6/2023, de 19 de diciembre, modifica el artículo 549.3 de la LEC con entrada en vigor el 20/03/2024.
(3) El RD-ley 6/2023, de 19 de diciembre, modifica el artículo 22.4 de la LEC con entrada en vigor el 20/03/2024.

Formulario de incidente de suspensión extraordinaria del procedimiento desahucio por impago de rentas o cantidades debidas por vulnerabilidad económica

INCIDENTE DE SUSPENSIÓN EXTRAORDINARIA

Procedimiento número [NÚMERO]/[AÑO]

AL JUZGADO DE PRIMERA INSTANCIA N.º [NÚMERO] DE [LUGAR]

D./D.ª [NOMBRE_SOLICITANTE_AFECTADO], con DNI número [NÚMERO] y domicilio en C/ [CALLE], n.º [NÚMERO], CP [CODIGO_POSTAL], [LOCALIDAD], [PROVINCIA], en mi propio nombre y representación, ante el Juzgado comparezco y como mejor proceda en derecho,

DIGO

Que desde 2 de abril de 2020 (entrada en vigor del Real Decreto 11/2020, de 31 de marzo) y hasta el 31/12/2024 (Real Decreto-ley 8/2023, de 27 de diciembre) en todos los juicios verbales que versen sobre **reclamaciones de renta o cantidades debidas por el arrendatario, o la expiración del plazo de duración de contratos** (Ley 29/1994, de 24 de noviembre), que pretendan recuperar la posesión de la finca, se haya suspendido o no previamente el proceso en los términos establecidos en el apartado 5 del artículo 441 de dicha ley, la persona arrendataria podrá instar un **incidente de suspensión extraordinaria del desahucio o lanzamiento ante el juzgado por encontrarse en una situación de vulnerabilidad económica que le imposibilite encontrar una alternativa habitacional para sí y para las personas con las que conviva** por lo que mediante el presente escrito vengo a interesar la **SUSPENSIÓN DE LAS ACTUACIONES** y ello de conformidad con las siguientes,

JUSTIFICACIONES

PRIMERA.- El compareciente tiene iniciado un procedimiento judicial de desahucio con número de autos arriba referenciado sobre la vivienda que constituye su residencia habitual sita en [CALLE], n.º [NÚMERO], CP [CODIGO_POSTAL], [LOCALIDAD], [PROVINCIA], habiendo sido requerida esta parte en fecha [DIA], [MES], [AÑO] para que, en el plazo de diez días, desaloje el inmueble, pague al actor o, en caso de pretender la enervación, pague la totalidad de lo que deba o ponga a disposición de aquel en el tribunal o notarialmente el importe de las cantidades reclamadas en la demanda y el de las que adeude en el momento de dicho pago enervador del desahucio; o en otro caso comparezca ante éste y alegue sucintamente, formulando oposición, las razones por las que, a su entender, no debe, en todo o en parte, la cantidad reclamada o las circunstancias relativas a la procedencia de la enervación.

SEGUNDA.- Como consecuencia de la situación económica y social actual el compareciente se encuentra en situación de vulnerabilidad económica (1).

Así pues, la situación de la unidad familiar es la siguiente: [NUMERACIÓN Y DESCRIPCIÓN DE LOS MIEMBROS QUE COMPONEN LA UNIDAD].

El arrendatario suscribiente, como consecuencia de la situación de crisis actual, ha visto considerablemente reducidos sus ingresos toda vez que [INDICAR SITUACIÓN ART. 5.1 A) DEL RD-Ley 11/2020, DE 31 DE MARZO] contando, en la actualidad, [DESCRIPCIÓN DE LOS INGRESOS].

Conforme a lo expuesto, el conjunto de ingresos de los miembros de la unidad familiar no alcanza el límite [CONSULTAR LIMITES IPREM ART. 5 RD-LEY 11/2020, DE 31 DE MARZO].

Asimismo, la renta arrendaticia, más los gastos y suministros básicos [DESCRIPCIÓN Y JUSTIFICACIÓN] resulta [SUPERIOR/IGUAL] al 35 por cien de los ingresos netos percibidos por la unidad familiar.

TERCERO.- Junto a la presente solicitud, se adjuntan los documentos necesarios para la acreditación de las condiciones objetivas: **(2)**

[DESCRIPCIÓN]

[DESCRIPCIÓN]

[DESCRIPCIÓN]

CUARTO.- De conformidad con el artículo 1 del Real Decreto ley 11/2020, de 31 de marzo, al no estar señalada fecha para el lanzamiento, por no haber transcurrido el plazo de diez días a que se refiere el artículo 438.5 de la LEC **(3)**, procede la suspensión de dicho plazo.

Por lo expuesto,

SUPLICO AL JUZGADO:

Que, teniendo por interpuesto el presente escrito junto con los documentos que acreditan que el arrendatario suscribiente afectado por el presente procedimiento se encuentra en situación de vulnerabilidad económica que le imposibilita encontrar una alternativa habitacional para sí y para las personas que con este conviven, tras los trámites legales oportunos, dicte auto señalando la **suspensión del procedimiento hasta el 30/06/2023**, con lo demás procedente.

En [LOCALIDAD], a [DÍA] de [MES] de [AÑO].

[FIRMA_ABOGADO] [FIRMA_PROCURADOR]

---

(1) Los parámetros utilizados para considerar que una persona se encuentra en situación de vulnerabilidad económica se encuentran recogidos en el artículo 5 del Real Decreto-ley 11/2020, de 31 de marzo.

(2) Para los documentos requeridos para la acreditación de las condiciones objetivas habrá de estar a la documentación referida en el artículo 6 del Real Decreto-ley 11/2020, de 31 de marzo.

(3) El RD-ley 6/2023, de 19 de diciembre, modifica los artículos 438 y 440 de la LEC con entrada en vigor el 20/03/2024. Después de la mencionada fecha, los apartados 3 y siguientes del artículo 440 de la LEC se añadirán al contenido del artículo 438. El extracto mostrado en este formulario constituye la versión vigente desde esa fecha.

Demanda de desahucio por falta de pago en contrato de arrendamiento (adaptado a la ley de vivienda)

AL JUZGADO DE PRIMERA INSTANCIA DE [PROVINCIA]

Don/Doña [NOMBRE_PROCURADOR/A], procurador/a de los tribunales, colegiado/a n.º [NÚMERO_COLEGIADO/A] en nombre y representación de **don/doña** [NOMBRE], mayor de edad, con DNI/NIE/NIF n.º [NÚMERO_DNI/NIE/NIF] y domicilio en C/ [CALLE], n.º [NÚMERO], CP [CÓDIGO_POSTAL], [LOCALIDAD], [PROVINCIA] según consta acreditado por medio de [ESCRITURA DE PODER QUE SE ACOMPAÑA COMO DOCUMENTO NÚMERO 1/PODER APUD ACTA], bajo la dirección letrada de **don/doña** [NOMBRE], colegiado/a número [NÚMERO] ICA [LOCALIDAD], ante el juzgado comparezco y, como mejor proceda en Derecho,

DIGO

Por medio del presente escrito y siguiendo concretas instrucciones de mi mandante, formulo **DEMANDA DE JUICIO VERBAL DE DESAHUCIO POR FALTA DE PAGO DE RENTA** frente a don/doña [NOMBRE_PARTE_CONTRARIA], vecino de [LOCALIDAD], con domicilio en [DOMICILIO], interesando la resolución de contrato de arrendamiento de finca urbana que más adelante se dirá y de conformidad todo ello con los siguientes,

HECHOS

PRIMERO.- Mi representado/a don/doña [NOMBRE_CLIENTE], en quién [CONCURRE/NO CONCURRE] **(1)** la condición de gran tenedor, es propietario de la finca urbana sita en la ciudad de [LOCALIDAD], C/ [CALLE], n.º [NÚMERO], en virtud de escritura de compraventa otorgada ante el notario de esta ciudad don/doña [NOMBRE_NOTARIO], en fecha [FECHA], escritura que otorgó bajo el n.º [NÚMERO] del protocolo del citado notario.

Acompaño como **documento n.º** [NÚMERO] la referida escritura que acredita la propiedad de mi mandante, designando a efectos probatorios el protocolo del notario de esta ciudad don/doña [NOMBRE_NOTARIO] y como documento n.º [NÚMERO] nota simple del Registro de la Propiedad de [LOCALIDAD].

SEGUNDO.- En fecha [FECHA], mi representado, en calidad de arrendador y propietario de la vivienda antedicha, suscribió con el demandado don/doña [NOMBRE_PARTE_CONTRARIA], este en calidad de arrendatario, contrato de arrendamiento de la finca anteriormente reseñada con la finalidad de destinarla a vivienda habitual del arrendatario y su familia. En el contrato de arrendamiento se estipuló una renta anual de [CANTIDAD] €, pagaderos de doce mensualidades de [CANTIDAD] € cada una de ellas, a realizarse en [PLAZO_INGRESOS].

Es de observar que en la estipulación [NÚMERO] del contrato se determinó que la mencionada renta se actualizaría anualmente conforme a las variaciones experimentadas por el IPC durante los doce meses anteriores a la práctica de dicha revisión, de conformidad con la certificación que a tal efecto expidiera el Instituto Nacional de Estadística.

Como consecuencia de las correspondientes actualizaciones de rentas, la que actualmente el arrendatario viene satisfaciendo con carácter mensual es de [CANTIDAD] €, lo cual supone una renta anual de [CANTIDAD] €.

Acompaño como **documento n.º** [NÚMERO] el referido contrato de arrendamiento.

Acompaño como **documentos n.º** [NÚMERO] **y n.º** [NÚMERO] las notificaciones efectuadas vía burofax por mi patrocinado al inquilino, comunicándole la variación de renta y el incremento correspondiente.

TERCERO.- Aún a pesar de la obligación de pago de la renta por parte del arrendatario, lo cierto es que el demandado ha dejado de abonar las rentas correspondientes a las mensualidades de [MES] de [AÑO] a [MES] de [AÑO] a [MES] de [AÑO], inclusive, que a razón de [CANTIDAD_EN_LETRA] euros ([CANTIDAD] €) mensuales supone una suma de [CANTIDAD_EN_LETRA] euros ([CANTIDAD] €) que adeuda.

CUARTO.- A pesar de los numerosos requerimientos verbales y gestiones de carácter amistoso efectuadas por mi representado, es lo cierto que el demandado no ha procedido al pago de las referidas rentas, por lo que mi poderdante se ha visto en la necesidad de acudir a los tribunales en el ejercicio de la presente acción de desahucio, siendo de aplicación a los hechos anteriores los siguientes,

FUNDAMENTOS DE DERECHO

I.- COMPETENCIA

Es competente el juzgado al que me dirijo, a tenor de lo dispuesto en el art. 52.1.7.º de la Ley de Enjuiciamiento Civil.

II.- REPRESENTACIÓN Y DIRECCIÓN TÉCNICA

De conformidad con lo que dispone la vigente Ley de Enjuiciamiento Civil y, en concreto, sus artículos 23.1 y 31.1, esta parte litiga representada por procurador de los tribunales y bajo la dirección técnica de letrado, ambos debidamente habilitados para ello.

III.- LEGITIMACIÓN

Actor y demandado se encuentran legitimados activa y pasivamente para interponer y soportar el presente procedimiento, habida cuenta de la existencia entre ellos de un vínculo contractual de arrendamiento de finca urbana que faculta, en su caso, al arrendador para ejercer la acción resolutoria de contrato de arrendamiento por falta de pago.

IV.- CUANTÍA

La cuantía del presente procedimiento es de [CANTIDAD] €, equivalente a una anualidad de renta, de conformidad todo ello con la regla 9.ª del artículo 251 de la Ley de Enjuiciamiento Civil.

V.- PROCEDIMIENTO

El procedimiento a seguir es el de los denominados juicios verbales, que regulan los artículos 437 y ss. de la LEC, clase de procedimiento al que expresamente remite el art. 250.1.1.º LEC.

VI.- FONDO DEL ASUNTO

- La Ley de Arrendamientos Urbanos, **Ley 29/1994, de 24 de noviembre (LAU)**, en sus artículos 35 y 27.2.a) recoge la posibilidad de promover la resolución del contrato de pleno derecho en los casos de falta de pago.

- Igualmente resulta de aplicación lo dispuesto en el Código Civil, concretamente en los artículos 1124, 1555.1, por el que el arrendatario está obligado a pagar el precio del arrendamiento en los términos convenidos, y relacionado el art. 1569.2 del meritado texto legal, que indica la posibilidad de desahuciar judicialmente al arrendatario por no pagar el precio convenido.

- **Artículo 220.2 de la Ley de Enjuiciamiento Civil (LEC)** que permite reclamar prestaciones periódicas que se devenguen con posterioridad al momento de dictar sentencia y en el caso presente de acumulación de acción de desahucio y de pago de rentas, la sentencia incluirá la condena al pago de las rentas que se devenguen desde la presentación de la demanda hasta la entrega de la finca.

- **(2)** El art. 437 de la LEC, permite anunciar que en las demandas de desahucio el arrendador asume el compromiso de condonar todo o parte de la deuda y las costas si el arrendatario abandona la finca en el plazo que indique aquél, que no podrá ser inferior a quince días desde que se notifique la demanda; en este caso el arrendador asume el siguiente compromiso: [ESPECIFICAR].

SÉPTIMO.- COSTAS

Respecto a las costas, resulta de aplicación lo dispuesto en el art. 394 de la LEC, costas que le corresponderán al demandado incluso en el supuesto de que enervare la presente acción de desahucio, de conformidad esto último con la redacción del art. 22.5 de la LEC.

En su virtud,

SUPLICO AL JUZGADO:

Que teniendo por presentado este escrito, junto con los documentos y copias que acompañan, se sirva en admitirlos, me tenga por parte en la representación que ostento de don/doña [NOMBRE_CLIENTE] y por interpuesta **DEMANDA DE JUICIO VERBAL DE DESAHUCIO** por impago de rentas frente a don/doña [NOMBRE_PARTE_CONTRARIA], y se acuerde por el letrado de la Administración de justicia, una vez admitida la demanda a trámite:

- **Se requiera al demandado/a** para que en el plazo de diez días, desaloje la finca objeto del desahucio, pague a mi patrocinado o, en caso de pretender la enervación, pague la totalidad de lo que debe o ponga a disposición de mi mandante, en el tribunal o notarialmente, el importe de las cantidades reclamadas en la demanda y de las que adeude en el momento de dicho pago enervador del desahucio, o en su caso, comparezca ante el letrado de la Administración de justicia y alegue sucintamente, formulando oposición, las razones por las que a su entender, no debe en todo o en parte la cantidad reclamada o las circunstancias relativas a la procedencia de enervación.

- Y en caso de **oposición**, proceda a emplazarse para que el día y hora que a su efecto se señale, comparezca a fin de celebrar el oportuno juicio verbal, y una vez celebrado,

- **Se dicte sentencia**, por la que, estimando íntegramente la demanda se declare resuelto el contrato de arrendamiento suscrito entre los litigantes, en relación a la finca urbana descrita en el cuerpo de este escrito.

- Se condene al demandado/a:

  - A estar y pasar por tal declaración.

  - A la restitución de la posesión objeto de la finca de arriendo en el plazo legal y con apercibimiento de que se procederá a su lanzamiento a su costa si no lleva a cabo el desalojo en plazo legal.

  - Al pago de la cantidad de [CANTIDAD_LETRA] ([NÚMERO] €), en concepto de rentas y demás conceptos asimilados adeudados, incluidos los devengados desde la tramitación del presente procedimiento hasta la entrega efectiva del inmueble, más los intereses legales devengados desde la interposición de la demanda, y todo ello con expresa imposición de las costas al demandado/a.

Por ser de justicia, en [CIUDAD], a [DIA] de [MES] de [AÑO]

Ltdo. [NOMBRE Y FIRMA DE LETRADO] Proc. [NOMBRE Y FIRMA DE PROCURADOR]

PRIMER OTROSÍ DIGO: de conformidad con lo dispuesto en los artículos 22.4 y 439.3 de la Ley de Enjuiciamiento Civil **(3)**, el arrendatario podrá enervar la presente acción pagando al actor o en su caso poniendo a disposición del juzgado o notarialmente, el importe de las cantidades reclamadas en la demanda, y, en su caso, las que adeude en el momento de dicho pago enervador del desahucio.

SUPLICO AL JUZGADO: Que tenga por hecha la anterior manifestación a los efectos legales oportunos.

Por ser de justicia, fecha y lugar *ut supra*.

Ltdo. [NOMBRE Y FIRMA DE LETRADO] Proc. [NOMBRE Y FIRMA DE PROCURADOR]

SEGUNDO OTROSÍ DIGO: en caso de oposición, proceda a emplazar al demandado para que el día y hora que a su efecto se señale, comparezca a fin de celebrar el oportuno juicio verbal, y una vez celebrado, **SE DICTE SENTENCIA**, por la que, estimando íntegramente la demandada declare resuelto el contrato de arrendamiento suscrito entre los litigantes, en relación a la finca urbana descrita en el cuerpo de este escrito y **CONDENE AL DEMANDADO** a la restitución de la posesión de la finca arrendada en plazo legal y con apercibimiento de que se procederá a su lanzamiento a su costa si no lleva a cabo el desalojo en plazo legal, al pago de la cantidad de [CANTIDAD_LETRA] ([NÚMERO €]), en concepto de rentas y demás conceptos asimilados adeudados, incluidos los devengados desde la tramitación del presente procedimiento hasta la entrega efectiva del inmueble, más los intereses legales devengados desde la interposición de la demanda, y todo ello con expresa imposición de las costas al demandado.

SUPLICO AL JUZGADO: Que tenga por hecha la anterior manifestación a los efectos legales oportunos.

Por ser de justicia, fecha y lugar *ut supra*.

Ltdo. [NOMBRE Y FIRMA DE LETRADO] Proc. [NOMBRE Y FIRMA DE PROCURADOR]

TERCER OTROSÍ DIGO: al amparo del art. 231 de la LEC esta parte manifiesta su voluntad de corregir cualquier defecto de carácter procesal en que pudiera haber incurrido.

SUPLICO AL JUZGADO: Que tenga por hecha la anterior manifestación.

Por ser de justicia, fecha y lugar *ut supra*.

Ltdo. [NOMBRE Y FIRMA DE LETRADO] Proc. [NOMBRE Y FIRMA DE PROCURADOR]

---

(1) Debe tenerse en cuenta que el art. 439 de la LEC ha sido modificado por la Ley 12/2023, de 24 de mayo, por el derecho a la vivienda, que introduce dos nuevos apartados 6 y 7 que recogen nuevas especificaciones que debe contener la demanda para que se admita. Así la demanda debe determinar:
- Si el inmueble constituye vivienda habitual de la persona ocupante.
- Si concurre en el demandante la condición de gran tenedor. En este caso debe señalar si la parte demandada se encuentra en situación de vulnerabilidad económica.
- Si concurren las condiciones de gran tenedor, vivienda habitual y persona en situación de vulnerabilidad económica deberá acreditar el demandante que se ha sometido al procedimiento de conciliación o intermediación

(2) En su caso, especificar la parte de la deuda que se condonaría en caso de desalojo voluntario.

(3) Según el 439.3 de la LEC: «No se admitirán las demandas de desahucio de finca urbana por falta de pago de las rentas o cantidades debidas por el arrendatario si el arrendador no indicare las circunstancias concurrentes que puedan permitir o no, en el caso concreto, la enervación del desahucio».

Recurso de apelación frente a sentencia estimatoria de desahucio por falta de pago (error bancario)

Procedimiento: [DESCRIPCIÓN]

Autos: [NÚMERO]

Sentencia: [NÚMERO]

A LA AUDIENCIA PROVINCIAL DE [LOCALIDAD] (1)

Don/Doña [NOMBRE_PROCURADOR_CLIENTE], en nombre y representación de don/doña [NOMBRE_CLIENTE], según acredito mediante poder que acompaño como documento n.º [NÚMERO], ante la Audiencia comparezco con la asistencia letrada de don/doña [NOMBRE_ABOGADO_CLIENTE] y como mejor proceda en derecho, DIGO:

Mediante el presente escrito, en tiempo y forma, venimos a formular **RECURSO DE APELACIÓN** frente a la sentencia n.º [NÚMERO] de fecha [FECHA], que acompañamos al presente escrito como documento n.º [NÚMERO] **(2)** de conformidad con el artículo 458 LEC (1) y con las siguientes,

ALEGACIONES

PREVIA.- Cumplimiento del artículo 449 LEC

Con carácter previo para manifestar que, de acuerdo con el artículo 449 de la LEC **(3)** mi representado/a ha satisfecho las rentas vencidas y las que con arreglo al contrato de arrendamiento de [FECHA] objeto de esta *litis* debía pagar adelantadas. Así se acredita mediante el justificante bancario de pago que adjuntamos como **documento n.º** [NÚMERO].

En este sentido se han pronunciado nuestros tribunales, como sucede en la **sentencia de la Audiencia Provincial de Madrid n.º 345/2020, de 17 de septiembre, ECLI:ES:APM:2020:9603**, que reza con el tenor literal siguiente:

> «Pues bien, la naturaleza y ámbito del recurso de apelación, impone a quien pretenda recurrir una resolución judicial una serie de obligaciones de carácter general de inexcusable cumplimiento, de las que no es posible prescindir, por cuanto ello vulneraría los derechos de contradicción y defensa de la parte contraria. Junto a esos requisitos de carácter general el propio legislador establece en determinados supuestos, en función de la materia objeto del proceso en cuestión, determinados requisitos especiales de procedibilidad a los que es igualmente de aplicación la doctrina anteriormente indicada. En concreto, el artículo 449 de la LEC en su apartado, 1 al regular el derecho a recurrir en los procedimientos que lleven el lanzamiento, impone al apelante la prueba por escrito del pago de las rentas vencidas, como presupuesto necesario para la admisión del recurso de apelación y si bien es reiterada y constante la doctrina constitucional (STC 344/1993, entre otras muchas), que señala que el requisito establecido en el art. 449 de la LEC ha de ser interpretado en la forma más favorable para su admisión, así como que los defectos en la interposición son susceptibles de subsanación, es igualmente reconocido por el mismo Tribunal(STC 119/1994) que dicho requisito no contradice el espíritu del art. 24 de la Constitución española, debiendo interpretarse ponderando en cada caso las circunstancias concurrentes».

También las sentencias de la **Audiencia Provincial de Asturias n.º 19/2011, de 20 de enero, ECLI:ES:APO:2011:51** la de la Audiencia Provincial de Pontevedra n.º

460/2008, de 16 de julio, ECLI:ES:APPO:2008:1951 y la de la Audiencia Provincial de Pontevedra n.º 49/2011, de 27 de enero, ECLI:ES:APPO:2011:206.

SEGUNDA.- Error en la valoración de la prueba

Esta parte recurre la sentencia por cuanto, dicho sea con los debidos respetos que merecen las resoluciones judiciales, ha valorado erróneamente la prueba practicada en relación al error bancario acaecido respecto del pago de las siguientes mensualidades (4).

El error bancario impide que se pueda hablar de impago por parte de esta arrendataria.

Las referidas mensualidades no pueden ser valoradas como impagadas y por ello debe desestimarse la sentencia que declara la resolución del contrato de arrendamiento por falta de pago de las rentas y revocar el pronunciamiento de desalojo de la finca.

Así lo han reconocido los tribunales:

Sentencia del Tribunal Supremo n.º 210/2022, de 15 de marzo, ECLI:ES:TS:2022:1065:

> «(...) el retraso en el pago de la renta del mes de abril de 2019 no se le puede imputar al arrendatario, sino que es atribuible a un error del banco.
> La Audiencia alcanza esa conclusión al considerar probado que el arrendatario intentó el pago de la renta de manera reiterada, dado que la transferencia le era devuelta, figurando, en la documentación bancaria de devolución, la arrendadora como ordenante, y que, cuando acudió al banco para informarse, comprobó que, por un error de la propia entidad, el dinero no se transfería a la cuenta de la arrendadora, sino a una cuenta judicial referida a un procedimiento previo, y ello pese a que el 11 de marzo anterior había ordenado por escrito con indicación de su número que los pagos de las rentas se hicieran en la cuenta de la arrendadora, 'no habiendo actuado así la entidad bancaria hasta que es apercibida de su error.
> Solo suprimiendo la circunstancia anterior, de la que se desentiende por completo la recurrente, cabría plantearse la aplicación al caso de la doctrina anterior y, consecuentemente, su posible vulneración».

Sentencia de la Audiencia Provincial de Murcia n.º 238/2015, de 07 de mayo, ECLI:ES:APMU:2015:1008:

> «(...) la Sala coincide con la sentencia de primera instancia en la conclusión de que estima acreditado que el impago no respondía a una conducta consciente y voluntaria de la arrendataria de incumplir el contrato, ni tampoco a una actuación negligente o descuidada, pues en los movimientos de la cuenta constaba la existencia de saldo positivo y se venían atendiendo todos los recibos que estaban domiciliados, con la única excepción del comentado, por lo que no puede admitirse que haya causa de resolución del mismo, lo que se evidencia, por otro lado, en el hecho de que los meses siguiente se atendiera puntualmente el pago de las mensualidades conforme a la orden de transferencia dada».

Sentencia de la Audiencia Provincial de Madrid n.º 238/2020, de 7 de julio, ECLI:ES:APM:2020:8029:

> «En todo caso y a mayor abundamiento, tal y como se razona en la Sentencia recurrida, aun considerando que las rentas de mayo y junio de 2018 objeti-

vamente fueron abonadas con unos días de retraso, lo cierto es que conforme se desprende de los documentos 113 y 114 de la demandada, consistentes en certificado de la entidad bancaria BBVA y justificante de nueva orden de transferencia periódica, respectivamente, no puede calificarse de incumplimiento imputable a la parte demandada, puesto que obedeció a un error de la entidad bancaria, que ante un cambio de cuenta bancaria no domicilió la orden de transferencia periódica para el pago de la renta, como históricamente se venía haciendo, siendo subsanado de forma manual tal error en cuanto fue advertido, y siguiendo el pago mediante transferencias periódicas mensuales».

Yerra la sentencia al no valorar sin embargo la conducta del demandante como contraria a las exigencias de la buena fe, pues ante dicho error interpuso demanda de desahucio sin permitir la previa subsanación por parte del arrendatario. En este sentido se ha pronunciado la **SAP de Barcelona, rec. 372/1999, de 30 de junio de 2000, ECLI:ES:APB:2000:8672**:

«(...) No queremos resucitar en esta resolución la teoría de la voluntad deliberadamente rebelde de una de las partes contratantes como presupuestó necesario para decretar la resolución de los contratos bilaterales ante su incumplimiento, pero ello no evita que apreciemos en este caso que la arrendadora, o sus administradores, no actuaron conforme a las previsiones de la buena fe en el supuesto debatido, ya que no reaccionaron ante la actitud de la arrendataria, pues la conducta socialmente esperada y exigible conforme a los principios de la buena fe, habida cuenta que se trataba de un único recibo y de que la arrendadora había delegado a su entidad bancaria todo lo relativo al cobro de las rentas, le obligaba a ello y no a interponer sin advertencia alguna una demanda de desahucio con las terribles consecuencias que conlleva, máxime cuando el arrendatario continuó cumpliendo con sus obligaciones sin ninguna incidencia, al presentarse al cobro los recibos de las rentas correspondientes a los meses sucesivos y otra vez el que es objeto de la litis, permitiendo que entendiese que la relación arrendaticia no se veía afectada por aquel especial problema (...)».

Por lo expuesto,

SUPLICO A LA AUDIENCIA:

Que tenga por presentado este escrito, lo admita junto con sus documentos y copias, y tenga por interpuesto **RECURSO DE APELACIÓN**, contra la sentencia n.º [NÚMERO], previos los trámites legales oportunos, proceda a dictar sentencia acordando revocar la sentencia de instancia, con estimación del recurso de apelación e imposición de costas a la adversa.

Por ser justicia que pido en [LOCALIDAD] a [FECHA].

[FIRMA_ABOGADO] [FIRMA_PROCURADOR]

---

(1) El artículo 458 de la LEC se ve reformado por el RD-ley 6/2023, de 19 de diciembre, con entrada en vigor el 20/03/2024. Desde esa fecha el recurso de apelación se interpondrá ante el tribunal competente para conocerlo. Hasta entonces, se seguirá interponiendo ante el tribunal que haya dictado la resolución que se impugne.

(2) Como consecuencia de la reforma operada por el RD-ley 6/2023, de 19 de diciembre, a partir de su entrada en vigor, el 20 de marzo de 2024, habrá que acompañar con el recurso de apelación una copia de la resolución impugnada.

(3) El RD-ley 6/2023, de 19 de diciembre, modifica el artículo 449 de la LEC con entrada en vigor el 20/03/2024.

(4) Especificar mensualidades cuyo supuesto impago motivó la demanda de desahucio.

Demanda de juicio verbal de desahucio por falta de pago y reclamación de rentas, sin enervación y con solicitud de lanzamiento

AL JUZGADO DE PRIMERA INSTANCIA DE [LUGAR]
QUE POR TURNO DE REPARTO CORRESPONDA

Don/Doña [NOMBRE_PROCURADOR_CLIENTE], procurador/a de los tribunales y de don/doña [NOMBRE_CLIENTE], con DNI [NÚMERO_DNI], según poder que se adjunta como **documento n.º** [NÚMERO], bajo la dirección letrada de **don/doña** [NOMBRE_ABOGADO_CLIENTE] colegiado/a del [COLEGIO_DE_ABOGADOS] n.º [NUMERO_COLEGIADO], ante el juzgado comparezco y como mejor proceda en Derecho,

DIGO

Por medio del presente escrito vengo a interponer **DEMANDA DE JUICIO VERBAL DE DESAHUCIO Y RECLAMACIÓN DE CANTIDADES DEBIDAS** contra don/doña [NOMBRE_PARTE_CONTRARIA], con DNI [NÚMERO_DNI], con domicilio en [DOMICILIO_PARTE_CONTRARIA], y todo ello con relación a los siguientes,

HECHOS

PRIMERO.- Mi representado es propietario del inmueble sito en [DOMICILIO_CLIENTE].

En [FECHA] mi poderdante suscribió un contrato de arrendamiento con don/doña [NOMBRE_PARTE_CONTRARIA], por un plazo [PLAZO], y una renta mensual de [CANTIDAD] euros.

Como **documento n.º** [NÚMERO] se adjunta copia del contrato de arrendamiento suscrito entre las partes.

SEGUNDO.- A día de presentación de esta demanda el demandado ha incumplido su obligación de pago de la renta respecto de las mensualidades de [MES], adeudando una cantidad que asciende a [CANTIDAD] euros.

Además, dicha cantidad se verá incrementada con las rentas que se devenguen durante la tramitación del presente procedimiento.

TERCERO.- A efectos de lo prevenido en el artículo 439.3 de la LEC, en relación con el artículo 22.4 de la LEC se ha de hacer constar que en el presente caso concurren casusas excluyentes de la enervación de la acción.

El arrendatario demandado ejercitó la enervación de la acción en el desahucio que se tramitó en el procedimiento [NÚMERO] ante el Juzgado [NUMERO] de [LUGAR].

A los efectos acreditativos oportunos adjuntamos como documento n.º [NÚMERO] decreto del letrado de la Administración de Justicia poniendo término al procedimiento referido.

CUARTO.- A los efectos de lo señalado en el art. 439.6 de la LEC esta parte señala que el inmueble [CONSTITUYE/NO CONSTITUYE] vivienda habitual de la persona ocupante. Así mismo señala que en esta parte [CONCURRE/NO CONCURRE] la condición de gran tenedor **(1)**.

A los anteriores hechos le son de aplicación los siguientes,

FUNDAMENTOS DE DERECHO

I.- JURISDICCIÓN

Es competente para conocer de este asunto la jurisdicción civil, conforme a lo dispuesto en el artículo 21.1 de la Ley Orgánica del Poder Judicial y el artículo 36.1 de la Ley 1/2000, de la Ley de Enjuiciamiento Civil.

II.- COMPETENCIA

La competencia objetiva para el conocimiento de la presente demanda corresponde a los juzgados de primera instancia, puesto que les viene atribuida por razón de la materia, en virtud de lo establecido en los artículos 44 y 45 de la Ley 1/2000, de Enjuiciamiento Civil.

La competencia territorial corresponde al juzgado de [LUGAR] que por turno de reparto corresponda, por ser el partido judicial en que se encuentra el inmueble arrendado, de acuerdo con el art. 52.1.7.º de la LEC.

III.- LEGITIMACIÓN Y POSTULACIÓN

La activa corresponde al arrendatario del inmueble y la pasiva al subarrendatario que no paga la renta en aplicación del artículo 10 de la Ley de Enjuiciamiento Civil por ser ambos los titulares de la relación jurídica de la que deriva la deuda.

Los artículos 23 y 31 del mismo texto legal exigen la intervención de procurador y abogado.

IV.- CUANTÍA DEL PROCEDIMIENTO

La cuantía del presente procedimiento es la de [CANTIDAD], que se corresponde con una anualidad de renta, por tratarse de la cantidad mayor, de acuerdo con lo dispuesto en el art. 252.2.º en relación con el artículo 251.9 de la Ley de Enjuiciamiento Civil.

V.- ACUMULACIÓN DE ACCIONES

Se acumula en la presente demanda la acción de desahucio por impago de las rentas, y la reclamación del importe de las rentas adeudadas, en cuantía de [CANTIDAD] euros, cuya acumulación en el presente procedimiento está expresamente autorizada por el artículo 437.4.3.ª de la LEC.

VI.- PROCEDIMIENTO

La tramitación del procedimiento se sujetará a lo establecido para el juicio verbal, de acuerdo con lo establecido en el artículo 250.1.1.º de la LEC.

VII.- FONDO DEL ASUNTO

El **impago de la renta** supone el incumplimiento de la principal obligación del arrendatario, y constituye la causa legal que faculta al arrendador para resolver de pleno derecho y recuperar la posesión de la finca.

En cuanto al **pago de las rentas devengadas con posterioridad hasta el efectivo desalojo del inmueble arrendado**, procede su satisfacción al actor por disposición del art. 220.2 de la LEC en cuya virtud, cuando la acción de reclamación se acumule a la acción de desahucio por falta de pago o por expiración legal o contractual del plazo, y el demandante lo hubiese interesado expresamente en su escrito de demanda, la sentencia, el auto o el decreto incluirán la condena a satisfacer también las rentas debidas que se devenguen con posterioridad a la presentación de la demanda hasta la entrega de la posesión efectiva de la finca, tomándose como base de la liquidación de las rentas futuras, el importe de la última mensualidad reclamada al presentar la demanda.

Sobre esta posibilidad se ha pronunciado la jurisprudencia menor:

La sentencia de la Audiencia Provincial de Barcelona n.° 454/2013, de 24 de julio, ECLI:ES:APB:2013:7633 ha establecido que:

«De la lectura del art. 220.2 LEC resulta que cabe acumular a la demanda de desahucio la reclamación las rentas debidas que se devenguen con posterioridad a su presentación y hasta la entrega de la posesión efectiva de la finca, tomándose como base de la liquidación de las rentas futuras, el importe de la última mensualidad reclamada al presentar la demanda. Se trata de una condena con reserva de liquidación —art. 219—que contiene la base legal sobre la que practicar, en fase de ejecución, la liquidación: el importe de la última mensualidad, conlleva la imposibilidad de modificar su importe cualesquiera que sean los incrementos que en su caso hubieren procedido (...)».

Sobre los requisitos procesales del 220.2 de la LEC se pronuncia la sentencia de la Audiencia Provincial de Valencia n.° 685/2012, de 11 de diciembre, ECLI:ES:APV:2012:5545:

«(...) concurren los presupuestos procesales exigidos para que la sentencia pueda incluir la condena a satisfacer también las rentas debidas devengadas con posterioridad a la presentación de la demanda, que son: Que se trate de una reclamación de rentas periódicas, acumulada a la acción de desahucio por falta de pago o por expiración legal o contractual del plazo.

Y que el demandante lo hubiere interesado expresamente en su escrito de demanda».

Sobre la **enervación de la acción** el art. 22.4 de la LEC **(2)** dispone:

«Los procesos de desahucio de finca urbana o rústica por falta de pago de las rentas o cantidades debidas por el arrendatario terminarán mediante decreto dictado al efecto por el letrado de la Administración de Justicia si, requerido aquél en los términos previstos en el apartado 5 del artículo 438, paga al actor o pone a su disposición en el Tribunal o notarialmente, dentro del plazo conferido en el requerimiento, el importe de las cantidades reclamadas en la demanda y el de las que adeude en el momento de dicho pago enervador del desahucio. Si el demandante se opusiera a la enervación por no cumplirse los anteriores requisitos, se citará a las partes a la vista prevenida en el artículo 443 de esta Ley, tras la cual el Juez dictará sentencia por la que declarará enervada la acción o, en otro caso, estimará la demanda habiendo lugar al desahucio.
Lo dispuesto en el párrafo anterior **no será de aplicación cuando el arrendatario hubiera enervado el desahucio en una ocasión anterior**, excepto que el cobro no hubiera tenido lugar por causas imputables al arrendador, ni cuando el arrendador hubiese requerido de pago al arrendatario por cualquier medio fehaciente con, al menos, treinta días de antelación a la presentación de la demanda y el pago no se hubiese efectuado al tiempo de dicha presentación».

Sobre la **imposibilidad de una segunda enervación** se ha pronunciado el **Tribunal Supremo en la sentencia n.° 673/2009, de 30 de octubre, ECLI:ES:TS:2009:7113**:

«(...) es la propia evolución de la normativa arrendaticia hacia una mayor tutela o protección del arrendador frente a los incumplimientos contractuales del arrendatario lo que impide otorgar al pago efectuado en el segundo pleito el valor enervatorio que se propugna en contra del tenor literal del artículo 22.4 LEC . Al respecto, la sentencia de 26 de marzo de 2009 ya descarta la tesis que aquí propone la parte recurrente, razonando que «configurar la enervación como un derecho del arrendatario pugna con un derecho del arrendador tan esencial como es recibir el precio del arrendamiento, derecho éste correlativo a la obligación igualmente esencial del arrendatario de pagarlo(arts. 1543, 1546 y 1555-1.º CC), de suerte que la enervación se presenta no tanto como un derecho cuanto como una oportunidad del arrendatario de evitar el desahucio, legalmente configurada en cada momento histórico atendiendo a razones sociales». Por eso «resulta difícilmente sostenible, cuando ya ha mediado una enervación de acción de desahucio y el arrendador interpone posteriormente otra demanda de desahucio por un nuevo impago de renta a su debido tiempo, que el arrendatario pueda evitar el desahucio pagando la renta debida antes de ser citado para la vista. En primer lugar, porque según la sentencia del Pleno de los magistrados de esta Sala de 20 de enero de 2009(rec. 2693/03), que trata de la constitución del deudor en mora, ésta comienza con la interposición de la demanda contra él y no con su emplazamiento; y en segundo lugar, porque permitir ese comportamiento contractual del arrendatario lleva consigo el riesgo de propiciar los pagos impuntuales de la renta debilitando correlativamente el derecho del arrendador a su pago puntual, ya que a éste le resultará imposible saber con certeza si al interponer su demanda, por muy fundada que esté, va a acabar prosperando o no, pues su viabilidad no dependerá tanto de ser ciertos los hechos y pertinentes los fundamentos de derecho de la propia demanda cuanto del factor puramente aleatorio de que el arrendatario decida o no pagar antes de ser citado para la vista. Por estas razones el apdo. 3 del art. 439 LEC de 2000 en relación con el apdo. 3de su art. 440 no debe interpretarse en el sentido de que, cuando la ley no permita ya enervar el desahucio, éste queda supeditado a que el arrendatario haya conocido ese impedimento antes de pagar extemporáneamente, pues mientras la posibilidad de enervar la acción antes de la vista sí debe ser conocida por el arrendatario demandado, según se desprende del art. 440.3 en relación con el párrafo primero del apdo. 4delart. 22, ambos de la LEC de 2000, en cambio la imposibilidad de enervación, a la que también se refiere el apdo. 3 del art. 439 de la misma ley, puede entenderse como una indicación de la demanda de desahucio no dirigida tanto al arrendatario cuanto al propio Juzgado para que la mención de dicha posibilidad ya no se incluya en la citación del demandado para la vista».

El artículo 437.3 de la LEC dispone que podrá interesarse en la demanda de desahucio que se tenga por solicitada la ejecución del lanzamiento en la fecha y hora que se fije por el juzgado a los efectos señalados en el apartado 3 del artículo 549 (3), según el que la solicitud de ejecución en la demanda de desahucio será suficiente para la ejecución directa de dichas resoluciones, sin necesidad de ningún otro trámite para proceder al lanzamiento en el día y hora señalados en la propia sentencia o en la fecha que se hubiera fijado al ordenar la realización del requerimiento al demandado.

VIII.- COSTAS

Las costas deben ser impuestas a la parte demandada en virtud de lo establecido en el artículo 394 de la LEC.

Por todo lo expuesto,

SUPLICO AL JUZGADO:

Que, teniendo por presentado este escrito con sus copias y documentos adjuntos, se sirva admitirla y en su virtud tenga por formulada **DEMANDA DE JUICIO VERBAL DE DESAHUCIO Y RECLAMACIÓN DE CANTIDADES DEBIDAS** contra don/doña

[NOMBRE_PARTE_CONTRARIA], acordando conferir traslado de la demanda y documentos con ella presentados a la parte demandada, emplazándosele en legal forma y, previos los trámites oportunos, se dicte, en su día, sentencia por la que:

- Se declare resuelto el contrato de arrendamiento celebrado entre las partes.

- Se condene al demandado a que deje libre y a disposición de los actores el inmueble que ha venido ocupando, con apercibimiento de que si no lo verifica en el plazo que al efecto se señale se procederá a su lanzamiento.

- Se condene a dicho demandado al pago de la cantidad de [CANTIDAD] euros en concepto de rentas adeudadas a los actores, así como al pago de las rentas que se fueran devengando con posterioridad tanto durante la tramitación del procedimiento hasta la fecha de la sentencia como aquellas que se devenguen con posterioridad a esa resolución hasta que se produzca la efectiva entrega de la posesión, mediante el desalojo voluntario y entrega de llaves o en su caso, hasta el lanzamiento, más el interés legal correspondiente a dicha suma desde la fecha de vencimiento de cada una de las rentas impagadas.

- Se condene expresamente al demandado al pago de las costas procesales.

Es justicia que pido en [LUGAR], a [FECHA].

[FIRMA_ABOGADO] [FIRMA_PROCURADOR]

PRIMER OTROSÍ DIGO: De conformidad con lo dispuesto en los artículos 437 y 549.3 de la LEC, se proceda al señalamiento del lanzamiento en el requerimiento judicial, toda vez que, de conformidad con los citados preceptos, esta parte interesa la ejecución en la propia demanda de desahucio, estableciéndose que dicha comunicación en el requerimiento será suficiente para la ejecución directa de la sentencia sin necesidad de ningún otro trámite para proceder al lanzamiento en el día y hora señalados en la propia sentencia o en la fecha que se hubiere fijado al ordenar la citación al demandado.

SUPLICO AL JUZGADO:

De conformidad con lo anterior, tenga por interesada en la presente demanda que se tenga por solicitada la ejecución del lanzamiento en la fecha y hora que se fije por el Juzgado, a los efectos señalados anteriormente.

Por ser de justicia, fecha y lugar *ut supra*.

[FIRMA_ABOGADO] [FIRMA_PROCURADOR]

SEGUNDO OTROSÍ DIGO: Siendo intención de esta parte cumplir con todos los requisitos legales, a tenor de lo previsto en el artículo 231 de la Ley de Enjuiciamiento Civil, se solicita se le diere traslado de cualquier defecto que adoleciere la presente demanda, para la inmediata subsanación de la misma.

SUPLICO AL JUZGADO:

Tenga por efectuada la anterior manifestación a los efectos oportunos

Por ser de justicia, fecha y lugar *ut supra*.

[FIRMA_ABOGADO] [FIRMA_PROCURADOR]

---

(1) Debe tenerse en cuenta que el art. 439 de la LEC ha sido modificado por la Ley por el derecho a la vivienda que introduce dos nuevos apartados 6 y 7 que recogen nuevas especificaciones que debe contener la demanda para que se admita. Así la demanda debe determinar:
- Si el inmueble constituye vivienda habitual de la persona ocupante.

- Si concurre en el demandante la condición de gran tenedor. En este caso debe señalar si la parte demandada se encuentra en situación de vulnerabilidad económica.

- Si concurren las condiciones de gran tenedor, vivienda habitual y persona en situación de vulnerabilidad económica deberá acreditar el demandante que se ha sometido al procedimiento de conciliación o intermediación.

(2) El RD-ley 6/2023, de 19 de diciembre, modifica el artículo 22.4 de la LEC con entrada en vigor el 20/03/2024. El extracto mostrado en este formulario constituye la versión vigente desde esa fecha. Hasta la misma la versión vigente sería: «Los procesos de desahucio de finca urbana o rústica por falta de pago de las rentas o cantidades debidas por el arrendatario terminarán mediante decreto dictado al efecto por el letrado de la Administración de Justicia si, requerido aquél en los términos previstos en el apartado 5 del artículo 438 (...)».

(3) El RD-ley 6/2023, de 19 de diciembre, modifica el artículo 549.3 de la LEC con entrada en vigor el 20/03/2024. Hasta dicha fecha la versión vigente sería: «3. En la sentencia condenatoria de todos los tipos de desahucio, o en los decretos que pongan fin al referido desahucio si no hubiera oposición al requerimiento, la solicitud de su ejecución en la demanda de desahucio será suficiente para la ejecución directa de dichas resoluciones, sin necesidad de ningún otro trámite para proceder al lanzamiento en el día y hora exacta señalados en la propia sentencia o en el día y hora exacta que se hubiera fijado al ordenar la realización del requerimiento al demandado, todo ello según el apartado 5 del artículo 440».

Formulario solicitando ejecución de decreto de finalización del procedimiento de desahucio por falta de pago

Procedimiento: Desahucio por falta de pago n.º [NÚMERO]

AL JUZGADO NÚMERO [NUMERO_JUZGADO] DE [LUGAR]

Don/Doña [NOMBRE_PROCURADOR_CLIENTE], procurador/a de los tribunales y de **don/doña** [NOMBRE_CLIENTE], representación que consta acreditada en el procedimiento al margen referenciado, bajo la dirección del letrado/a don/doña [NOMBRE_ABOGADO_CLIENTE], ante el Juzgado comparezco y, como mejor proceda en Derecho,

DIGO

PRIMERO.- Esta parte ha recibido notificación del decreto de fecha [FECHA] por el que se declara finalizado el presente procedimiento de juicio de desahucio por no atender requerimiento de pago ni comparecer para oponerse o allanarse. Así mismo determina su obligación de pago de [CANTIDAD] euros en concepto de rentas, incluyendo las rentas debidas que se devenguen desde la presentación de la demanda hasta la entrega efectiva de la posesión tomando como base la última mensualidad de renta, con imposición de costas al demandado **(1)**.

SEGUNDO.- Mediante el presente escrito venimos a solicitar la EJECUCIÓN del referido decreto por la cuantía de [NÚMERO] euros en concepto de rentas, así como que se proceda al lanzamiento en el día y hora señalados en la resolución judicial de requerimiento al demando.

Por lo expuesto,

SOLICITO AL JUZGADO:

Que, teniendo por presentado este escrito, se sirva a admitirlo y en su virtud tenga por presentada solicitud de ejecución para que, previos los trámites legales oportunos, dicte en su día auto despachando ejecución contra bienes del demandado en cantidad suficiente para cubrir la suma de [CANTIDAD] euros en concepto de principal, más [CANTIDAD] euros que prudencialmente se fijan para intereses y costas que se devenguen desde la fecha del despacho de ejecución hasta el total pago de la deuda y las costas del proceso, sin perjuicio del ulterior tasación y liquidación definitiva.

Es Justicia que pido en [LUGAR], a [FECHA].

[FIRMA_ABOGADO] [FIRMA_PROCURADOR]

OTROSÍ DIGO: al objeto de cumplir con la ejecución, solicitamos se proceda a acordar todo lo conducente a la efectividad de las siguientes medidas concretas de ejecución:

– El Juzgado proceda de conformidad con lo establecido en el art. 589 de la LEC **a requerir a** [NOMBRE_PARTECONTRARIA], **para que en el plazo de 10 días manifieste relación de bienes y derechos suficientes para cubrir la cuantía de la presente ejecución,** con expresión, en su caso, de cargas y gravámenes, así como, en el caso de inmuebles, si están ocupados, por qué personas y con qué título, y ello bajo apercibimiento de las sanciones que puedan imponérseles, cuando menos por desobediencia grave, en caso de que no presente la relación de bienes, incluya en ella bienes que no sean suyos, excluya bienes propios susceptibles de embargo o no desvele las cargas y gravámenes que sobre ellos pesaren. Expresamente se solicita que se aperciba al ejecutado del riesgo de incurrir en la conducta prevista y penada en el artículo 258 del Código Penal, introducido por la Ley Orgánica 1/2015.

– Se libre atento oficio a la Oficina de Averiguación Patrimonial adscrita a este Juzgado a fin de que facilite información patrimonial de cualesquiera bienes o derechos pertenecientes al demandado con DNI [DNI], que resulten de la terminal de datos de la AEAT que posee aquella oficina.

Por lo expuesto,

SOLICITO AL JUZGADO:

Que, teniendo por hecha las anteriores manifestaciones, acuerde de conformidad con la misma.

Es Justicia que reitero, lugar y fecha *ut supra*.

[FIRMA_ABOGADO] [FIRMA_PROCURADOR]

---

(1) Si se trata de desahucio por falta de pago el decreto de finalización por no atender requerimiento de pago ni comparecer para oponerse o allanarse, determinará su obligación de pago en concepto de rentas, incluyendo las rentas debidas que se devenguen desde la presentación de la demanda hasta la entrega efectiva de la posesión tomando como base la última mensualidad de renta, con imposición de costas al demandado. Ver art. 438.5 de la LEC. Además, se procederá al lanzamiento en la fecha previamente fijada.

Hay que tener en cuenta que, antes de la entrada en vigor de la reforma operada por el RD-ley 6/2023, de 19 de diciembre, el 20/03/2024, el contenido del artículo 438.5 de la LEC se encuentra recogido en el artículo 440.3 del mismo texto legal.

Contestación a la demanda de desahucio por impago de renta, fundada en la mora del arrendador en el cobro de las rentas

Procedimiento: [ESPECIFICAR]

Número: [NÚMERO]

AL JUZGADO DE PRIMERA INSTANCIA N.º [NÚMERO] **DE** [LOCALIDAD]

Don/Doña [NOMBRE_PROCURADOR_CLIENTE], procurador/a de los tribunales y de don/doña [NOMBRE_CLIENTE] y **don/doña** [NOMBRE_CLIENTE], bajo la dirección letrada de don/doña [NOMBRE_ABOGADO_CLIENTE], según tengo acreditado con la escritura de poderes que acompaño por copia certificada con devolución de su original, ante el juzgado comparezco y como mejor en derecho proceda, DIGO:

Mediante el presente escrito, en tiempo y forma, paso a contestar la demanda de desahucio interpuesta por don/doña [NOMBRE_PARTECONTRARIA] contra mis mandantes con base en los siguientes,

HECHOS

PRIMERO.- Niego las alegaciones vertidas por la actora en su escrito de demanda, salvo las que se reconozcan en el cuerpo del presente escrito.

SEGUNDO.- Es cierto que se concertó el contrato de arrendamiento a que se refiere la demanda, pero no es cierto que exista causa alguna de resolución del contrato de arrendamiento, por lo que no puede prosperar el desahucio solicitado.

La renta arrendaticia venía siendo cobrada por el actor mediante la presentación al cobro de los recibos de renta en la cuenta existente a nombre de mi mandante en la cuenta [NÚMERO], según acredito por los recibos que acompaño como **documentos n.º** [NÚMERO] a [NÚMERO].

TERCERO.- El arrendador dejó de presentar al cobro los recibos de la renta en cuyo impago se funda el presente procedimiento. Por ello, acreditado que el arrendador se ha negado al cobro de las rentas que reclama, procede se declare bien hecha esta consignación.

Son de aplicación los siguientes,

FUNDAMENTOS DE DERECHO

PREVIO.- Disconformes con los correlativos salvo que expresamente indiquemos nuestra conformidad.

I.- JURISDICCIÓN Y COMPETENCIA

Conforme a los artículos 9.2 y 21.1. de la Ley Orgánica del Poder Judicial, la jurisdicción correspondiente es la civil.

En lo que se refiere a la competencia objetiva, es de aplicación lo dispuesto en el art. 45 de la LEC.

En cuanto a la competencia territorial, debemos estar a lo dispuesto en el art. 52.1.7.º de la LEC.

II.- REPRESENTACIÓN Y DEFENSA

Son de aplicación los artículos 23 y 31 de la Ley de Enjuiciamiento Civil en cuanto a la representación y defensa procesal de las partes, a los que se da cumplimiento de conformidad con lo expresado en el encabezamiento del presente escrito.

III.- CAPACIDAD DE LAS PARTES

Artículo 6 de la Ley de Enjuiciamiento Civil en cuanto a la capacidad de las partes.

IV.- PROCEDIMIENTO

Artículo 250.1.1.º de la Ley de Enjuiciamiento Civil:

> «1. Se decidirán en juicio verbal, cualquiera que sea su cuantía, las demandas siguientes:
>
> 1.º Las que versen sobre reclamación de cantidades por impago de rentas y cantidades debidas y las que, igualmente, con fundamento en el impago de la renta o cantidades debidas por el arrendatario, o en la expiración del plazo fijado contractual o legalmente, pretendan que el dueño, usufructuario o cualquier otra persona con derecho a poseer una finca rústica o urbana, dada en arrendamiento, ordinario o financiero o en aparcería, recuperen la posesión de dicha finca».

También resultan de aplicación los artículos 437 **(1)** y siguientes de la Ley de Enjuiciamiento Civil en cuanto a las normas que regulan el juicio verbal.

V.- FONDO DEL ASUNTO

No puede solicitarse por la parte contraria desahucio toda vez que ha sido consecuencia de la mora del arrendador.

A este respecto se han pronunciado la **sentencia de la Audiencia Provincial de A Coruña n.º 418/2000**, de 15 de noviembre, ECLI:ES:APC:2000:4140 y la **sentencia de la Audiencia Provincial de A Coruña n.º 272/2008, de 26 de junio,** ECLI:ES:APC:2008:1699:

> «La efectividad de la **acción de resolución del contrato de arrendamiento por falta de pago de la renta requiere la concurrencia de una voluntad receptora del cobro** de la misma por parte del arrendador, y el incumplimiento del deber de su abono por parte del demandado, determinando la ausencia del primero de los estos requisitos que no quepa imputar al segundo el incumplimiento de su obligación, **dándose entonces, no falta de pago, sino falta de cobro**. Al respecto se señala en la sentencia de esta misma Audiencia Provincial, Sección 4.ª, de 15 de noviembre de 2000: "No cabe duda que el acreedor, en cuanto titular de una prestación contractual resulta con facultades de disposición sobre la misma, sin que tenga, en consecuencia, la obligación jurídica de recibir la prestación en que aquella consista a la que evidentemente puede renunciar en beneficio de su deudor. No obstante lo cual, sí tiene la obligación de no impedir que éste cumpla aquello que le incumbe, y de no hacerlo así, nace la llamada "mora accipiendi ", cuyo efecto fundamental es la exclusión de la mora del deudor (SSTS de 9 de julio de 1941 y de 12 de junio de 1969), para lo cual es preciso que concurran los siguientes requisitos: a) existencia de una obligación vencida; b) que para el cumplimiento de la anterior haya que contar con la actividad del acreedor; c) que el deudor realice todo lo conducente a la ejecución de la prestación y d) que el acreedor no acepte la prestación. Por otra parte, es necesario igualmente señalar que, en virtud del principio de la perpetuatio iurisdictionis la situación fáctica a ponderar por el Tribunal es la existente al tiempo de deducir la demanda y no la que pueda surgir con posterioridad a la presentación de la misma"».

VI.- COSTAS

Las costas deben de ser impuestas a la parte contraria, de acuerdo con lo dispuesto en el artículo 394 de la Ley de Enjuiciamiento Civil.

VII.- *IURA NOVIT CURIA* Y CUANTOS OTROS PRINCIPIOS SEAN DE APLICACIÓN

En todo lo no invocado resulta de aplicación el principio *iura novit curia*, plasmado en el párrafo segundo del punto primero del artículo 218 de la Ley de Enjuiciamiento Civil, en virtud del cual serán aplicables las demás normas que sean de pertinente, especial o general aplicación, y que el juzgador podrá tener en cuenta de oficio sin necesidad de que hayan sido previamente alegadas o invocadas por alguna de las partes intervinientes.

Por todo ello,

SOLICITO AL JUZGADO:

Que, a la vista de la mora del arrendador se sirva dictar sentencia no dando lugar al desahucio solicitado de adverso, y al mismo tiempo declarar bien hecha la consignación de rentas que ha efectuado esta parte, todo ello con expresa imposición de las costas a la parte actora.

Es justicia que pido en [LOCALIDAD], a [DÍA] de [MES] de [AÑO]

Ltdo. [NOMBRE Y FIRMA DE LETRADO] Proc. [NOMBRE Y FIRMA DE PROCURADOR]

---

(1) El RD-ley 6/2023, de 19 de diciembre, modifica el artículo 437 de la LEC con entrada en vigor el 20/03/2024.

Formulario de oposición a la demanda de desahucio por expiración del plazo arrendaticio

Procedimiento: Juicio verbal desahucio

Número: [NÚMERO]/[AÑO]

AL JUZGADO DE PRIMERA INSTANCIA N.º [NÚMERO] DE [LUGAR]

Don/Doña [NOMBRE PROCURADOR CLIENTE], procurador/a de los tribunales y de **don/doña** [NOMBRE CLIENTE], en virtud de poder [NOTARIAL/APUD ACTA] a mi favor conferido, copia del cual acompañamos como documento n.º [NÚMERO], bajo la dirección letrada de **don/doña** [NOMBRE LETRADO CLIENTE], colegiado núm. [NÚMERO] por el ICA de [LUGAR], ante este juzgado comparezco y, como mejor proceda en Derecho,

DIGO

Habiendo sido notificada en fecha [FECHA], demanda de desahucio interpuesta por don/doña [NOMBRE PARTE CONTRARIA], por medio del presente escrito, dentro del plazo conferido al efecto, venimos a interponer **CONTESTACIÓN A LA DEMANDA DE JUICIO VERBAL DE DESAHUCIO POR EXPIRACIÓN DEL PLAZO, OPONIÉNDONOS A LA MISMA**, y ello de conformidad con los siguientes,

HECHOS

PRIMERO.- Se niegan la totalidad de los expuestos de adverso, a excepción de los que expresamente se constaten como veraces en la presente.

SEGUNDO.- Conformes con el correlativo, que se refiere a la vinculación contractual de las partes por medio del contrato de arrendamiento de fecha [FECHA] sobre el inmueble sito en [DOMICILIO].

TERCERO.- Disconformes con el correlativo referido a la expiración del contrato.

El contrato tenía una duración de [FECHA], inferior a los cinco años establecidos como mínimo en el artículo 9 de la Ley de Arrendamientos Urbanos.

Esta parte niega expresamente que se haya notificado la voluntad de no renovar el contrato antes del transcurso de esos cinco años preceptivos que señala la Ley, motivo por el cual no debe considerarse expirado el contrato de arrendamiento.

Ello, teniendo en consideración que el arrendamiento durará hasta los cinco años, salvo que mi poderdante solicite la resolución antes de finalizar alguna de las prórrogas obligatorias, lo cual no ha ocurrido.

Pero es que, a mayor abundamiento, aún terminados los cinco años, se produciría una prórroga anual de hasta tres años, por no proceder de adverso a la inaplicación de la misma.

Recordemos que la actora no ha procedido de forma alguna a los efectos de resolver el contrato de arrendamiento, el cual, únicamente podría resolver con anterioridad a los cinco años, si lo necesitara para sí o para familiar de los establecidos en el art. 9.3 de la LEC; y ello cuando se hubiere manifestado tal posibilidad en el contrato, aspecto éste no producido.

Es por ello por lo que no se entiende causa alguna a los efectos de que se proceda a estimar lo solicitado de adverso, por lo que la demanda debe ser desestimada con expresa imposición en costas a la adversa.

A los anteriores hechos le resultan de aplicación los siguientes,

FUNDAMENTOS DE DERECHO

PRIMERO.- JURISDICCIÓN Y COMPETENCIA

Conforme con el correlativo al ser de aplicación lo dispuesto en los arts. 9, 21 y concordantes de la Ley Orgánica del Poder Judicial (LOPJ), así como los artículos 45 y 52.1.7.º de la Ley de Enjuiciamiento Civil.

SEGUNDO.- CAPACIDAD Y LEGITIMACIÓN

Conformes con el correlativo, pues se debe entender de aplicación lo dispuesto en los artículos 6, 10 y concordantes de la LEC.

TERCERO.- PROCEDIMIENTO

Conforme con el correlativo, pues el procedimiento por el que se debe sustanciar el presente procedimiento, conforme a lo establecido en el **art. 250 de la LEC en su apartado 1, inciso 1.º**, es el juicio verbal.

CUARTO.- CUANTÍA

Conforme con el correlativo al cuantificar la demanda en [CANTIDAD EN LETRA] euros ([CANTIDAD EN NÚMERO]).

QUINTO.- POSTULACIÓN Y DEFENSA

Ambas partes, conforme indica la actora, deben actuar representadas por procurador y asistidas de letrado, de conformidad con lo dispuesto en los arts. 23 y 31 de la LEC.

SEXTO.- FONDO DEL ASUNTO

De aplicación lo dispuesto en la propia LAU, tal y como se indica por la actora.

Ahora bien, el **propio artículo 9 de la LAU**, indica que si el plazo de arrendamiento es inferior a cinco años (por arrendador persona física), **el día que venza el contrato, este se prorrogará obligatoriamente por plazos anuales hasta que se alcance un mínimo de cinco años**.

Así, si el contrato se celebró el [FECHA], terminará el [FECHA].

Es la actora la que debe probar tanto el vínculo contractual como la expiración del mismo.

Sentencia de la Audiencia Provincial de Madrid, núm. 29/2007, de 30 de enero, ECLI:ES:APM:2007:772 :

> «La actora, que pretende la recuperación posesoria de la cosa dada en arrendamiento por expiración del plazo contractual, ha de acreditar la existencia del vínculo contractual de arrendamiento y la expiración del plazo contractual (…)».

Sentencia de la Audiencia Provincial de Barcelona n.º 119/2022, de 27 de febrero, ECLI:ES:APB:2023:1946 en aplicación de antigua redacción dada por la LAU pero cuyas consideraciones son perfectamente subsumibles al caso que nos ocupa:

> «Más posteriormente, de acuerdo con el artículo 9.1 de Ley 29/1994, de 24 de noviembre, de Arrendamientos Urbanos, en la redacción de la Ley 4/2013, de 4 de junio, la duración del arrendamiento puede ser libremente pactado por las partes, aunque si ésta fuera inferior a tres años, llegado el día del vencimiento del contrato, éste se prorrogará obligatoriamente por plazos anuales hasta que el arrendamiento alcance una duración mínima de tres años, salvo que el arrendatario manifieste al arrendador, con treinta días de antelación como mínimo a la fecha de terminación del contrato o de cualquiera de las prórrogas, su voluntad de no renovarlo».

En nuestro caso claro está que, no habiéndose cumplido la anualidad, se debe proceder a la prórroga forzosa hasta cinco años después de la fecha que consta en el contrato como de finalización, al ser la misma inferior al año, y ello en aplicación de la normativa dictada.

SÉPTIMO.- DE LA VISTA

A tenor de lo dispuesto en el art. 438 de la LEC en su apartado 8.º **(1)**, esta parte indica que [ES NECESARIA/NO ES NECESARIA] la celebración de vista, y ello en atención a [ESPECIFICAR].

OCTAVO.- COSTAS

En aplicación del art. 394.1 de la LEC, deberán imponerse las costas al demandado.

NOVENO.- *IURA NOVIT CURIA*

En todo lo no invocado resulta de aplicación el principio *iura novit curia*, plasmado en el párrafo segundo del punto primero del artículo 218 de la Ley de Enjuiciamiento Civil, en virtud del cual serán aplicables las demás normas que sean de pertinente, especial o general aplicación, y que el juzgador podrá tener en cuenta de oficio sin necesidad de que hayan sido previamente alegadas o invocadas por alguna de las partes intervinientes.

Por lo expuesto,

SUPLICO AL JUZGADO:

Tenga por presentado este escrito, junto con sus copias y documentos adjuntos, los admita, les de la tramitación legal oportuna y, previos los trámites de rigor, dicte sentencia por la que **DESESTIME LA DEMANDA**. Todo ello con expresa imposición en costas a la adversa.

Por ser de Justicia en [LUGAR] a [FECHA].

[FIRMA_ABOGADO] [FIRMA_PROCURADOR]

PRIMER OTROSÍ DIGO: Siendo intención de esta parte cumplir con todos los requisitos legales, a tenor de lo previsto en el artículo 231 de la Ley de Enjuiciamiento Civil, se solicita se le diere traslado de cualquier defecto que adoleciere la presente para la inmediata subsanación de la misma.

SUPLICO AL JUZGADO:

Tenga por efectuada la anterior manifestación a los efectos oportunos.

Por ser de Justicia, fecha y lugar *ut supra*.

[FIRMA_ABOGADO] [FIRMA_PROCURADOR]

---

(1) El RD-ley 6/2023, de 19 de diciembre, modifica el artículo 438 de la LEC con entrada en vigor el 20/03/2024. El extracto mostrado en este formulario constituye la versión vigente desde esa fecha.

Demanda de desahucio por expiración del plazo en arrendamiento posterior al 5 de marzo de 2019

AL JUZGADO DE PRIMERA INSTANCIA DE [LOCALIDAD]

Don/Doña [NOMBRE PROCURADOR CLIENTE], procurador/a de los tribunales y de **don/doña** [NOMBRE CLIENTE], en virtud de [DESCRIPCION: PODER NOTARIAL/ APUD ACTA] a mi favor conferido, bajo la dirección letrada de Don/Doña [NOMBRE ABOGADO CLIENTE] colegiado/a número [NUMERO] por el ICA de [LOCALIDAD], ante el Juzgado comparezco y, como mejor proceda en derecho, **DIGO**:

Mediante la presente interpongo **DEMANDA DE DESAHUCIO por expiración de plazo** contra don/doña [NOMBRE PARTE CONTRARIA], mayor de edad, con domicilio en [DOMICILIO PARTE_CONTRARIA] y DNI [NUMERO], todo ello con base en los siguientes,

HECHOS

PRIMERO.- Mi cliente y la demandada firmaron en fecha [FECHA] contrato de arrendamiento de vivienda, del inmueble sito en [ESPECIFICAR], del cual es propietario mi mandante.

Se aporta como documento n.º [NUMERO] el referido contrato de arrendamiento.

SEGUNDO.- El plazo que se estipuló de arrendamiento fue de cinco años (tal y como se observa en la estipulación [NUMERO] del contrato adjunto), procediéndose con más de cuatro meses de antelación a la fecha de expiración del contrato, a notificar al hoy demandado la voluntad del arrendador de NO PRORROGAR el contrato arrendaticio, y ello a los efectos del artículo 10 de la Ley de Arrendamientos Urbanos, y con el fin de evitar tanto la prórroga del mismo indicada en el meritado precepto, como posteriores tácitas reconducciones.

A efectos acreditativos de las manifestaciones anteriormente referidas acompañamos como documento n.º [NUMERO] requerimiento efectuado al demandado.

TERCERO.- Llegado el plazo de vencimiento del contrato, el hoy demandado continuó habitando el inmueble, realizando el pago del siguiente mes de alquiler, sin embargo, esta parte ya le había notificado la intención de no proseguir con el arrendamiento.

CUARTO.- A los efectos de lo señalado en el art. 439.6 de la LEC esta parte señala que el inmueble [CONSTITUYE/NO CONSTITUYE] vivienda habitual de la persona ocupante. Así mismo señala que en esta parte [CONCURRE/NO CONCURRE] la condición de gran tenedor **(1)**.

Es por la actuación de la demandada ante lo que se solicita el desahucio por la presente.

A estos hechos son de aplicación los siguientes,

FUNDAMENTOS DE DERECHO

I.- JURISDICCIÓN Y COMPETENCIA

Son de aplicación lo estipulado en los arts. 21 y ss. de la LOPJ, así como lo establecido en el artículo 36 de la LEC.

Competencia objetiva. En relación con la competencia objetiva el artículo 45 de la Ley de Enjuiciamiento Civil.

Competencia territorial. En cuanto a la competencia territorial. En virtud del artículo 52.7 de la Ley de Enjuiciamiento Civil, corresponde su conocimiento a los jueces de primera instancia del lugar en que se halle la finca.

II.- CAPACIDAD Y LEGITIMACIÓN

Las partes tienen la capacidad suficiente conforme al artículo 6 y siguientes de la Ley de Enjuiciamiento Civil.

La legitimación activa corresponde a mi representado en calidad de propietario del inmueble, y a la demandada la legitimación pasiva como poseedora del inmueble sin título justificativo.

III.- REPRESENTACIÓN

Las partes deberán comparecer por medio de procurador y asistidas de letrado, de conformidad con lo expuestos en los arts. 23 y 31 de la LEC.

IV.- PROCEDIMIENTO

El proceso se tramitará por los cauces del declarativo verbal, en virtud del artículo 250.1.1.º de la Ley de Enjuiciamiento Civil, que determina la sustanciación por el juicio verbal de las demandas que pretendan la recuperación de la plena posesión de una finca rústica o urbana con fundamento en la expiración del plazo fijado contractual o legamente cedida en arrendamiento, por el dueño, usufructuario o cualquier otra persona con derecho a poseer dicha finca.

Artículos 437 **(2)** y siguientes de la Ley de Enjuiciamiento Civil, en cuanto a las normas que regulan el juicio verbal.

V.- CUANTÍA

De conformidad con lo establecido en el artículo 251 de la LEC, concretamente en el apartado 9.º, la cuantía del procedimiento será de [CANTIDAD].

VI.- FONDO DEL ASUNTO

La posesión y sus especies que se encuentra regulada en los artículos 430 y siguientes del Código Civil.

Con respecto al **plazo arrendatario y extinción, el apartado 1 del artículo 9** de la Ley de Arrendamientos Urbanos (LAU), establece que:

> «La duración del arrendamiento será libremente pactada por las partes. Si esta fuera inferior a cinco años, o inferior a siete años si el arrendador fuese persona jurídica, llegado el día del vencimiento del contrato, este se prorrogará obligatoriamente por plazos anuales hasta que el arrendamiento alcance una duración mínima de cinco años, o de siete años si el arrendador fuese persona jurídica, salvo que el arrendatario manifieste al arrendador, con treinta días de antelación como mínimo a la fecha de terminación del contrato o de cualquiera de las prórrogas, su voluntad de no renovarlo.
> El plazo comenzará a contarse desde la fecha del contrato o desde la puesta del inmueble a disposición del arrendatario si esta fuere posterior. Corresponderá al arrendatario la prueba de la fecha de la puesta a disposición».

El artículo 10.1 de la LAU, sobre la prórroga del contrato:

> «1. Si llegada la fecha de vencimiento del contrato, o de cualquiera de sus prórrogas, una vez transcurridos como mínimo cinco años de duración de aquel, o siete años si el arrendador fuese persona jurídica, ninguna de las partes hubiese notificado a la otra, al menos con cuatro meses de antelación a aquella fecha en el caso del arrendador y al menos con dos meses de ante-

lación en el caso del arrendatario, su voluntad de no renovarlo, el contrato se prorrogará obligatoriamente por plazos anuales hasta un máximo de tres años más, salvo que el arrendatario manifieste al arrendador con un mes de antelación a la fecha de terminación de cualquiera de las anualidades, su voluntad de no renovar el contrato».

Del Código Civil, se hace referencia a los artículos 1565 y siguientes, donde el primero dice expresamente que: «Si el arrendamiento se ha hecho por tiempo determinado concluye el día prefijado sin necesidad de requerimiento» y el artículo 1566 estipula que: «Si al terminar el contrato permanece el arrendatario disfrutando quince días de la cosa arrendada con aquiescencia del arrendador, se entiende que hay tácita reconducción por el tiempo que establecen los artículos 1.577 y 1.581 a menos que haya precedido requerimiento». Ni que decir tiene, que en el presente caso se ha producido el citado requerimiento con mayor antelación de la convenida contractualmente.

A este respecto, podemos mentar la **sentencia de la Audiencia Provincial de Burgos n.° 135/2013, de 17 de abril, ECLI:ES:APBU:2013:314**:

> «Esta Audiencia Provincial y sección en anteriores ocasiones (sentencia n.° 69/2003, de 31 de enero y n.° 289/2009 de 30 de junio) ha señalado que el contrato de arrendamiento ha de considerarse extinguido desde la producción del primer requerimiento al arrendatario. No cabe aquí oponer como pretende ahora la apelante el pago puntual y con carácter sucesivo de la renta correspondiente al arrendamiento del citado inmueble, por cuanto ello no ha de considerarse sino como pago percibido como contraprestación de la vivienda tras y a pesar de terminar la relación arrendaticia; contraprestación que en todo caso ha de durar hasta que el arrendador recupere la posesión de la vivienda en cuestión. Tal ha sido el criterio mantenido por constante doctrina legal tales como, a modo de ejemplo, SSTS de 27 de mayo de 1968 (RJ 1968/2924) y 2 de marzo de 1993 (RJ 1993/1663); en concreto declara el alto Tribunal en esta última que 'no obsta ... que, después de terminado el plazo del arrendamiento, el arrendador haya percibido algunas rentas, pues tal circunstancia no tiene otro alcance que el de hacer efectiva la contraprestación debida por continuar el arrendatario en la posesión de la cosa que fue objeto del contrato de arrendamiento ya terminado y concluido' .
>
> El pago de la renta efectuado con posterioridad a dicho requerimiento no constituye, más que el medio idóneo para evitar el enriquecimiento injusto del precarista, siempre que no exista un acto posterior de renuncia por parte del arrendador a la finalización del contrato. Como tal, la renuncia deberá ser clara e inequívoca (SAP Burgos, Sección Segunda 493/2010 de 16 de noviembre)».

Con respecto a la **acción desahuciadora**, los artículos 1569 y siguientes del Código Civil:

> «El arrendador podrá desahuciar judicialmente al arrendatario por alguna de las causas siguientes:
> 1.ª Haber expirado el término convencional o el que se fija para la duración de los arrendamientos en los artículos 1577 y 1581».

También queda perfectamente claro de los documentos aportados con la presente demanda la conclusión del plazo convenido para la duración del presente contrato de arrendamiento, así como el requerimiento efectuado al respecto.

Por tanto, se dan todas las circunstancias tendentes a la estimación de la pretensión solicitada, por lo que se debe proceder al desahucio peticionado.

VII.- COSTAS

Le deberán ser aplicables a la adversa en virtud del artículo 394 de la LEC, máxime existiendo un requerimiento previo al cual se ha hecho caso omiso.

VIII.- *IURA NOVIT CURIA*

En todo lo no invocado resulta de aplicación el principio *iura novit curia*, plasmado en el párrafo segundo del punto primero del artículo 218 de la Ley de Enjuiciamiento Civil, en virtud del cual serán aplicables las demás normas que sean de pertinente, especial o general aplicación, y que el juzgador podrá tener en cuenta de oficio sin necesidad de que hayan sido previamente alegadas o invocadas por alguna de las partes intervinientes.

Por todo lo expuesto,

SUPLICO AL JUZGADO:

Teniendo por presentado este escrito junto con sus copias y documentos que se adjuntan, se sirva admitirlo, y teniendo por interpuesta **DEMANDA DE DESAHUCIO**, señale día y hora para la celebración del juicio con citación de las partes, y, tras los trámites legales pertinentes, se dicte sentencia por la que, estimando la demanda, se declare haber lugar al desahucio interesado, condenando a la demandado/a a desalojar la vivienda descrita en el presente escrito, dejándola libre y expedita a disposición de la parte actora, bajo apercibimiento de que tendrá lugar el lanzamiento, imponiéndole las costas del presente procedimiento.

Por ser justicia en [LOCALIDAD], a [FECHA]

[FIRMA_ABOGADO] [FIRMA_PROCURADOR]

PRIMER OTROSÍ DIGO: siendo intención de esta parte cumplir con todos los requisitos legales, a tenor de lo previsto en el artículo 231 de la Ley de Enjuiciamiento Civil, se solicita se le diere traslado de cualquier defecto que adoleciere la presente demanda, para la inmediata subsanación de la misma.

Tenga por efectuada la anterior manifestación a los efectos oportunos.

Por ser justicia, fecha y lugar *ut supra*.

[FIRMA_ABOGADO] [FIRMA_PROCURADOR]

---

(1) Debe tenerse en cuenta que el art. 439 de la LEC ha sido modificado por la Ley 12/2023, de 24 de mayo, por el derecho a la vivienda que introduce dos nuevos apartados 6 y 7 que recogen nuevas especificaciones que debe contener la demanda para que se admita. Así la demanda debe determinar:
- Si el inmueble constituye vivienda habitual de la persona ocupante.
- Si concurre en el demandante la condición de gran tenedor. En este caso debe señalar si la parte demandada se encuentra en situación de vulnerabilidad económica.
- Si concurren las condiciones de gran tenedor, vivienda habitual y persona en situación de vulnerabilidad económica deberá acreditar el demandante que se ha sometido al procedimiento de conciliación o intermediación.
(2) El RD-ley 6/2023, de 19 de diciembre, modifica el artículo 437 de la LEC con entrada en vigor el 20/03/2024. El extracto mostrado en este formulario constituye la versión vigente desde esa fecha.

Recurso de apelación contra sentencia de desahucio

Procedimiento n.º [NUMERO]

A LA AUDIENCIA PROVINCIAL DE [PROVINCIA] (1)

Don/Doña [NOMBRE_PROCURADOR_CLIENTE], procurador/a de los tribunales, en nombre y representación de **don/doña** [NOMBRE_CLIENTE], según acredito mediante poder [NOTARIAL/APUD ACTA], que acompaño como documento n.º [NÚMERO], ante la Audiencia comparezco con la asistencia letrada de don/doña [NOMBRE_ABOGADO_CLIENTE] y como mejor proceda en derecho, **DIGO**:

Que, mediante el presente escrito, en tiempo y forma, venimos a formular **RECURSO DE APELACIÓN** frente a la sentencia n.º [NUMERO] de fecha [FECHA], de conformidad con el artículo 458 (1) de la LEC y con las siguientes,

ALEGACIONES

PREVIA.- Cumplimiento del artículo 449 de la LEC

Con carácter previo para manifestar que, de acuerdo con el artículo 449.1 de la LEC, mi representado ha satisfecho las rentas vencidas y las que con arreglo al contrato de arrendamiento de [FECHA] objeto de esta litis debía pagar adelantadas. Así se acredita mediante el justificante bancario de pago que adjuntamos como documento n.º [NÚMERO].

En este sentido se han pronunciado nuestros Tribunales, la **sentencia de la Audiencia Provincial de Ourense n.º 153/2012, de 29 de marzo, ECLI:ES:2012:326**, que reza como sigue:

> «Señala el artículo 449.1 de la Ley de enjuiciamiento civil que en los procesos que lleven aparejado el lanzamiento, no se admitirán al demandado los recursos de apelación o casación si, al interponerlos, no manifiesta, acreditándolo por escrito, tener satisfechas las rentas vencidas y las que con arreglo al contrato deba pagar adelantadas. En el supuesto que nos ocupa se ejercita por la parte actora acción de resolución contractual de contrato de arrendamiento de vivienda por falta de pago de la renta con pretensión de lanzamiento de accederse a lo solicitado. Ni en la preparación del recurso de apelación ni en la posterior interposición, la demandada ha manifestado estar al corriente en el pago de las rentas ni, desde luego, se ha acreditado que ello sea así. Se está ante un mandato que el legislador dirige al tribunal de inadmitir los recursos que no cuenten con ese requisito de modo que ha de acogerse de oficio y lo que es causa de inadmisión se convierte en causa de desestimación, sin que sea preciso entrar en la valoración de los restantes motivos del recurso». (2)

En el mismo sentido también se pronuncian, entre otras, las **sentencias de la Audiencia Provincial de Asturias n.º 19/2011, de 20 de enero, ECLI:ES:APO:2011:51, la sentencia de la Audiencia Provincial de Pontevedra n.º 49/2011, de 27 de enero, ECLI:ES:APPO:2001:206, y la sentencia de la Audiencia Provincial de Badajoz n.º 9/2023, de 11 de enero, ECLI:ES:APBA:2023:12.**

SEGUNDA.- Desahucio por falta de pago

Disconformes con la sentencia de instancia que condena a mi representado al desalojo por entender acreditada la falta de pago de la renta/cantidades asimiladas.

Mi representado ha pagado las cantidades reclamadas/ ha cumplido los requisitos necesarios para la enervación de la acción. (3)

Sobre **la enervación de la acción**, la doctrina del **Tribunal Supremo** se encuentra resumida en su **sentencia n.º 508/2015, de 22 de septiembre, ECLI:ES:TS:2015:3885**:

> «Esta Sala ya se ha pronunciado sobre la cuestión jurídica que plantean los presentes recursos, atinente a la interpretación del art. 22.4 LEC y de los requisitos del requerimiento de pago contemplado en el mismo al objeto de impedir la enervación de la acción en el procedimiento de desahucio. En su sentencia de 28 de mayo de 2014 (recurso n.º 1051/2012), desestimatoria de un recurso extraordinario por infracción procesal y de un recurso de casación por interés casacional, en su modalidad también de jurisprudencia contradictoria de las Audiencias Provinciales, declaró, acerca del requerimiento del art. 22.4 LEC, lo siguiente:
>
> 1 . La comunicación ha de contener un requerimiento de pago de renta o cantidad asimilada.
>
> 2. Ha de ser fehaciente, es decir, por medio que permita acreditar que llegó a conocimiento del arrendatario, con la claridad suficiente.
>
> 3. Ha de referirse a rentas impagadas.
>
> 4. Debe transcurrir el plazo legalmente previsto, que ha venido fluctuando entre uno y dos meses, en las sucesivas reformas legales.
>
> 5. Que el arrendatario no haya puesto a disposición del arrendador la cantidad reclamada.
>
> Sin embargo, en dicho precepto no se exige que se comunique al arrendatario.
>
> 1. Que el contrato va a ser resuelto.
>
> 2. Que no procederá enervación de la acción de desahucio si no se paga en el plazo preceptivo.
>
> El legislador no obliga al arrendador a que se constituya en asesor del arrendatario, sino tan solo a que le requiera de pago.»
>
> Posteriormente, la STS de 23 de junio de 2014 (recurso n.º 1437/2013) resolutoria de un recurso de casación por interés casacional en la misma modalidad de jurisprudencia contradictoria de las Audiencias Provinciales, casó la sentencia recurrida y fijó la siguiente doctrina jurisprudencial: « el requerimiento de pago que se hace al amparo del artículo 22 de la Ley de Enjuiciamiento Civil , no exige que se comunique al arrendatario que el contrato va a ser resuelto y que no procederá enervación de la acción de desahucio si no se paga en el plazo preceptivo».

Desahucio por expiración del plazo legal o contractual del arrendamiento: (4)

El art. 9.1 de la LAU establece que:

> «La duración del arrendamiento será libremente pactada por las partes. Si esta fuera inferior a cinco años, o inferior a siete años si el arrendador fuese persona jurídica, llegado el día del vencimiento del contrato, este se prorrogará obligatoriamente por plazos anuales hasta que el arrendamiento alcance una duración mínima de cinco años, o de siete años si el arrendador fuese persona jurídica, salvo que el arrendatario manifieste al arrendador, con treinta días de antelación como mínimo a la fecha de terminación del contrato o de cualquiera de las prórrogas, su voluntad de no renovarlo.
>
> El plazo comenzará a contarse desde la fecha del contrato o desde la puesta del inmueble a disposición del arrendatario si esta fuere posterior. Corresponderá al arrendatario la prueba de la fecha de la puesta a disposición».

Con relación a las prórrogas el art. 10.1 de la LAU dispone que:

> «1. Si llegada la fecha de vencimiento del contrato, o de cualquiera de sus prórrogas, una vez transcurridos como mínimo cinco años de duración

de aquel, o siete años si el arrendador fuese persona jurídica, ninguna de las partes hubiese notificado a la otra, al menos con cuatro meses de antelación a aquella fecha en el caso del arrendador y al menos con dos meses de antelación en el caso del arrendatario, su voluntad de no renovarlo, el contrato se prorrogará obligatoriamente por plazos anuales hasta un máximo de tres años más, salvo que el arrendatario manifieste al arrendador con un mes de antelación a la fecha de terminación de cualquiera de las anualidades, su voluntad de no renovar el contrato».

La actora debe probar el vínculo contractual y la expiración del mismo. En este sentido se pronuncia la **sentencia de la Audiencia Provincial de Madrid n.º 29/2007, de 30 de enero, ECLI:ES:APM:2007:772** , que reza como sigue:

«La actora, que pretende la recuperación posesoria de la cosa dada en arrendamiento por expiración del plazo contractual, ha de acreditar la existencia del vínculo contractual de arrendamiento y la expiración del plazo contractual(...)».

Por lo expuesto,

SUPLICO A LA AUDIENCIA:

Que, tenga por presentado este escrito, lo admita junto con sus documentos y copias, y tenga por interpuesto **RECURSO DE APELACIÓN**, contra la sentencia n.º [NÚMERO] y, previos los trámites legales oportunos, proceda a dictar sentencia acordando revocar la sentencia de instancia, con estimación del recurso de apelación e imposición de costas a la adversa.

Por ser justicia que pido en [LOCALIDAD], a [FECHA].

[FIRMA_ABOGADO] [FIRMA_PROCURADOR],

PRIMER OTROSÍ DIGO: siendo intención de esta parte cumplir con todos los requisitos legales, a tenor de lo previsto en el artículo 231 de la Ley de Enjuiciamiento Civil, se solicita se le diere traslado de cualquier defecto que adoleciere la presente demanda, para la inmediata subsanación de la misma.

SUPLICO A LA AUDIENCIA:

Tenga por efectuada la anterior manifestación a los efectos oportunos.

Por ser justicia, fecha y lugar *ut supra*.

[FIRMA_ABOGADO] [FIRMA_PROCURADOR]

---

(1) El RD-ley 6/2023, de 19 de diciembre, modifica el artículo 458 de la LEC con entrada en vigor el 20/03/2024. Según esta reforma, el recurso de apelación se interpondrá directamente ante el tribunal que sea competente para conocer del mismo en el plazo de veinte días desde la notificación de la resolución impugnada, debiendo acompañarse copia de dicha resolución. Hasta la entrada en vigor de la modificación, el precepto sigue aplicándose de acuerdo con su redacción anterior, a saber: «1. El recurso de apelación se interpondrá ante el tribunal que haya dictado la resolución que se impugne dentro del plazo de veinte días contados desde el día siguiente a la notificación de aquélla».

(2) El RD-ley 6/2023, de 19 de diciembre, modifica el artículo 449 de la LEC con entrada en vigor el 20/03/2024. Hasta ese momento, se continúa aplicando el precepto en su versión anterior, a saber: «En los procesos que lleven aparejado el lanzamiento, no se admitirán al demandado los recursos de apelación, extraordinario por infracción procesal o casación si, al interponerlos, no manifiesta, acreditándolo por escrito, tener satisfechas las rentas vencidas y las que con arreglo al contrato deba pagar adelantadas».

(3) Indicar motivos de recurso. Podrá perseguirse, con arreglo a los fundamentos de hecho y de derecho de las pretensiones formuladas ante el tribunal de primera instancia, que se revoque un auto o sentencia y que, en su lugar, se dicte otro u otra favorable al recurrente, mediante nuevo examen de las actuaciones llevadas a cabo ante aquel tribunal y conforme a la prueba que, en los casos previstos en esta Ley, se practique ante el tribunal de apelación (456.1 de la LEC). Si se trata de infracción de normas o garantías procesales ver art. 459 de la LEC «En el recurso de apelación podrá alegarse infracción de normas o garantías procesales en la primera instancia. Cuando así sea, el escrito de interposición deberá citar las normas que se consideren infringidas y alegar, en su caso, la indefensión sufrida. Asimismo, el apelante deberá acreditar que denunció oportunamente la infracción, si hubiere tenido oportunidad procesal para ello».

(4) Recordemos que los motivos de oposición a la demanda de desahucio por falta de pago estaban estrictamente tasados en el art. 444.1 de la LEC: «Cuando en el juicio verbal se pretenda la recuperación de finca rústica o urbana, dada en arrendamiento, por impago de la renta o cantidad asimilada sólo se permitirá al demandado alegar y probar el pago o las circunstancias relativas a la procedencia de la enervación».

Al explicar los motivos de disconformidad de la sentencia de instancia en cuanto a la expiración del plazo previsto en el contrato o legalmente, debe tenerse en cuenta que el art. 10 de la LAU ha sido reformado por la Ley 12/2023, de 24 de mayo, por el derecho a la vivienda, con entrada en vigor el 26/05/2023, añadiendo la posibilidad de solicitar prórrogas extraordinarias en determinados supuestos.

Demanda de juicio verbal de efectividad de derecho real inscrito

AL JUZGADO DE PRIMERA INSTANCIA DE [LUGAR] QUE POR TURNO DE REPARTO CORRESPONDA

Don/Doña [NOMBRE PROCURADOR/A CLIENTE], procurador/a de los tribunales, y de **don/doña** [NOMBRE CLIENTE], en virtud de poder [NOTARIAL/APUD ACTA] a mi favor conferido, copia que del mismo acompañamos como documento n.º [NÚMERO], bajo la dirección letrada de don/doña [NOMBRE ABOGADO CLIENTE], colegiado número [NUMERO] por el ICA de [LOCALIDAD], ante el juzgado comparezco y, como mejor proceda en Derecho,

DIGO

Por la representación que ostento, y siguiendo las instrucciones de mi mandante, formulo **DEMANDA DE JUICIO VERBAL PARA LA EFECTIVIDAD DE DERECHOS REALES INSCRITOS EN EL REGISTRO DE LA PROPIEDAD** contra **don/doña** [NOMBRE PARTE CONTRARIA] con domicilio en [DOMICILIO PARTE CONTRARIA] y DNI [NÚMERO], y ello con base a los siguientes,

HECHOS

PRIMERO.- Mi representado es propietario de la finca situada en [LOCALIDAD] cuya descripción registral es la siguiente:

[DESCRIPCION]

Se acompaña como documento n.º [NÚMERO], certificación del Registro de la Propiedad de [CIUDAD] acreditativa de la vigencia del asunto.

SEGUNDO.- La citada finca se haya ocupada en la actualidad por el demandado, sin título que le autorice para disfrutar de la posesión, habiendo tenido noticia el demandante, a través de los vecinos del lugar, que el demandado ha aprovechado la desocupación de la misma, instalándose en ella, realizando labores agrícolas y aprovechándose de los frutos de ella.

TERCERO.- Con fecha de [DIA/MES/AÑO], el hoy demandado fue requerido [NOTARIALMENTE/POR MEDIO DE BUROFAX], para que desalojara la finca, contestando lo siguiente [ESPECIFICAR], negándose al desalojo voluntario de la finca.

Se adjunta copia del acto de requerimiento en el documento n.º [NÚMERO].

CUARTO.- A los efectos de lo señalado en el artículo 439.6 de la LEC esta parte señala que el inmueble [CONSTITUYE/NO CONSTITUYE] vivienda habitual de la persona ocupante. Así mismo señala que en esta parte [CONCURRE/NO CONCURRE] la condición de gran tenedor **(1)**.

A los anteriores hechos, son de aplicación los siguientes,

FUNDAMENTOS DE DERECHO

PRIMERO.- CAPACIDAD Y LEGITIMACIÓN

Las partes ostentan capacidad para comparecer en juicio en base a los **arts. 6 y siguientes de la Ley de Enjuiciamiento Civil (LEC)**.

La legitimación activa le corresponde a mi representado por ser titular registral sin contradicción de la finca que ocupa sin título el demandado, al que le corresponde la legitimación pasiva, y ello derivado de lo dispuesto en el art. 10 de la LEC.

SEGUNDO.- JURISDICCIÓN Y COMPETENCIA

Conforme a los **artículos 9.2 y 21.1. de la Ley Orgánica del Poder Judicial (LOPJ)**, la jurisdicción correspondiente es la civil.

De conformidad con el **artículo 52.1.1° de la LEC**, se presenta ante este juzgado ya que es donde radica la finca.

TERCERO.- PROCEDIMIENTO (2)

El artículo 41 de la Ley Hipotecaria (LH) determina que las acciones reales procedentes de los derechos inscritos podrán ejercitarse a través del juicio verbal contemplado en el **artículo 250.1.7.° de la LEC**. «Las que, instadas por los titulares de derechos reales inscritos en el Registro de la Propiedad, demanden la efectividad de esos derechos frente a quienes se opongan a ellos o perturben su ejercicio, sin disponer de título inscrito que legitime la oposición o la perturbación.»

El procedimiento seguirá los trámites del juicio verbal, contenidos entre los **artículos 437 a 447 de la LEC**.

CUARTO.- POSTULACIÓN Y DEFENSA

Don/Doña [NOMBRE CLIENTE] está representado por el procurador/a de los tribunales que suscribe la presente, habilitado/a en este partido judicial para comparecer ante este juzgado, y asistido por el letrado/a don/doña [NOMBRE ABOGADO CLIENTE] del Ilustre Colegio de Abogados de [CIUDAD], en virtud de lo dispuesto en los arts. **23 y 31 de la LEC**.

El artículo 444.2 de la Ley de Enjuiciamiento Civil (LEC) que:

> «En los casos del número 7 o del apartado 1 del artículo 250, la oposición del demandado únicamente podrá fundarse en alguna de las causas siguientes:
> 1.° Falsedad de la certificación del Registro u omisión en ella de derechos o condiciones inscritas, que desvirtúen la acción ejercitada.
> 2.° Poseer el demandado la finca o disfrutar el derecho discutido por contrato u otra cualquier relación jurídica directa con el último titular o con titulares anteriores o en virtud de prescripción, siempre que ésta deba perjudicar al titular inscrito.
> 3.° Que la finca o el derecho se encuentren inscritos a favor del demandado y así lo justifique presentando certificación del Registro de la Propiedad acreditativa de la vigencia de la inscripción.
> 4.° No ser la finca inscrita la que efectivamente posea el demandado.» **(5)**

QUINTO.- CUANTÍA

La cuantía de la demanda se cifra en [NUMERO] euros, con arreglo a lo dispuesto en el artículo 251.3.ª.2.° de la Ley de Enjuiciamiento Civil **(3)**.

SEXTO.- ASUNTO DE FONDO

El **artículo 348 del Código Civil** establece que la propiedad es el derecho de gozar y disponer de una cosa, sin más limitaciones que las establecidas en la ley. A su vez el **artículo 41 de la Ley Hipotecaria** determina que estas acciones, basadas en la legitimación registral que reconoce el artículo 38 de esta ley, exigirán siempre que por certificación del registrador se acredite la vigencia sin contradicción alguna, del asiento correspondiente.

El **artículo 38 párrafo primero de la Ley Hipotecaria** es concluyente, al señalar que a todos los efectos legales se presumirá que los derechos reales inscritos en el registro existen y pertenecen a su titular en la forma determinada por el asiento respectivo, presumiéndose, de igual modo, que quien tenga inscrito el dominio de los inmuebles o derechos reales tiene la posesión de los mismos **(4)**.

Así, la sentencia del Tribunal Supremo n.º 541/2017, de 4 de octubre, ECLI:ES:TS:2017:3532, indica:

> «Por ello la presunción del art. 38 de la Ley Hipotecaria (principio de legitimación registral) y la norma del art. 34 de la misma Ley (protección del tercero hipotecario) se refieren a la titularidad sobre el derecho inscrito y no a los datos de hecho que figuran en la inscripción. Baste citar al respecto la sentencia de esta sala 580/2000, de 5 de junio , la cual afirma que "el principio de legitimación registral así como el de fe pública, art. 34 de la Ley Hipotecaria , debe ser matizado ya que, siguiendo la doctrina de la sala primera del Tribunal Supremo, **la fe pública del registro asegura la existencia y contenido jurídico de los derechos reales inscritos**, pero no garantiza la exactitud de los datos de mero hecho relativos a la inscripción de la finca quedando ello sometido al resultado de las pruebas practicadas sentencias del Tribunal Supremo de 30 de octubre de 1961, 16 de abril de 1968 y 3 de junio de 1989)».

SÉPTIMO.- COSTAS

Es preceptiva la condena en costas, aunque se produzca el allanamiento del demandado. El demandado ha infringido la ley y no ha hecho lo necesario para reparar esta situación, por ello entendemos que conforme a los **artículos 394 y 395 de la Ley de Enjuiciamiento Civil** existe temeridad y mala fe, respectivamente.

OCTAVO.- *IURA NOVIT CURIA*

En todo lo no invocado resulta de aplicación el principio *iura novit curia*, plasmado en el párrafo segundo del punto primero del **artículo 218 de la Ley de Enjuiciamiento Civil**, en virtud del cual serán aplicables las demás normas que sean de pertinente, especial o general aplicación, y que el juzgador podrá tener en cuenta de oficio sin necesidad de que hayan sido previamente alegadas o invocadas por alguna de las partes intervinientes.

Por todo lo expuesto,

SUPLICO AL JUZGADO:

Que, teniendo por presentado este escrito con los documentos que se acompañan y sus copias se me tenga por personado y parte en la representación que ostento, y seguido el trámite de ley, dicte sentencia en la que se condene al demandado don/doña [NOMBRE PARTE CONTRARIA] a **cesar inmediatamente en todo acto de posesión en la finca descrita**, no perturbando por ningún concepto la plena eficacia del dominio inscrito que ostenta el actor, apercibiéndole de lanzamiento si no desaloja la finca y ello con imposición de costas al demandado.

Con todo lo demás que sea procedente en Derecho.

Por ser justicia que pido en [CIUDAD], a [FECHA]

[FIRMA_ABOGADO] [FIRMA_PROCURADOR]

PRIMER OTROSÍ DIGO: a efectos de lo dispuesto en el **artículo 438 (6) de la Ley de Enjuiciamiento Civil**, se indica como caución que debe prestar el demandado la cantidad de [CANTIDAD EN LETRA] euros ([CANTIDAD] €), es por lo que la presente parte solicita al juzgado que entienda hecha la manifestación anterior a los efectos procesales oportunos.

SUPLICO AL JUZGADO:

Que tenga por interesada la caución de adverso, en los términos solicitados por esta parte.

Por ser de Justicia, fecha y lugar *ut supra*.

[FIRMA_ABOGADO] [FIRMA_PROCURADOR]

SEGUNDO OTROSÍ DIGO: siendo intención de esta parte cumplir con todos los requisitos legales, a tenor de lo previsto en el artículo 231 de la Ley de Enjuiciamiento Civil, se solicita se le diere traslado de cualquier defecto que adoleciere la presente demanda, para la inmediata subsanación de la misma.

SUPLICO AL JUZGADO:

Que tenga por interesado el cumplimiento de los requisitos legales a los efectos oportunos.

Por ser de Justicia, fecha y lugar *ut supra*.

[FIRMA_ABOGADO] [FIRMA_PROCURADOR]

---

(1) Debe tenerse en cuenta que el art. 439 de la LEC ha sido modificado por la Ley 12/2023, de 24 de mayo, por el derecho a la vivienda que introduce dos nuevos apartados 6 y 7 que recogen nuevas especificaciones que debe contener la demanda para que se admita. Así la demanda debe determinar:
«Si el inmueble constituye vivienda habitual de la persona ocupante. Si concurre en el demandante la condición de gran tenedor. En este caso debe señalar si la parte demandada se encuentra en situación de vulnerabilidad económica. Si concurren las condiciones de gran tenedor, vivienda habitual y persona en situación de vulnerabilidad económica deberá acreditar el demandante que se ha sometido al procedimiento de conciliación o intermediación.»

(2) El demandado, en su escrito de contestación, deberá pronunciarse, necesariamente, sobre la pertinencia de la celebración de la vista. Igualmente, el demandante deberá pronunciarse sobre ello, en el plazo de tres días desde el traslado del escrito de contestación. Si ninguna de las partes la solicitase y el tribunal no considerase procedente su celebración, dictará sentencia sin más trámites.

(3) En las demandas que afecten a la validez, nulidad o eficacia del título de dominio, así como a la existencia o a la extensión del dominio mismo, cuando el objeto del proceso sea la condena de dar bienes muebles o inmuebles, con independencia de que la reclamación se base en derechos reales o personales, se estará al valor de los mismos al tiempo de interponerse la demanda, conforme a los precios corrientes en el mercado o en la contratación de bienes de la misma clase.

(4) Según el art. 38, párrafo 3.º de la Ley Hipotecaria: «En caso de embargo preventivo, juicio ejecutivo o vía de apremio contra bienes inmuebles o derechos reales determinados, se sobreseerá todo procedimiento de apremio respecto de los mismos o de sus frutos, productos o rentas en el instante en que conste en autos, por certificación del Registro de la Propiedad, que dichos bienes o derechos constan inscritos a favor de persona distinta de aquella contra la cual se decretó el embargo o se sigue el procedimiento, a no ser que se hubiere dirigido contra ella la acción en concepto de heredera del que aparece como dueño en el Registro. Al acreedor ejecutante le quedará reservada su acción para perseguir en el mismo juicio ejecutivo otros bienes del deudor y para ventilar en el juicio correspondiente el derecho que creyere asistirle en cuanto a los bienes respecto de los cuales se suspende el procedimiento».

(5) El RD-ley 6/2023, de 19 de diciembre, modifica el artículo 444.2 de la LEC con entrada en vigor el 20/03/2024. El extracto mostrado en este formulario constituye la versión vigente desde esa fecha. Hasta la misma la versión vigente sería:
«2. En los casos del número 7.º del apartado 1 del artículo 250, el demandado sólo podrá oponerse a la demanda si, en su caso, presta la caución determinada por el tribunal en cualquiera de las formas previstas en el párrafo segundo del apartado 2 del artículo 64 de esta Ley.

La oposición del demandado únicamente podrá fundarse en alguna de las causas siguientes:

1.º Falsedad de la certificación del Registro u omisión en ella de derechos o condiciones inscritas, que desvirtúen la acción ejercitada.

2.º Poseer el demandado la finca o disfrutar el derecho discutido por contrato u otra cualquier relación jurídica directa con el último titular o con titulares anteriores o en virtud de prescripción, siempre que ésta deba perjudicar al titular inscrito.

3.º Que la finca o el derecho se encuentren inscritos a favor del demandado y así lo justifique presentando certificación del Registro de la Propiedad acreditativa de la vigencia de la inscripción.

4.º No ser la finca inscrita la que efectivamente posea el demandado».

(6) El RD-ley 6/2023, de 19 de diciembre, modifica el artículo 438 de la LEC con entrada en vigor el 20/03/2024. A partir de dicha fecha, los apartados 3 y siguientes del artículo 440 de la LEC se añaden al contenido del artículo 438 de la LEC. El extracto mostrado en este formulario constituye la versión vigente desde esa fecha.

Contestación a demanda de juicio verbal de efectividad de derecho real inscrito

Procedimiento n.º [NUMERO]

AL JUZGADO DE PRIMERA INSTANCIA N.º [NUMERO] DE [LUGAR]

Don/Doña [NOMBRE PROCURADOR CLIENTE], procurador/a de los tribunales, y de **don/doña** [NOMBRE CLIENTE], con DNI [NÚMERO] y con domicilio a efectos de notificaciones en [DIRECCIÓN], en virtud de poder [NOTARIAL/APUD ACTA] a mi favor conferido, copia que del mismo acompañamos como **documento n.º** [NÚMERO], bajo la dirección letrada de **don/doña** [NOMBRE ABOGADO CLIENTE], colegiado/a número [NUMERO] por el ICA de [LOCALIDAD], ante el Juzgado comparezco y, como mejor proceda en Derecho,

DIGO

Por la representación que ostento, y siguiendo las instrucciones de mi mandante, **formulo contestación a demanda de juicio verbal de efectividad de derecho real inscrito** contra **don/doña** [NOMBRE CLIENTE], **mi mandante** y ello con base a los siguientes,

HECHOS

PRIMERO.- Conforme con el correlativo, don/doña [NOMBRE_PARTE_CONTRARIA] es propietario de la finca situada en [LOCALIDAD] cuya descripción registral es la siguiente:

[DESCRIPCION]

Se acompaña como **documento n.º** [NÚMERO], certificación del Registro de la Propiedad de [CIUDAD] acreditativa de la vigencia del asunto.

SEGUNDO.- La citada finca se haya ocupada en la actualidad por mi mandante, pero a contrario de lo que alega la parte contraria, existe un acuerdo verbal consensuado entre ambas partes, a través del cual se autoriza a mi representado/a para disfrutar de la posesión, habiendo tenido noticia el demandante desde el primer día en que se hace uso de ella en fecha [FECHA]. El/La demandado/a ha aprovechado la desocupación de la misma con consentimiento de su propietario/a, instalándose en ella, realizando labores agrícolas y aprovechándose de los frutos de la misma, estando en todo momento esta situación permitida por don/doña [NOMBRE_PARTE_CONTRARIA], ya que se le proveía de esos frutos cuando era época de recogida de la cosecha. Circunstancia que es conocida no solo por demandante y demandado/a, sino también por los vecinos de la zona que son conocedores del acuerdo **(1)**.

TERCERO.- Con fecha de [DIA/MES/AÑO], el hoy demandado/a fue requerido [NOTARIALMENTE/POR MEDIO DE BUROFAX], para que desalojara la finca, contestando lo siguiente [ESPECIFICAR], negándose al desalojo voluntario de la finca.

Se adjunta copia de la contestación realizada por mi mandante al requerimiento del demandante en el **documento n.º** [NÚMERO].

A los anteriores hechos, son de aplicación los siguientes,

FUNDAMENTOS DE DERECHO

I.- CAPACIDAD Y LEGITIMACIÓN

Las partes ostentan capacidad para comparecer en juicio en base a los **arts. 6 y siguientes de la Ley de Enjuiciamiento Civil (LEC)**.

La legitimación pasiva le corresponde a mi representado conforme a lo dispuesto en el **art. 10 de la LEC**.

II.- JURISDICCIÓN Y COMPETENCIA

Conforme a los **artículos 9.2 y 21.1. de la Ley Orgánica del Poder Judicial (LOPJ)**, la jurisdicción correspondiente es la civil.

De conformidad con el **artículo 52.1.1.º de la LEC**, se presenta ante este Juzgado ya que es donde radica la finca.

III.- PROCEDIMIENTO

El **artículo 41 de la Ley Hipotecaria (LH)** determina que las acciones reales procedentes de los derechos inscritos podrán ejercitarse a través del juicio verbal contemplado en el **artículo 250.1.7.º de la LEC**: «7.º Las que, instadas por los titulares de derechos reales inscritos en el Registro de la Propiedad, demanden la efectividad de esos derechos frente a quienes se opongan a ellos o perturben su ejercicio, sin disponer de título inscrito que legitime la oposición o la perturbación».

Esta parte ha prestado la caución requerida por el tribunal, tal y como establece el **art. 444.2 de la LEC (5)**, tal y como se acredita con el justificante aportado como documento n.º [NUMERO] **(2)**.

El procedimiento seguirá los trámites del juicio verbal, contenidos en los artículos 437 y siguientes de la LEC.

IV.- POSTULACIÓN Y DEFENSA

Don/Doña [NOMBRE_CLIENTE] está representado por el procurador de los tribunales que suscribe la presente, habilitado en este partido judicial para comparecer ante este juzgado, y asistido por el letrado don/doña [NOMBRE_ABOGADO_CLIENTE] del Ilustre Colegio de Abogados de [CIUDAD], en virtud de lo dispuesto en los **arts. 23 y 31 de la LEC**.

V.- FONDO DEL ASUNTO

El **artículo 348 del Código Civil** establece que la propiedad es el derecho de gozar y disponer de una cosa, sin más limitaciones que las establecidas en la ley. A su vez el **artículo 41 de la Ley Hipotecaria** determina que estas acciones, basadas en la legitimación registral que reconoce el **artículo 38** de esta ley, exigirán siempre que por certificación del Registrador se acredite la vigencia sin contradicción alguna, del asiento correspondiente.

Las causas de oposición están expresamente tasadas en la propia LEC, en su **artículo 444.2**, a saber:

> «1. Falsedad de la certificación del registro u omisión en ella de derechos o condiciones inscritas.
> **2. Que el demandado tenga o posea la finca o disfrute del derecho discutido por contrato u otra relación jurídica directa con el último titular** o con titulares anteriores en virtud de prescripción, siempre que ésta deba perjudicar al titular inscrito.
> 3. Que la finca o el derecho se encuentre inscrito a favor del demandado y así lo justifique presentando la certificación del registro de la propiedad acreditativa de la vigencia de la inscripción.
> 4. No ser la finca inscrita la que efectivamente posea el demandado.»

En este sentido la **sentencia de la Audiencia Provincial de Barcelona n.º 164/2015, de 27 de marzo, ECLI:ES:2015:2667**:

> «Mas precisamente por ello ha de permitir, como permite, medios de oposición que facultan al contradictor para acreditar que el Registro y la realidad no

coinciden, que los derechos que proclaman los libros o asientos no pertenecen a aquellos que allí se identifican, que los actos materiales posesorios no se ejercitan en la finca propiedad del titular registral, o, en fin, y como es el caso, que **el demandado posee la finca o disfruta el derecho discutido por contra-to** u otra cualquier relación jurídica directa con el último titular o con titulares anteriores o en virtud de prescripción, siempre que ésta deba perjudicar al titular inscrito.

La acción ex art. 41 de la Ley Hipotecaria , pues, determina con carácter general la posibilidad de acudir, fundándose en un título inscrito, a un proceso de ejecución en el que se verifiquen las relaciones materiales para la efectividad del título; tal proceso tiene por objeto eliminar la oposición a los derechos que de dicho título inscrito se derivan o las perturbaciones de su ejercicio, según se evidencia del primer inciso del precepto, al desprenderse del mismo la ausencia de una finalidad declarativa.

La repetida acción, que reitera la tradicional presunción posesoria a favor del titular inscrito (art. 38 del mismo texto), tiene su razón de ser en la fuerza legitimadora del Registro de la Propiedad, pues si bien han de presumirse concordantes Registro y realidad extrarregistral, en el sentido de que el derecho inscrito existe y pertenece al titular en la forma determinada en el asiento respectivo, no lo es menos que dicha presunción tiene carácter iuris tantum, de ahí la posibilidad de oponerse a la pretensión protectora por unos motivos concretos y limitados.

Son presupuestos necesarios para la viabilidad de esta acción real, según se desprende del precepto citado en relación con los arts. 137 y 138 del Reglamento Hipotecario, los siguientes: a) Que el demandante inicial tenga inscrito a su nombre en el Registro, el dominio o derecho real cuya tutela solicita, en asiento vigente y sin contradicción, acreditándose dichos extremos mediante la correspondiente certificación registral. b) Que la demanda se dirija contra las personas designadas por el titular registral como causantes del despojo o perturbación. c) Que no proceda o se desestime la causa o causas de oposición que la persona contra quien se dirija la acción haya podido alegar, causas que taxativamente fijaba el art. 41 de la Ley Hipotecaria, y que actualmente se contienen, como se dijo, en el artículo 444.2 de la Ley de Enjuiciamiento Civil».

VI.- CELEBRACIÓN DE LA VISTA (3)

En cuanto a la vista, de conformidad con lo estipulado en el **artículo 438 (6)** de la LEC, interesa esta parte su celebración al entender que el conflicto planteado no atañe únicamente a cuestiones meramente jurídicas, siendo necesaria la celebración a los efectos de proceder a [DESCRIPCIÓN] **(4)**.

VII.- COSTAS

Es preceptiva la condena en costas. Las costas del presente proceso deberán ser impuestas al demandante conforme a lo dispuesto en el artículo 394 de la Ley de Enjuiciamiento Civil.

VIII.- *IURA NOVIT CURIA*

En todo lo no invocado resulta de aplicación el principio *iura novit curia*, plasmado en el párrafo segundo del punto primero del **artículo 218** de la Ley de Enjuiciamiento Civil, en virtud del cual serán aplicables las demás normas que sean de pertinente, especial o general aplicación, y que el juzgador podrá tener en cuenta de oficio sin necesidad de que hayan sido previamente alegadas o invocadas por alguna de las partes intervinientes.

Por todo lo expuesto,

SUPLICO AL JUZGADO:

Que, teniendo por presentado este escrito con los documentos que se acompañan y sus copias se me tenga por personado y parte en la representación que ostento, y seguido el trámite de ley, entre los que se encuentra la celebración de la vista para la práctica de la prueba, se dicte sentencia en la que se absuelva a esta parte de las pretensiones solicitadas por la parte demandante en su demanda, con expresa imposición de costas a la parte actora.

En [LUGAR], a [DÍA] de [MES] de [AÑO].

[FIRMA_ABOGADO] [FIRMA_PROCURADOR]

PRIMER OTROSÍ DIGO: a efectos de lo dispuesto en el artículo 438.4 **(6)** de la Ley de Enjuiciamiento Civil, esta parte se ofrece a prestar caución en la cuantía de [CANTIDAD], o en su caso, la que este Tribunal entienda oportuna.

SUPLICO AL JUZGADO: Que tenga por interesado el cumplimiento del anterior requisito legal a los efectos oportunos.

Por ser justicia, fecha y lugar *ut supra*.

[FIRMA_ABOGADO] [FIRMA_PROCURADOR]

SEGUNDO OTROSÍ DIGO: siendo intención de esta parte cumplir con todos los requisitos legales, a tenor de lo previsto en el artículo 231 de la Ley de Enjuiciamiento Civil, se solicita se le diere traslado de cualquier defecto que adoleciere la presente demanda, para la inmediata subsanación de la misma.

SUPLICO AL JUZGADO: Que tenga por realizada la anterior manifestación, por interesado el cumplimiento del anterior requisito legal a los efectos oportunos.

Por ser justicia, fecha y lugar *ut supra*.

[FIRMA_ABOGADO] [FIRMA_PROCURADOR]

---

(1) El artículo 444.2 de la LEC establece que:

«En los casos del número 7.º del apartado 1 del artículo 250, el demandado sólo podrá oponerse a la demanda si, en su caso, presta la caución determinada por el tribunal en cualquiera de las formas previstas en el párrafo segundo del apartado 2 del artículo 64 de esta Ley.

La oposición del demandado únicamente podrá fundarse en alguna de las causas siguientes:

1.º Falsedad de la certificación del Registro u omisión en ella de derechos o condiciones inscritas, que desvirtúen la acción ejercitada.

2.º Poseer el demandado la finca o disfrutar el derecho discutido por contrato u otra cualquier relación jurídica directa con el último titular o con titulares anteriores o en virtud de prescripción, siempre que ésta deba perjudicar al titular inscrito.

3.º Que la finca o el derecho se encuentren inscritos a favor del demandado y así lo justifique presentando certificación del Registro de la Propiedad acreditativa de la vigencia de la inscripción.

4.º No ser la finca inscrita la que efectivamente posea el demandado».

(2) Para el caso de que no se haya requerido caución. Deberá ofrecerse a prestar la misma, por ejemplo, añadiendo el siguiente párrafo: «Esta parte se ofrece a prestar la caución recogida en el art. 440.2 de la LEC que establece que: "En los casos del número 7.º del apartado 1 del artículo 250, en la citación para la vista se apercibirá al demandado de que, en caso de no comparecer, se dictará sentencia acordando las actuaciones que, para la efectividad del derecho inscrito, hubiere solicitado el actor. También se apercibirá al demandado, en su caso, de que la misma sentencia se dictará si comparece al acto de la vista, pero no presta caución, en la cuantía que, tras oírle, el tribunal determine, dentro de la solicitada por el actor"».

(3) El demandado, en su escrito de contestación, deberá pronunciarse, necesariamente, sobre la pertinencia de la celebración de la vista. Igualmente, el demandante deberá pronunciarse sobre ello, en el plazo de tres días desde el traslado del escrito de contestación. Si ninguna de las partes la solicitase y el tribunal no considerase procedente su celebración, dictará sentencia sin más trámites.

(4) Reflejar los motivos del interés en la celebración de la vista (por ejemplo: al ser necesaria la declaración de la parte/testigos/peritos a los efectos de que depongan en sede judicial sobre el tema objeto de litigio, etc.).

(5) El RD-ley 6/2023, de 19 de diciembre, modifica el artículo 444.2 de la LEC con entrada en vigor el 20/03/2024. El extracto mostrado en este formulario constituye la versión vigente desde esa fecha.

(6) El RD-ley 6/2023, de 19 de diciembre, modifica el artículo 438 de la LEC con entrada en vigor el 20/03/2024. A partir de dicha fecha, los apartados 3 y siguientes del artículo 440 de la LEC pasarán a formar parte del contenido del artículo 438 de la LEC. El extracto mostrado en este formulario constituye la versión vigente desde esa fecha.

Demanda de ejecución de sentencia de tutela sumaria de la posesión de vivienda según las novedades de la Ley 5/2018, sobre ocupación ilegal de viviendas

Procedimiento de Origen: verbal de tutela sumaria de la posesión de la vivienda [AUTOS_NUMERO]

AL JUZGADO DE PRIMERA INSTANCIA N.º [NÚMERO] DE [LUGAR]

Don/Doña [NOMBRE_PROCURADOR_CLIENTE], procurador de los Tribunales, en nombre y representación de **don/doña** [NOMBRE_CLIENTE], según consta acreditado en autos arriba referenciados y bajo la dirección letrada de don/doña [NOMBRE_ABO-GADO_CLIENTE], ante el juzgado comparezco y, como mejor proceda en Derecho,

DIGO

Habiendo recibido notificación de la sentencia de fecha [FECHA], por medio del presente escrito, formulo **DEMANDA EJECUTIVA** contra don/doña [NOMBRE_PAR-TE_CONTRARIA], de conformidad con lo establecido en el art. 517 **(2)** y siguientes de la Ley de Enjuiciamiento Civil y con los siguientes,

HECHOS

PRIMERO.- La sentencia de fecha [FECHA] estimó la demanda interpuesta por mi representado instando el desahucio derivado del ejercicio de la acción de tutela sumaria de la posesión de vivienda frente a don/doña [NOMBRE_PARTE_CONTARIA] condenándole a abandonar la vivienda sita en [LUGAR].

SEGUNDO.- A pesar del contenido de la sentencia anterior, el ejecutado no abandona la vivienda y persiste en la ocupación ilegal de la misma.

A los anteriores hechos le resultan de aplicación los siguientes,

FUNDAMENTOS DE DERECHO

PRIMERO.- COMPETENCIA

De conformidad con el artículo 545.1 de la Ley de Enjuiciamiento Civil será competente para ejecución de resoluciones judiciales y de transacciones y acuerdos homologados el tribunal que conoció del asunto en primera instancia o el que homologó o aprobó la transacción o acuerdo.

SEGUNDO.- LEGITIMACIÓN

La legitimación activa corresponde a mi mandante por haber obtenido a su favor el pronunciamiento judicial en virtud de demanda de tutela sumaria de la posesión promovida a su instancia y cuya ejecución interesa.

De conformidad con el artículo 538 de la LEC está legitimado pasivamente el demandado por ser condenado a la restitución de la posesión de la vivienda que ocupa ilegítimamente.

TERCERO.- DE LA ACCIÓN EJERCITADA Y PROCEDIMIENTO

La acción ejercitada con la presente demanda es la acción ejecutiva de sentencia con condena a una obligación de hacer.

Establece el artículo 699 de la LEC que cuando el título ejecutivo contuviere condena u obligación de hacer o no hacer o de entregar cosa distinta a una cantidad de dinero, en el auto por el que se despache ejecución se requerirá al ejecutado para que, dentro del plazo que el tribunal estime adecuado, cumpla en sus propios términos lo que establezca el título ejecutivo.

En el requerimiento, el tribunal podrá apercibir al ejecutado con el empleo de apremios personales o multas pecuniarias.

Por su parte, dispone el artículo 703.1 de la LEC que:

> «Si el título dispusiere la transmisión o entrega de un bien inmueble, una vez dictado el auto autorizando y despachando la ejecución, el Letrado de la Administración de Justicia responsable de la misma ordenará de inmediato lo que proceda según el contenido de la condena y, en su caso, dispondrá lo necesario para adecuar el Registro al título ejecutivo (...)».

No es preceptiva la espera de veinte días desde la firmeza de la resolución judicial y ello a consecuencia de que, mediante la reforma operada en la LEC por la Ley 5/2018, de 11 de junio, se introduce el artículo 444.1.bis que dispone conforme sigue:

> «Tratándose de un caso de recuperación de la posesión de una vivienda a que se refiere el párrafo segundo del numeral 4.º del apartado 1 del artículo 250, si el demandado o demandados no contestaran a la demanda en el plazo legalmente previsto, se procederá de inmediato a dictar sentencia. La oposición del demandado podrá fundarse exclusivamente en la existencia de título suficiente frente al actor para poseer la vivienda o en la falta de título por parte del actor. **La sentencia estimatoria de la pretensión permitirá su ejecución, previa solicitud del demandante, sin necesidad de que transcurra el plazo de veinte días previsto en el artículo 548**».

CUARTO.- COSTAS

En virtud de lo dispuesto en el artículo 539 de la LEC las costas de esta ejecución deberán ser impuestas a la ejecutada.

En virtud de lo anteriormente expuesto,

SUPLICO AL JUZGADO:

Que, teniendo por presentado este escrito, con los documentos que se acompañan, se sirva admitirlo teniendo por presentada **demanda ejecutiva** y, previos los trámites legales pertinentes, se despache ejecución frente a don/doña [NOMBRE_PARTE_CONTRARIA] y se proceda por el letrado de la Administración de Justicia de conformidad con lo dispuesto en el art. 703 de la LEC **(1)**, con imposición de costas al ejecutado.

Es Justicia que pido en [LUGAR], a [FECHA].

[FIRMA_ABOGADO] [FIRMA_PROCURADOR]

---

(1) En caso de que sea estimada la demanda ejecutiva, debe tenerse en cuenta lo dispuesto en el artículo 704 de la LEC para los ocupantes del inmueble que deba entregarse. Asimismo, a Ley 12/2023, de 24 de mayo, por el derecho a la vivienda modifica el apartado 1 del art. 704 de la LEC que queda con la siguiente redacción:

«1. Cuando el inmueble cuya posesión se deba entregar fuera *vivienda habitual* del ejecutado o de quienes de él dependan, el Letrado de la Administración de Justicia les dará un plazo de un mes para desalojarlo. De existir motivo fundado, podrá prorrogarse dicho plazo un mes más. Transcurridos los plazos señalados, se procederá de inmediato al lanzamiento, fijándose día y hora exacta de éste tanto en la resolución inicial como en la que acuerde la prórroga o en cualquier resolución ulterior que acuerde el lanzamiento, aunque este se haya intentado practicar con anterioridad».

(2) El RD-ley 6/2023, de 19 de diciembre, modifica el artículo 517 de la LEC con entrada en vigor el 20/03/2024.

Escrito del gran tenedor solicitando la reanudación del proceso de desahucio tras conciliación (reforma ley vivienda)

Procedimiento: Juicio de desahucio n.º [JUICIO_NUMERO]

AL JUZGADO DE PRIMERA INSTANCIA N.º [JUZGADO] **DE** [LOCALIDAD]

Don/Doña [NOMBRE PROCURADOR CLIENTE], procurador/a de los tribunales, y de **don/doña** [NOMBRE CLIENTE], con DNI [NÚMERO] y con domicilio a efectos de notificaciones en [DIRECCIÓN], en virtud de poder [NOTARIAL/APUD ACTA] a mi favor conferido, copia que del mismo acompañamos como documento n.º [NÚMERO], bajo la dirección letrada de don/doña [NOMBRE ABOGADO CLIENTE], colegiado/a número [NUMERO] por el ICA de [LOCALIDAD], ante el Juzgado comparezco y, como mejor proceda en Derecho,

DIGO

Que en virtud de lo dispuesto en la disposición transitoria tercera de la Ley 12/2023, de 24 de mayo, por el derecho a la vivienda, mediante el presente escrito, interesamos la reanudación del procedimiento de desahucio, y al respecto efectuamos las siguientes,

ALEGACIONES

PRIMERA.- El procedimiento de desahucio referido se halla suspendido en virtud del Real Decreto-ley 11/2020, de 31 de marzo, por el que se adoptan medidas urgentes complementarias en el ámbito social y económico para hacer frente al COVID-19.

Mediante el presente escrito, vengo en manifestar que mi representada don/doña [NOMBRE_CLIENTE], en quién concurre la condición de gran tenedor, se ha sometido al procedimiento de conciliación/intermediación establecido por las Administraciones públicas tal y como se requiere en la Ley 12/2023, de 24 de mayo, por el derecho a la vivienda.

Para la acreditación de este hecho se acompaña como documento n.º [NÚMERO]: [ESPECIFICAR] **(1)**.

SEGUNDA.- Dado que en dicho procedimiento no se ha llegado a acuerdo alguno solicitamos expresamente la reanudación del presente procedimiento de desahucio.

Por lo expuesto,

SUPLICO AL JUZGADO:

Que teniendo por presentado este escrito, con sus copias y documentos adjuntos, los admita, les de la tramitación legal oportuna y, previos los trámites de rigor, se reanude el procedimiento de desahucio n.º [NÚMERO], continuándose con la tramitación ordinaria del mismo.

Por ser de Justicia que pido, en [LOCALIDAD], a [FECHA]

[FIRMA_ABOGADO] [FIRMA_PROCURADOR]

---

(1) La DT 3.ª de la Ley 12/2023, de 24 de mayo, por el derecho a la vivienda, establece como formas de acreditación las siguientes:

«1.º La declaración responsable emitida por la parte actora de que ha acudido a los servicios indicados anteriormente, en un plazo máximo de cinco meses de antelación a la presentación

de la solicitud de reanudación del trámite o alzamiento de la suspensión, sin que hubiera sido atendida o se hubieran iniciado los trámites correspondientes en el plazo de dos meses desde que presentó su solicitud, junto con justificante acreditativo de la misma.

2.º El documento acreditativo de los servicios competentes que indique el resultado del procedimiento de conciliación o intermediación, en el que se hará constar la identidad de las partes, el objeto de la controversia y si alguna de las partes ha rehusado participar en el procedimiento, en su caso.

Este documento no podrá tener una vigencia superior a tres meses. En el caso de que la parte ejecutante sea una entidad pública de vivienda el requisito anterior se podrá sustituir, en su caso, por la previa concurrencia de la acción de los servicios específicos de intermediación de la propia entidad, que se acreditará en los términos del apartado anterior».

Contestación a la demanda de desahucio alegando prórroga extraordinaria por situación de vulnerabilidad (reforma ley vivienda)

Procedimiento: [ESPECIFICAR]

Número: [NÚMERO]

AL JUZGADO DE PRIMERA INSTANCIA N.º [NÚMERO] DE [LUGAR]

Don/Doña [NOMBRE_PROCURADOR_CLIENTE], procurador/a de los tribunales y de don/doña [NOMBRE_CLIENTE] y **don/doña** [NOMBRE_CLIENTE], con domicilio a efectos de notificaciones en [DIRECCIÓN], y DNI [NÚMERO], bajo la dirección letrada de don/doña [NOMBRE_ABOGADO_CLIENTE], según acredito mediante poder [NOTARIAL/APUD ACTA] que acompaño como documento n.º [NÚMERO], ante el juzgado comparezco y como mejor en Derecho proceda,

DIGO

Mediante el presente escrito, en tiempo y forma, paso a contestar la demanda de desahucio interpuesta por don/doña [NOMBRE_PARTE_CONTRARIA] contra mis mandantes con base en los siguientes,

HECHOS

PRIMERO.- Niego las alegaciones vertidas por la actora en su escrito de demanda, salvo las que expresamente se reconozcan en el cuerpo del presente escrito.

SEGUNDO.- Es cierto que se concertó el contrato de arrendamiento a que se refiere la demanda, y que en fecha [FECHA] se recibió un burofax en el que el arrendador comunicaba a mis mandantes la intención de no renovar el contrato. Dicho burofax fue contestado por esta parte en fecha [FECHA], en el sentido de solicitar la prórroga extraordinaria recogida en el art. 10.2 de la LAU **(1)**.

TERCERO.- Mis mandantes se encuentran en una situación de vulnerabilidad social y económica, debido a que ambos están atravesando una situación laboral muy precaria, y carecen de ingresos suficientes para poder encontrar otra vivienda.

Se acompaña como documento n.º [NÚMERO] informe de fecha [FECHA] **(2)**, emitido por los servicios sociales de [LOCALIDAD], que acredita la situación de vulnerabilidad de mis mandantes.

CUARTO.- Al tratarse el arrendador de un gran tenedor, está obligado legalmente a aceptar dicha prórroga, por lo que el contrato seguiría vigente durante un año más, siendo de aplicación al contrato prorrogado el régimen legal y convencional al que estaba sometido.

Son de aplicación los siguientes,

FUNDAMENTOS DE DERECHO

PREVIO.- Disconformes con los correlativos salvo que expresamente indiquemos nuestra conformidad.

I.- JURISDICCIÓN Y COMPETENCIA

Conforme a los artículos 9.2 y 21.1. de la Ley Orgánica del Poder Judicial, la jurisdicción correspondiente es la civil.

En lo que se refiere a la competencia objetiva, es de aplicación lo dispuesto en el art. 45 de la LEC.

En cuanto a la competencia territorial, debemos estar a lo dispuesto en el art. 52.1.7.º de la LEC.

II.- REPRESENTACIÓN Y DEFENSA

Son de aplicación los artículos 23 y 31 de la Ley de Enjuiciamiento Civil en cuanto a la representación y defensa procesal de las partes, a los que se da cumplimiento de conformidad con lo expresado en el encabezamiento del presente escrito.

III.- CAPACIDAD DE LAS PARTES

Artículo 6 de la Ley de Enjuiciamiento Civil en cuanto a la capacidad de las partes.

IV.- PROCEDIMIENTO

Artículo 250.1.1.º de la Ley de Enjuiciamiento Civil:

> «1. Se decidirán en juicio verbal, cualquiera que sea su cuantía, las demandas siguientes:
>
> 1.º Las que versen sobre reclamación de cantidades por impago de rentas y cantidades debidas y las que, igualmente, con fundamento en el impago de la renta o cantidades debidas por el arrendatario, o en la expiración del plazo fijado contractual o legalmente, pretendan que el dueño, usufructuario o cualquier otra persona con derecho a poseer una finca rústica o urbana, dada en arrendamiento, ordinario o financiero o en aparcería, recuperen la posesión de dicha finca».

También resultan de aplicación los artículos 437 y siguientes de la Ley de Enjuiciamiento Civil en cuanto a las normas que regulan el juicio verbal.

V.- FONDO DEL ASUNTO

No puede solicitarse por la parte contraria desahucio toda vez que el contrato se encuentra vigente al haber sido prorrogado durante un año en virtud del art. 10.2 de la LAU.

El mentado artículo establece que:

> «2. En los contratos de arrendamiento de vivienda habitual sujetos a la presente ley en los que finalice el periodo de prórroga obligatoria previsto en el artículo 9.1, o el periodo de prórroga tácita previsto en el artículo 10.1, podrá aplicarse, previa solicitud del arrendatario, una prórroga extraordinaria del plazo del contrato de arrendamiento por un periodo máximo de un año, durante el cual se seguirá aplicando los términos y condiciones establecidos para el contrato en vigor. Esta solicitud de prórroga extraordinaria requerirá la acreditación por parte del arrendatario de una situación de vulnerabilidad social y económica sobre la base de un informe o certificado emitido en el último año por los servicios sociales de ámbito municipal o autonómico y deberá ser aceptada obligatoriamente por el arrendador cuando este sea un gran tenedor de vivienda de acuerdo con la definición establecida en la Ley 12/2023, de 24 de mayo, por el derecho a la vivienda, salvo que se hubiese suscrito entre las partes un nuevo contrato de arrendamiento».

VI.- COSTAS

Las costas deben de ser impuestas a la parte contraria, de acuerdo con lo dispuesto en el artículo 394 de la Ley de Enjuiciamiento Civil.

VII.- *IURA NOVIT CURIA* Y CUANTOS OTROS PRINCIPIOS SEAN DE APLICACIÓN

En todo lo no invocado resulta de aplicación el principio *iura novit curia*, plasmado en el párrafo segundo del punto primero del artículo 218 de la Ley de Enjuiciamiento

Civil, en virtud del cual serán aplicables las demás normas que sean de pertinente, especial o general aplicación, y que el juzgador podrá tener en cuenta de oficio sin necesidad de que hayan sido previamente alegadas o invocadas por alguna de las partes intervinientes.

Por todo ello,

SOLICITO AL JUZGADO:

Que, a la vista de lo expuesto en este escrito se sirva dictar sentencia desestimando íntegramente la demanda, y no dando lugar al desahucio solicitado de adverso, todo ello con expresa imposición de las costas a la parte actora.

Es Justicia que pido en [LOCALIDAD], a [DIA] de [MES] de [AÑO].

Ltdo. [NOMBRE Y FIRMA DE LETRADO] Proc. [NOMBRE Y FIRMA DE PROCURADOR]

---

(1) Tras la reforma llevada a cabo por la Ley 12/2023, de 24 de mayo, por el derecho a la vivienda, con entrada en vigor el 26/05/2023, y para contratos celebrados a partir de esa fecha, el art. 10.2 de la LAU ha quedado redactado con el siguiente tener literal:

«2. En los contratos de arrendamiento de vivienda habitual sujetos a la presente ley en los que finalice el periodo de prórroga obligatoria previsto en el artículo 9.1, o el periodo de prórroga tácita previsto en el artículo 10.1, podrá aplicarse, previa solicitud del arrendatario, una prórroga extraordinaria del plazo del contrato de arrendamiento por un periodo máximo de un año, durante el cual se seguirá aplicando los términos y condiciones establecidos para el contrato en vigor. Esta solicitud de prórroga extraordinaria requerirá la acreditación por parte del arrendatario de una situación de vulnerabilidad social y económica sobre la base de un informe o certificado emitido en el último año por los servicios sociales de ámbito municipal o autonómico y deberá ser aceptada obligatoriamente por el arrendador cuando este sea un gran tenedor de vivienda de acuerdo con la definición establecida en la Ley 12/2023, de 24 de mayo, por el derecho a la vivienda, salvo que se hubiese suscrito entre las partes un nuevo contrato de arrendamiento».

(2) El art. 10.2 de la LAU exige que el informe o certificado de los servicios sociales haya sido emitido en el último año.

Escrito de oposición al desahucio alegando prórroga extraordinaria por inmueble zona tensionada (reforma ley vivienda)

Procedimiento: [ESPECIFICAR]

Número: [NÚMERO]

AL JUZGADO DE PRIMERA INSTANCIA N.º [NÚMERO] DE [LUGAR]

Don/Doña [NOMBRE_PROCURADOR_CLIENTE], procurador/a de los tribunales y de **don/doña** [NOMBRE_CLIENTE], con domicilio a efectos de notificaciones en [DIRECCIÓN], y DNI [NÚMERO], bajo la dirección letrada de **don/doña** [NOMBRE_ABOGADO_CLIENTE], según acredito mediante poder [NOTARIAL/APUD ACTA] que acompaño como documento n.º [NÚMERO], ante el juzgado comparezco y como mejor en Derecho proceda,

DIGO

Mediante el presente escrito, en tiempo y forma, paso a contestar la demanda de desahucio interpuesta por don/doña [NOMBRE_PARTE_CONTRARIA] contra mi mandante con base en los siguientes,

HECHOS

PRIMERO.- Niego las alegaciones vertidas por la actora en su escrito de demanda, salvo las que expresamente se reconozcan en el cuerpo del presente escrito.

SEGUNDO.- Es cierto que se concertó el contrato de arrendamiento a que se refiere la demanda, y que en fecha [FECHA] se recibió un burofax en el que el arrendador comunicaba a mis mandantes la intención de no renovar el contrato. Dicho burofax fue contestado por esta parte en fecha [FECHA], en el sentido de solicitar la prórroga extraordinaria recogida en el art. 10.3 de la LAU **(1)**.

TERCERO.- La vivienda se encuentra ubicada en una zona de mercado residencial tensionado, y tal y como se le comunicó al arrendador, esta parte pretende hacer uso de la posibilidad que le otorga la LAU de prorrogar el contrato de arrendamiento por plazos anuales, por un periodo máximo de tres años, durante los cuales se deberán seguir aplicando los términos y condiciones que se establecieron para el contrato en vigor.

CUARTO.- No se encuentra el arrendador en ninguna de las excepciones que se regulan en el art. 10.3 de la LAU para la no aceptación de dicha prórroga, por lo cual la prórroga deberá de ser aceptada obligatoriamente y, por tanto, no procederá el desahucio solicitado, puesto que el contrato seguiría vigente en la actualidad.

Son de aplicación los siguientes,

FUNDAMENTOS DE DERECHO

PREVIO.- Disconformes con los correlativos salvo que expresamente indiquemos nuestra conformidad.

I.- JURISDICCIÓN Y COMPETENCIA

Conforme a los artículos 9.2 y 21.1. de la Ley Orgánica del Poder Judicial, la jurisdicción correspondiente es la civil.

En lo que se refiere a la competencia objetiva, es de aplicación lo dispuesto en el art. 45 de la LEC.

En cuanto a la competencia territorial, debemos estar a lo dispuesto en el art. 52.1.7.º de la LEC.

II.- REPRESENTACIÓN Y DEFENSA

Son de aplicación los artículos 23 y 31 de la Ley de Enjuiciamiento Civil en cuanto a la representación y defensa procesal de las partes, a los que se da cumplimiento de conformidad con lo expresado en el encabezamiento del presente escrito.

III.- CAPACIDAD DE LAS PARTES

Artículo 6 de la Ley de Enjuiciamiento Civil en cuanto a la capacidad de las partes.

IV.- PROCEDIMIENTO

Artículo 250.1.1.º de la Ley de Enjuiciamiento Civil:

«1. Se decidirán en juicio verbal, cualquiera que sea su cuantía, las demandas siguientes:

1.º Las que versen sobre reclamación de cantidades por impago de rentas y cantidades debidas y las que, igualmente, con fundamento en el impago de la renta o cantidades debidas por el arrendatario, o en la expiración del plazo fijado contractual o legalmente, pretendan que el dueño, usufructuario o cualquier otra persona con derecho a poseer una finca rústica o urbana, dada en arrendamiento, ordinario o financiero o en aparcería, recuperen la posesión de dicha finca».

También resultan de aplicación los artículos 437 y siguientes de la Ley de Enjuiciamiento Civil en cuanto a las normas que regulan el juicio verbal.

V.- FONDO DEL ASUNTO

No puede solicitarse por la parte contraria desahucio toda vez que el contrato se encuentra vigente al haber sido prorrogado en virtud del art. 10.3 de la LAU.

El mentado artículo establece que:

«3. En los contratos de arrendamiento de vivienda habitual sujetos a la presente ley, en los que el inmueble se ubique en una zona de mercado residencial tensionado y dentro del periodo de vigencia de la declaración de la referida zona en los términos dispuestos en la legislación estatal en materia de vivienda, finalice el periodo de prórroga obligatoria previsto en el artículo 9.1 de esta ley o el periodo de prórroga tácita previsto en el apartado anterior, previa solicitud del arrendatario, podrá prorrogarse de manera extraordinaria el contrato de arrendamiento por plazos anuales, por un periodo máximo de tres años, durante los cuales se seguirán aplicando los términos y condiciones establecidos para el contrato en vigor. Esta solicitud de prórroga extraordinaria deberá ser aceptada obligatoriamente por el arrendador, salvo que se hayan fijado otros términos o condiciones por acuerdo entre las partes, se haya suscrito un nuevo contrato de arrendamiento con las limitaciones en la renta que en su caso procedan por aplicación de lo dispuesto en los apartados 6 y 7 del artículo 17 de esta ley, o en el caso de que el arrendador haya comunicado en los plazos y condiciones establecidos en el artículo 9.3 de esta ley, la necesidad de ocupar la vivienda arrendada para destinarla a vivienda permanente para sí o sus familiares en primer grado de consanguinidad o por adopción o para su cónyuge en los supuestos de sentencia firme de separación, divorcio o nulidad matrimonial».

VI.- COSTAS

Las costas deben de ser impuestas a la parte contraria, de acuerdo con lo dispuesto en el artículo 394 de la Ley de Enjuiciamiento Civil.

VII.- *IURA NOVIT CURIA* Y CUANTOS OTROS PRINCIPIOS SEAN DE APLICACIÓN

En todo lo no invocado resulta de aplicación el principio *iura novit curia*, plasmado en el párrafo segundo del punto primero del artículo 218 de la Ley de Enjuiciamiento Civil, en virtud del cual serán aplicables las demás normas que sean de pertinente, especial o general aplicación, y que el juzgador podrá tener en cuenta de oficio sin necesidad de que hayan sido previamente alegadas o invocadas por alguna de las partes intervinientes.

Por todo ello,

SOLICITO AL JUZGADO:

Que, a la vista de lo expuesto en este escrito se sirva dictar sentencia desestimando íntegramente la demanda, y no dando lugar al desahucio solicitado de adverso, todo ello con expresa imposición de las costas a la parte actora.

Es Justicia que pido en [LOCALIDAD], a [DIA] de [MES] de [AÑO].

Ltdo. [NOMBRE Y FIRMA DE LETRADO] Proc. [NOMBRE Y FIRMA DE PROCURADOR]

---

(1) Tras la reforma llevada a cabo por la Ley 12/2023, de 24 de mayo, por el derecho a la vivienda, con entrada en vigor el 26/05/2023, y para contratos celebrados a partir de dicha fecha, el art. 10.3 de la LAU recoge la posibilidad de una prórroga extraordinaria cuando el inmueble se encuentre en una zona de mercado residencial tensionado.

«3. En los contratos de arrendamiento de vivienda habitual sujetos a la presente ley, en los que el inmueble se ubique en una zona de mercado residencial tensionado y dentro del periodo de vigencia de la declaración de la referida zona en los términos dispuestos en la legislación estatal en materia de vivienda, finalice el periodo de prórroga obligatoria previsto en el artículo 9.1 de esta ley o el periodo de prórroga tácita previsto en el apartado anterior, previa solicitud del arrendatario, podrá prorrogarse de manera extraordinaria el contrato de arrendamiento por plazos anuales, por un periodo máximo de tres años, durante los cuales se seguirán aplicando los términos y condiciones establecidos para el contrato en vigor. Esta solicitud de prórroga extraordinaria deberá ser aceptada obligatoriamente por el arrendador, salvo que se hayan fijado otros términos o condiciones por acuerdo entre las partes, se haya suscrito un nuevo contrato de arrendamiento con las limitaciones en la renta que en su caso procedan por aplicación de lo dispuesto en los apartados 6 y 7 del artículo 17 de esta ley, o en el caso de que el arrendador haya comunicado en los plazos y condiciones establecidos en el artículo 9.3 de esta ley, la necesidad de ocupar la vivienda arrendada para destinarla a vivienda permanente para sí o sus familiares en primer grado de consanguinidad o por adopción o para su cónyuge en los supuestos de sentencia firme de separación, divorcio o nulidad matrimonial».